浙江省普通高校新形态教材项目
“互联网+”新形态立体化教学资源特色教材

U1011256

会计基础项目化教程

主 编 宋丽娟 陈 萍
副主编 章云君 吴 欣 孙艺宁

中国轻工业出版社

图书在版编目（CIP）数据

会计基础项目化教程 / 宋丽娟，陈萍主编. —北京：中国轻工业出版社，2023.8

浙江省普通高校新形态教材项目

ISBN 978-7-5184-4423-6

Ⅰ. ①会… Ⅱ. ①宋… ②陈… Ⅲ. ①会计学—高等职业教育—教材 Ⅳ. ①F230

中国国家版本馆CIP数据核字（2023）第075776号

责任编辑：张文佳　　责任终审：李建华
整体设计：锋尚设计　　责任校对：晋　洁　　责任监印：张　可

出版发行：中国轻工业出版社（北京东长安街6号，邮编：100740）
印　　刷：三河市国英印务有限公司
经　　销：各地新华书店
版　　次：2023年8月第1版第1次印刷
开　　本：787×1092　1/16　印张：15.25
字　　数：450千字
书　　号：ISBN 978-7-5184-4423-6　定价：55.00元
邮购电话：010-65241695
发行电话：010-85119835　传真：85113293
网　　址：http://www.chlip.com.cn
Email：club@chlip.com.cn
如发现图书残缺请与我社邮购联系调换
220558J2X101ZBW

前言

会计作为宏观经济管理和市场资源配置的基础性工作，是中国特色社会主义事业的重要组成部分，在贯彻新发展理念、构建新发展格局、推动高质量发展的进程中，面临新的发展机遇，也面临诸多挑战。会计基础是会计入门课程，是学习者理解会计基础知识，掌握会计基本技能，培养会计职业素养的“第一课”。《会计基础项目化教程》是编者利用多年会计教学与改革经验，结合高职高专教育教学的实际，编写的一本新形态教材。

本书包括十个项目，分别为企业与会计工作、会计内涵与基本方法、会计要素与会计等式、会计账户与记账方法、借贷记账法下主要经济业务的账务处理、会计凭证、会计账簿、财产清查、财务报表和账务处理程序。本书可作为高职高专院校财务会计类专业的通用教材及其他经济管理类专业的教材，也可作为社会从业人员的业务参考用书。

本书有以下几方面特点：

1. 融入课程思政元素

每个项目前设置了“德育微课堂”板块，选用体现家国情怀、文化自信、知法守法以及与会计职业道德相关的典型案例，能够为课程思政的实施提供参考。

2. 采用新形态教材形式

为方便教学与自学，学习者可扫描书中二维码获取相关学习资源。同时，本书配套建有在线开放课程，可通过“智慧职教”平台（www.icve.com.cn），进入会计基础课程进行在线学习。

3. 内容选取与时俱进

教材系统地吸收了财政部下发的新文件，着重体现会计工作的政策性、时效性和规范性。

本书由嘉兴南洋职业技术学院宋丽娟、陈萍担任主编，章云君、吴欣、孙艺宁担任副主编，嘉兴中元财税咨询有限公司总经理张建芬、浙江五芳斋实业股份有限公司高级会计师林耆参与了本书的编写。

由于编者水平有限，加之财经法规变化很快，书中难免有疏漏之处，恳请同行专家和读者不吝赐教，以便今后进一步修改与完善。如读者在使用本书过程中有其他意见或建议，恳请提出宝贵意见，并发送至邮箱songlijuanjc@sina.com。

编者

目 录

项目一

企业与会计工作

德育微课堂

我国首次制定会计人员职业道德规范

为推进会计诚信体系建设、提高会计人员职业道德水平，财政部于2023年1月印发了《会计人员职业道德规范》(以下简称《规范》)。这是我国首次制定全国性的会计人员职业道德规范。

财政部要求，各地财政部门、中央有关主管单位应当组织开展形式多样的学习活动，充分利用各类媒体平台，大力宣传《规范》精神，帮助广大会计人员全面理解《规范》内容，准确把握《规范》提出的要求，将有关要求落实到具体会计工作中，使其成为广大会计人员普遍认同和自觉践行的行为准则；应当推动高校财会类专业加强职业道德教育，将《规范》要求有机融入教学内容；应当指导用人单位加强会计人员职业道德教育，将遵守职业道德情况作为评价、选用会计人员的重要标准。

财政部会计司有关负责人表示，此次制定的规范，将新时代会计人员职业道德要求总结提炼为三条核心表述，即“坚持诚信，守法奉公”“坚持准则，守责敬业”“坚持学习，守正创新”。三条要求逻辑清晰、层层递进：第一条“坚持诚信，守法奉公”是对会计人员的自律要求；第二条“坚持准则，守责敬业”是对会计人员的履职要求；第三条“坚持学习，守正创新”是对会计人员的发展要求。“规范提出‘三坚三守’，强调会计人员‘坚’和‘守’的职业特性和价值追求，是对会计人员职业道德要求的集中表达。”

（内容摘自中华人民共和国财政部网站、中国财经报）

课程概述

学习目标

1. 知识目标

（1）理解企业的概念和企业组织形式的类型。

（2）掌握企业的基本业务流程。

（3）了解会计工作组织。

（4）了解会计职业与会计职业道德。

2. 技能目标

（1）能够正确区分企业组织形式。

（2）能够掌握会计工作组织。

（3）能够坚持会计职业道德。

3. 素质目标

（1）认知会计职业的分类及其发展趋势。

（2）培养良好的会计职业道德。

（3）培养会计基本职业素养。

（4）培养持续学习能力。

情境案例

小K是某高职院校的2022级大数据与会计专业的一名新生，他怀着无比激动与向往的心情走进了大学的校门，开启了他的会计求学之路。可当大家讨论自己所学的会计专业到底学什么时，纷纷陷入了沉思……大家都知道会计是做账的，但到底什么是会计？会计有什么用？会计怎么做账？会计为谁做账？正当同学们心存疑问时，辅导员王老师告诉大家，想知道这些问题的答案，首先需要了解的是企业与企业会计工作。

思考探究

1. 什么是企业？企业的基本业务流程是什么？

2. 企业的会计工作如何开展？

任务一　企业和企业的基本业务流程

任务导航

企业是社会的基本经济细胞，也是现代社会中普遍存在的最具活力、最为复杂的组织。企业经营过程的每一个环节都有会计的参与，会计为企业的经营活动做出预测、决策、核算等。会计将提供的会计信息数据为企业的管理者和投资者所用，为企业的经济发展提供最有效的信息，所以会计对企业的发展至关重要。了解企业和企业的基本业务流程是今后学习会计并从事会计工作的基础。

任务解析

一、企业的概念

企业是以营利为目的，运用各种生产要素（土地、劳动力、资本、技术和企业家才能等），向市场提供商品或服务，实行自主经营、自负盈亏、独立核算的社会经济组织。作为区别于其他社会组织的企业，一般具有以下特征：①依法设立，即企业要按照国家法律规定的条件和程序设立；②具有开展经营活动的相应场所；③从事的是商品经营或者营利性服务的经济活动；④进行自主经营、独立核算，并具有法人地位；⑤生产经营活动的目的是获取利润。

二、企业组织形式的类型

企业组织形式按不同的标准可分为不同的类型。

1. 按照财产的组织形式和所承担的法律责任划分

企业按照财产的组织形式和所承担的法律责任可分为**独资企业、合伙企业和公司制企业。**

独资企业指由业主个人出资兴办，由业主直接所有和经营的企业，包括私营企业和个体工商户。业主享有企业的全部经营所得，同时对企业的债务负有无限责任。这种企业在法律上称为自然人企业，不具有法人资格，是最古老和简单的企业形式。

合伙企业指由两个或两个以上的个人或法人共同出资、合伙经营的企业。合伙人分享企业所得，共担风险，并对合伙企业债务承担无限连带责任。合伙企业可以由部分合伙人经营，其他合伙人仅出资并共负盈亏；也可以由所有合伙人共同经营。

公司制企业指以资本联合为基础设立的一种企业组织形式，是所有权与经营权分离的企业形式。公司的股东以其出资额或股份享受权利，承担义务。股东享有参与管理的权利和享受股利的权利，同时以其出资额或股份向公司债务承担有限责任。通常，公司分为有限责任公司和股份有限公司两种：

有限责任公司是指由两个以上股东共同出资，每个股东以其认缴的出资额对公司行为承担有限责任，公司以其全部资产对其债务承担责任的企业法人。

股份有限公司是指注册资本由等额股份构成，并通过发行股票（或股权证）筹集资本，公司以其全部资产对公司债务承担有限责任的企业法人。

小贴士

有限责任公司不对外公开发行股票，股东的出资额由股东协商确定。股东之间并不要求等额，可以有多有少。股东交付股本金后，公司出具股权证书，作为股东在公司中所拥有的权益凭证，这种凭证不同于股票，不能自由流通，须在其他股东同意的条件下才能转让，并要优先转让给公司原有的股东。

在交易所上市的股份有限公司，其股票可在社会上公开发行，并可以自由转让，但不能退股。股东不论大小，只以其认购的股份对公司承担责任。一旦公司破产或解散进行清算，公司债权人只能对公司的资产提出还债要求，而无权直接向股东讨债。

思考探究

上市公司属于哪一种类型的企业？

2. 按照国民经济行业分类标准划分

企业按照国民经济行业分类标准可分为制造企业、商品流通企业和服务企业等。

制造企业指生产物资产品的企业，也称为生产企业。制造是指原材料经过物理变化或化学变化后成为新的产品，不论是动力机械制造，还是手工制作；也不论产品是批发销售，还是零售，均视为制造。

商品流通企业指独立于生产领域之外，处于流通领域中的企业，商场和超市等是较典型的商品流通企业。它们从事物质产品等的传递业务，将物质产品由生产者转移到消费者手中，是社会再生产过程中的重要部门。

服务企业指为企业、政府、事业单位和居民提供各种服务的企业。它们不生产物质产品，但为生产企业和流通企业提供资金、保险和技术服务，为行政事业单位和居民提供生活、餐饮、娱乐和旅游等服务。

思考探究

请分别举例制造企业、商品流通企业、服务企业。

三、企业的组织机构及基本业务流程

企业的生产类型不同，其组织机构和基本业务流程也不同。下面简要介绍公司制企业的组织机构以及制造企业、商品流通企业的基本业务流程，如图1-1 ~ 图1-3所示。

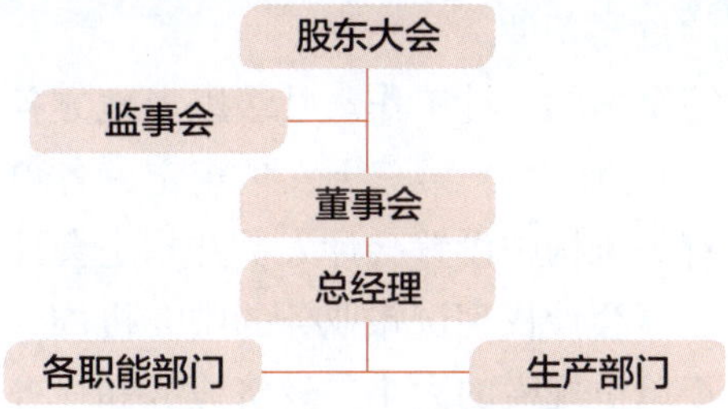

图1-1 公司制企业的组织机构

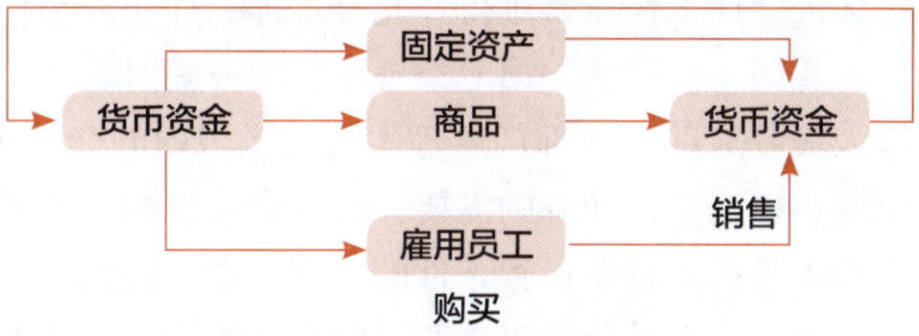

图1-3 商品流通企业的基本业务流程

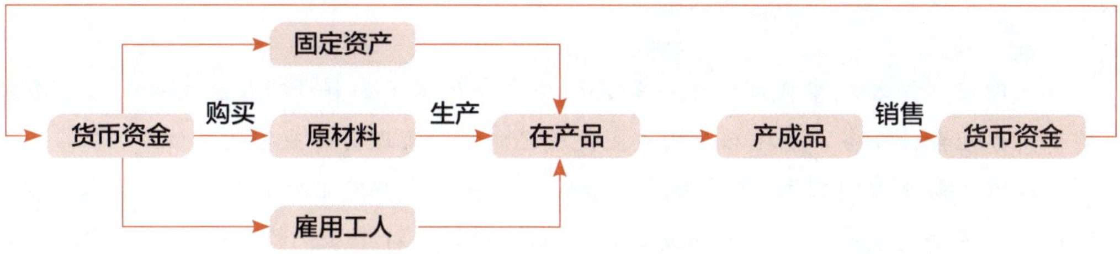

图1-2 制造企业的基本业务流程

任务二 会计工作组织

任务导航

会计工作组织是指企业对会计机构的设置、会计人员的配备、会计制度的制定与执行、会计方法的实施与改进、会计档案的管理、进行会计工作与其他经济管理工作间的协调等各项工作所做的统筹安排，形成一个高效运行的会计工作体系。科学、合理、有效地组织会计工作，是完成会计目标的前提和重要保证，对充分发挥会计在经济管理中的作用具有重要意义。

任务解析

一、会计机构的设置

会计机构是指单位内部设置的组织和办理会计事务的职能部门。合理设置会计机构，是保证会计工作正常进行、充分发挥会计职能与作用的重要条件。

我国《会计法》第七条规定，国务院财政部门主管全国的会计工作。县级以上地方各级人民政府的财政部门管理本行政区域内的会计工作。《会计法》第三十六条规定，各单位应当根据会计业务的需要，设置会计机构，或者在有关机构中设置会计人员并指定会计主管人员；不具备设置条件的，应当委托经批准设立从事会计代理记账业务的中介机构代理记账。一个单位是否需要设置会计机构，一般取决于单位规模的大小、经济业务和财务收支的繁简，以及经营管理体制的要求。

小贴士

代理记账是指从事代理记账业务的社会中介机构（如会计咨询公司等）接受委托人的委托办理会计业务。委托人是指委托代理记账机构办理会计业务的单位。

我国《会计基础工作规范》规定，会计机构内部应当建立稽核制度和内部牵制制度。稽核，即稽查与复核。会计稽核是在会计机构内部，对于本机构在会计流程中的会计凭证、会计账簿、会计报表及其他会计资料，进行自我检查或者审核的一项工作，是对会计信息的再确认、再监督的过程。建立会计机构内部稽核制度，目的在于防止会计核算工作上的差错和有关人员的舞弊。内部牵制制度是指凡是涉及款项和财物收付、结算及登记的任何一项工作，必须由两人或两人以上分工办理，以起到相互制约作用的一种工作制度。实行内部牵制制度，主要是为了加强会计人员之间的相互制约、相互监督、相互核对，提高会计工作质量，防止会计事务处理中发生的失误和差错，以及经济活动中营私舞弊行为的发生。

二、会计工作的组织形式

企业单位或其内部机构按其核算关系的性质不同，一般分为独立核算单位和非独立核算单位。

独立核算单位指具有一定数额的资本金，有独立经营的自主权，能单独编制计划，单独计算盈亏，单独在银行开户并经工商行政管理部门注册登记的法人单位或非法人单位。独立核算单位会计工作的组织形式，一般分为集中核算和非集中核算两种：

集中核算又称集中核算制，是指整个单位的会计工作主要集中在会计部门进行的核算组织形式。在该组织形式下，单位内部的其他部门和下属单位只对其发生的经济业务填制原始凭证，定期将原始凭证整理汇总，送交会计部门。会计部门根据审核后的原始凭证填制记账凭证，登记账簿，编制会计报表。集中核算一般适用于小型企事业单位。

非集中核算又称分散核算制，是指将会计工作分散在单位内部所属单位、部门进行的核算组织形式。在非集中核算形式下，内部所属单位整理有关本部门业务的原始凭证，进行明细核算，上报有关会计报表；单位会计机构进行总分类核算，编制单位会计报表。非集中核算一般适用于大中型企事业单位。

非独立核算单位又称为内部独立核算单位，是指具有一定的经营管理权，计算盈亏，对内报送会计报表，但不具有独立的资本金，不单独在银行开户并通过工商行政管理部门注册登记的企业或事业法人所属的部门或下属单位。

三、会计人员的配备

会计人员是指直接从事会计工作的人员，包括单位财务会计负责人、会计机构负责人和具体从事会计业务的工作人员。建立健全会计机构，配备相应的会计人员，是各单位做好会计工作，充分发挥会计职能作用的重要保证。

1. 会计专业技术资格

会计专业技术资格考试实行全国统一组织、统一考试时间、统一考试大纲、统一考试命题、统一合格标准的考试制度。会计专业技术资格考试采用无纸化考试方式，原则上每年举行一次。

报名参加初级资格考试的人员，应具备下列条件：

（1）坚持原则，具备良好的职业道德品质。

（2）认真执行《中华人民共和国会计法》和国家统一的会计制度、有关财经法律、法规、规章制度，无严重违反财经纪律的行为。

（3）履行岗位职责，热爱本职工作。

（4）具备国家教育部门认可的高中毕业（含高中、中专、职高和技校）及以上学历。

（5）符合上述条件的在校生。

报名参加中级资格考试的人员，应具备下列条件：

（1）基本条件。

①坚持原则，具备良好的职业道德品质；

②认真执行《中华人民共和国会计法》和国家统一的会计制度以及有关财经法律、法规、规章制度，无严重违反财经纪律的行为；

③履行岗位职责，热爱本职工作。

（2）具体条件。

除具备基本条件，还应具备下列条件之一：

①取得大学专科学历，从事会计工作满5年；

②取得大学本科学历，从事会计工作满4年；

③取得双学士学位或研究生班毕业，从事会计工作满2年；

④取得硕士学位，从事会计工作满1年；

⑤取得博士学位；

⑥通过全国统一考试，取得经济、统计、审计专业技术中级资格。

我国目前的会计专业技术资格分为初级资格、中级资格和高级资格3个级别。初级和中级会计资格的取得实行全国统一考试制度；高级会计师资格实行考试与评审相结合制度。初级资格的考试科目分为《初级会计实务》和《经济法基础》2门，参加初级资格考试的人员必须在一个考试年度内通过全部科目的考试。中级资格的考试科目为《中级会计实务》《财务管理》和《经济法》3门，会计专业中级资格考试以两年为1个周期，参加中级资格考试的人员必须在两个考试年度内通过全部科目的考试。

2. 总会计师的设置

总会计师是组织领导本单位财务管理、成本管理、预算管理、会计核算和会计监督等方面的工作，参与本单位重要经济问题分析和决策的单位行政领导人员。总会计师协助单位主要行政领导人工作，直接对单位主要行政领导人负责。

我国《会计法》第三十六条规定：国有的和国有资产占控股地位或者主导地位的大、中型企业必须设置总会计师。该条规定目的在于通过总会计师的设置，完善法人治理结构，发挥会计的职能作用，加强企业的财务管理，保护所有者权益。

四、会计专业技术人员的继续教育

1. 会计专业技术人员继续教育的对象

会计专业技术人员继续教育的对象是国家机关、企业、事业单位以及社会团体等组织具有会计专业技术资格的人员，或不具有会计专业技术资格但从事会计工作的人员。具有会计专业技术资格的人员应当自取得会计专业技术资格的次年开始参加继续教育，并在规定时间内取得规定学分。不具有会计专业技术资格但从事会计工作的人员应当自从事会计工作的次年开始参加继续教育，并在规定时间内取得规定学分。

2. 会计专业技术人员继续教育的内容

会计专业技术人员继续教育内容包括公需科目和专业科目，其中公需科目包括专业技术人员应当普遍掌握的法律法规、政策理论、职业道德、技术信息等基本知识；专业科目包括会计专业技术人员从事会计工作应当掌握的财务会计、管理会计、财务管理、内部控制与风险管理、会计信息化、会计职业道德、财税金融、会计法律法规等相关专业知识。

3. 会计专业技术人员继续教育的学分管理

会计专业技术人员参加继续教育实行学分制管理，每年参加继续教育取得的学分不少于90学分。其中，专业科目一般不少于总学分的2/3。会计专业技术人员参加继续教育取得的学分，在全国范围内当年度有效，不得结转以后年度。

知识链接

党的二十大报告指出，“要深入实施人才强国战略”“全面提高人才自主培养质量，着力造就拔尖创新人才”“完善人才战略布局，坚持各方面人才一起抓，建设规模宏大、结构合理、素质优良的人才队伍”。会计人才是我国人才队伍的重要组成部分，是维护市场经济秩序、促进经济社会发展、推动会计改革发展的重要力量。加强会计人员管理和继续教育、完善会计人才评价体系、加强高层次会计人才培养是贯彻人才强国战略，持续加强会计人才队伍建设的重要举措。

任务三 会计职业

任务导航

会计职业既是传承历史的职业，又是与时俱进的职业。会计职业的发展是伴随着社会经济的发展而发展的。通过本任务的学习，能够理解会计职业的含义、掌握会计职业的分类与会计职业道德的内容与要求、了解会计职业的发展趋势。

任务解析

一、会计职业的含义与特征

（一）会计职业的概念

会计职业，是指利用会计专门的知识和技能，为经济社会提供会计服务，获取合理报酬的职业。在会计实务中，会计职业主要是指根据会计法律法规等相关规定要求，在国家机关、社会团体、企业、事业单位和其他组织中从事会计核算、实行会计监督的会计工作。

（二）会计职业的特征

1. 会计职业的社会属性

会计职业是社会的一种分工，履行会计职能，为社会提供会计服务，维护生产关系和经济社会秩序，正确处理企业利益相关者和社会公众的经济权益及其关系。

2. 会计职业的规范性

会计职业具有系统性的专业规范操作要求，具有严格职业道德的规范性要求。

3. 会计职业的经济性

会计职业是会计人员赖以谋生的劳动过程，具有获取合理报酬的特性。

4. 会计职业的技术性

会计职业采用各种专门方法和程序履行其职能。

5. 会计职业的时代性

会计职业应适应经济社会生产经营方式、发挥市场在经济资源配置中的决定作用和更好发挥政府作用以及文化、社会组织等多种因素的变化要求，切实贯彻创新、协调、绿色、开放、共享的高质量发展理念，与时俱进。

二、会计职业的分类

按照会计岗位工作目标和作用的不同，会计职业可划分为两类：单位会计和公共会计。

1. 单位会计职业

单位会计职业是指企业、事业、政府机关、社会团体等单位的会计，其主要工作任务是会计核算、会计监督、财务管理等。

不同性质单位的会计岗位设置是不完全相同的。《会计基础工作规范》第十一条规定，会计工作岗位一般可分为会计机构负责人或者会计主管人员、出纳、财产物资核算、工资核算、成本费用核算、财务成果核算、资金核算、往来核算、总账报表、稽核、档案管理等。

2. 公共会计职业

公共会计职业是指为社会各界服务的会计，即社会会计。从事公共会计的人员主要是指注册会计师。执行会计业务的注册会计师，受企业等当事人的委托，对该单位的会计凭证、账簿、会计报表等进行检查。上述的检查一般是为了鉴定企业的财务报表是否恰当、真实地反映其财务状况、经营成果和现金流量，也有为了其他特定目的如审查舞弊行为等。

在我国从事注册会计师职业，必须取得注册会计师考试全科合格证，并在会计师事务所从事审计工作两年以上，申请注册取得职业资格，才能独立承担审计业务。未取得职业资格的，作为注册会计师的助理人员。

注册会计师全国统一考试分为专业阶段考试和综合阶段考试两个层次。

注册会计师全国统一考试专业阶段考试科目：会计、审计、财务成本管理、公司战略与风险管理、经济法、税法。专业阶段考试报名人员可以同时报考六个科目，也可以选择报考部分科目。注册会计师全国统一考试综合阶段考试科目：职业能力综合测试。

三、会计职业道德

（一）会计职业道德的概念

会计职业道德，是指会计人员在会计工作中应当遵循的、体现会计职业特征的、调整会计职业关系的职业行为准则和规范。

在现代市场经济和现代企业制度环境条件下，基于经济资源配置和生产组织的委托代理关系中的权属性质界定，如实反映受托责任履行情况的诚实性和可靠性是会计的基本职责，因此，会计职业道德的核心是诚信。诚信是指诚实、守信、真实的总称，也就是实事求是、真实客观、不弄虚作假，它要求会计人员客观公正、遵守统一会计制度，言行一致，表里如一，不做假账，忠诚为人，以诚待人。准确核算、如实反映、讲求诚信是决定会计工作成败和质量好坏的根本标准，会计人员应当以诚信为本，保持客观公正。目前，区块链、云计算、大数据、人工智能等现代信息技术在会计工作中广泛运用，对会计诚信提出了更高的要求。

（二）会计职业道德的内容

会计人员职业道德主要包括以下内容。

1. 爱岗敬业

会计人员在会计工作中应当遵守职业道德，树立良好的职业品质、严谨的工作作风，严守工作纪律，努力提高工作效率和工作质量。要求会计人员正确认知会计职业，树立职业荣誉感；热爱会计工作，敬重会计职业；安心会计工作和工作岗位，任劳任怨；严肃认真，一丝不苟；忠于职守，尽心尽力，尽职尽责。爱岗与敬业相辅相成、相互支持。

2. 诚实守信

会计人员应当保守本单位的商业秘密。除法律规定和单位领导人同意外，不能私自向外界提供或者泄露单位的会计信息。要求会计人员做老实人，说老实话，办老实事，执业谨慎，不弄虚作假；不为利益所诱惑，保密守信，信誉至上。

3. 廉洁自律

要求会计人员树立正确的人生观和价值观；公私分明，清正廉洁，不贪不占，保持清白；遵纪守法，一身正气；坚持职业标准，严格自我约束，自觉抵制不良欲望的侵袭和干扰。

4. 客观公正

会计人员办理会计事务应当实事求是、客观公正。要求会计人员端正态度，以客观事实为依据，依法依规办事；实事求是，不偏不倚；公正处理企业利益相关者和社会公众的利益关系，保持应有的独立性。

5. 坚持准则

会计人员应当按照会计法律、法规和国家统一会计制度规定的程序和要求开展会计工作，保证所提供的会计信息合法、真实、准确、及时、完整。要求会计人员熟悉国家法律、法规和国家统一会计制度，始终坚持按法律、法规和国家统一的会计制度的要求进行会计核算，实施会计监督；坚持会计准则发生道德冲突时，应以客观公正原则和法律、法规及国家统一的会计制度的要求精神，做出合理公正的职业判断，以维护国家利益、社会公众利益和正常的经济秩序。

6. 提高技能

会计人员应当热爱本职工作，努力钻研业务，使自己的知识和技能适应所从事工作的要求。要求会计人员具有不断提高会计专业技能的意识和愿望，不断增强提高专业技能的自觉性和紧迫感；具有勤学苦练的精神和科学的学习方法，刻苦钻研，不断进取，提高业务技能水平。

7. 参与管理

会计人员应当广泛宣传财经法律、法规、规章和国家统一会计制度。充分发挥会计在企业经营管理中的职能作用，努力钻研相关业务，全面熟悉本单位经营活动和业务流程，建立健全企业内部控制、促进完善企业规章制度和业务流程，保障企业生产经营活动合法合规；主动提出合理化建议，充分发挥决策支持的功能作用，积极参与管理，促进企业可持续高质量健康发展。

8. 强化服务

会计人员应当熟悉本单位的生产经营和业务管理情况，运用掌握的会计信息和会计方法，为改善单位内部管理、提高经济效益服务。要求会计人员树立服务意识，提高服务质量，努力维护和提升会计职业的良好社会形象。保护企业投资者等利益相关者及社会公众权益是会计的基本任务。这就要求会计人员必须树立为企业、为人民服务的根本思想，将强化服务贯彻落实到会计工作的全过程，维护会计人员和会计职业的良好社会形象。

（三）会计职业道德的相关管理规定

1. 增强会计人员诚信意识

（1）强化会计职业道德意识。引导会计人员自觉遵纪守法、勤勉尽责、参与管理、强化服务，不断提高专业胜任能力；督促会计人员坚持客观公正、诚实守信、廉洁自律、不做假账，不断提高职业操守。

（2）加强会计诚信教育。采取多种形式，广泛开展会计诚信教育。将会计职业道德作为会计人员继续教育的必修内容，大力弘扬会计诚信理念，不断提升会计人员诚信素养。要充分发挥新闻媒体对会计诚信建设的宣传教育、舆论监督等作用，大力发掘、宣传会计诚信模范等会计诚信典型，深入剖析违反会计诚信的典型案例。引导财会类专业教育开设会计职业道德课程，努力提高会计后备人员的诚信意识。鼓励用人单位建立会计人员信用管理制度，将会计人员遵守会计职业道德情况作为考核评价、岗位聘用的重要依据，强化会计人员诚信责任。

2. 建设会计人员信用档案

（1）建立严重失信会计人员“黑名单”制度。将有提供虚假财务会计报告，做假账，隐匿或者故意销毁会计凭证、会计账簿、财务会计报告，贪污，挪用公款，职务侵占等与会计职务有关违法行为的会计人员，作为严重失信会计人员列入“黑名单”，纳入全国信用信息共享平台，依法通过“信用中国”网站等途径，向社会公开披露相关信息。

（2）建立会计人员信用信息管理制度。制定会计人员信用信息管理办法，规范会计人员信用评价、信用信息采集、信用信息综合利用、激励惩戒措施等，建立会计人员信息纠错、信用修复、分级管理等制度，建立健全会计人员信用信息体系。

（3）完善会计人员信用信息管理系统。以会计专业技术资格管理为抓手，有序采集会计人员信息，记录会计人员从业情况和信用情况，建立和完善会计人员信用档案，构建全国统一的会计人员信用信息平台。

3. 建立健全会计职业联合惩戒机制

建立健全失信会计人员联合惩戒机制，明确联合惩戒对象、信息共享与联合惩戒的实施方式和惩戒措施。联合惩戒对象，主要指在会计工作中违反《会计法》《公司法》《证券法》以及其他法律、法规、规章和规范性文件，违背诚实信用原则，经财政部门及相关部门依法认定的存在严重违法失信行为的会计人员（以下简称“会计领域违法失信当事人”）。信息共享与联合惩戒的实施方式，是指认定联合惩戒对象名单的相关部门和单位通过全国信用信息共享平台将会计领域违法失信当事人的相关信息推送给财政部，并及时更新。

联合惩戒措施主要有：

（1）罚款、限制从事会计工作、追究刑事责任等惩戒措施。对于严重失信会计人员，依法取消其已经取得的会计专业技术资格。会计人员有违反《会计法》《公司法》《证券法》

等违法会计行为，依法给予罚款、限制从事会计工作等惩戒措施；属于国家工作人员的，还应当由其所在单位或者有关单位依法给予撤职直至开除的行政处分；构成犯罪的，依法追究刑事责任，不得再从事会计工作。

（2）记入会计从业人员信用档案。对会计领域违法失信当事人，将其违法失信记录记入会计人员信用档案。

（3）将会计领域违法失信当事人信息通过财政部网站、“信用中国”网站予以发布，同时协调相关互联网新闻信息服务单位向社会公布。

（4）实行行业惩戒。支持行业协会商会按照行业标准、行规、行约等，视情节轻重对失信会员实行警告、行业内通报批评、公开谴责、不予接纳、劝退等惩戒措施。

（5）限制取得相关从业任职资格，限制获得认证证书。对会计领域违法失信当事人，限制其取得相关从业任职资格，限制获得认证证书。

会计人员职称评价标准要突出评价会计人员职业道德。坚持把职业道德放在评价首位，引导会计人员遵纪守法、勤勉尽责、参与管理、强化服务，不断提高专业胜任能力；要求会计人员坚持客观公正、诚实守信、廉洁自律、不做假账，不断提高职业操守。完善守信联合激励和失信联合惩戒机制，违反《会计法》有关规定，以及剽窃他人研究成果，存在学术不端行为的，在会计人员职称评价过程中实行“一票否决制”。对通过弄虚作假取得的职称一律撤销。

（6）依法限制参与评先、评优或取得荣誉称号。对会计领域违法失信当事人，限制其参与评先、评优或取得各类荣誉称号；已获得相关荣誉称号的予以撤销。在会计专业技术资格考试或会计职称评审、高端会计人才选拔等资格资质审查过程中，对严重失信会计人员实行“一票否决制”。

（7）依法限制担任金融机构董事、监事、高级管理人员。对会计领域违法失信当事人，依法限制其担任银行业金融机构、保险公司、保险资产管理公司、融资性担保公司等的董事、监事、高级管理人员，以及保险专业代理机构、保险经纪人的高级管理人员及相关分支机构主要负责人，保险公估机构董事长、执行董事和高级管理人员；将其违法失信记录作为担任证券公司、基金管理公司、期货公司的董事、监事和高级管理人员及分支机构负责人任职审批或备案的参考。已担任相关职务的，依法提出其不再担任相关职务的意见。

（8）依法限制其担任国有企业法定代表人、董事、监事。对会计领域违法失信当事人，依法限制其担任国有企业法定代表人、董事、监事；已担任相关职务的，依法提出其不再担任相关职务的意见。

（9）限制登记为事业单位法定代表人。对会计领域违法失信当事人，限制登记为事业单位法定代表人。

（10）作为招录（聘）为公务员或事业单位工作人员以及业绩考核、干部选任的参考。对会计领域违法失信当事人，将其违法失信记录作为其被招录（聘）为公务员或事业单位工作人员的重要参考；对会计领域违法失信当事人，将其违法失信记录作为业绩考核、干部选拔任用的参考等。

小贴士

财政部于2023年1月12日印发了《会计人员职业道德规范》，具体内容如下：一是坚持诚信，守法奉公。牢固树立诚信理念，以诚立身、以信立业，严于律己、心存敬畏。学法知法守法，公私分明、克己奉公，树立良好职业形象，维护会计行业声誉。二是坚持准则，守责敬业。严格执行准则制度，保证会计信息真实完整。勤勉尽责、爱岗敬业，忠于职守、敢于斗争，自觉抵制会计造假行为，维护国家财经纪律和经济秩序。三是坚持学习，守正创新。始终秉持专业精神，勤于学习、锐意进取，持续提升会计专业能力。不断适应新形势新要求，与时俱进、开拓创新，努力推动会计事业高质量发展。

应用举例

1. “做老实人，说老实话，办老实事”这句话体现的会计职业道德是（　）。

A. 参与管理　　B. 诚实守信　　C. 爱岗敬业　　D. 提高技能

【正确答案】B

【答案解析】诚实守信要求会计人员做老实人，说老实话，办老实事，执业谨慎，不弄虚作假；不为利益所诱惑，保密守信，信誉至上。

2. “树立正确的人生观和价值观”体现的会计职业道德是（　）。

A. 爱岗敬业　　B. 提高技能　　C. 参与管理　　D. 廉洁自律

【正确答案】D

【答案解析】廉洁自律要求会计人员树立正确的人生观和价值观；公私分明，清正廉洁，不贪不占，保持清白；遵纪守法，一身正气；坚持职业标准，严格自我约束，自觉抵制不良欲望的侵袭和干扰。

四、会计职业的发展趋势

经济越发展，会计越重要。随着企业需求的变化、管理理论的发展，会计的功能从价值反映转变为价值实现，会计工作从侧重于对外的财务会计转型为侧重于对内的管理会计。在“大智移云”背景下，财务工作的会计确认、会计计量、会计记录、会计报告等多个工作环节都会出现新技术推动下的进步升级。与现阶段的会计工作相比而言，大数据时代下会计行业将实现会计工作的智能化、信息化、科技化，也会拥有更广阔的发展空间。

在行业转型升级的背景下，一名职业会计师的胜任能力标准，不仅应该包括良好的职业道德与职业素养，还应具备会计领域先进的专业知识，掌握扎实的综合运用能力，以及融会贯通的能力、领导技巧、对复杂的经济业务交易进行分析并与他人沟通的能力。

推荐阅读

1. 全国人大常委会颁布的《中华人民共和国会计法》
2. 中共中央办公厅 国务院办公厅发布的《关于进一步加强财会监督工作的意见》
3. 国务院颁布的《总会计师条例》
4. 财政部发布的《会计基础工作规范》
5. 财政部发布的《会计人员职业道德规范》
6. 财政部 人力资源社会保障部发布的《会计专业技术人员继续教育规定》

项目小结

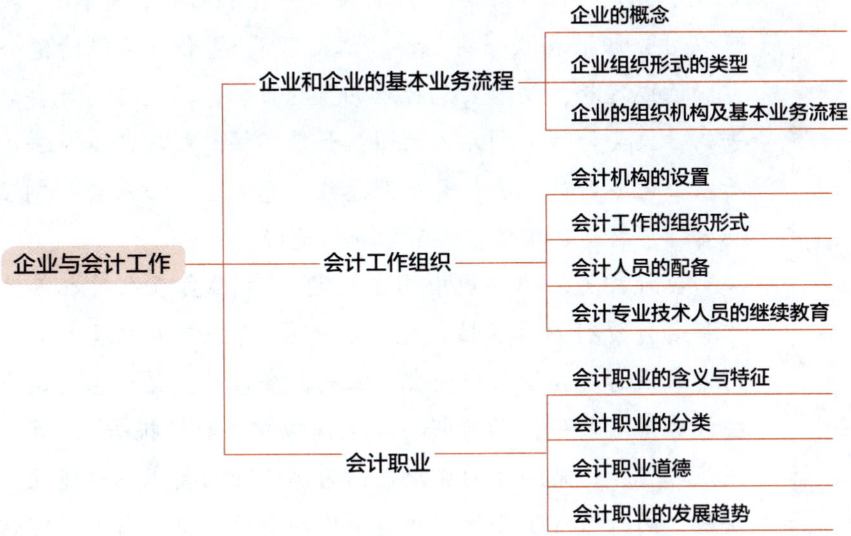

项目二

会计内涵与基本方法

德育微课堂

篡改财务报告实现企业盈利目标是否可取？

2022年11月，东胜公司因产品销售不畅，新产品研发受阻。公司财会部预测公司本年度将发生800万元亏损。刚刚上任的公司总经理责成总会计师王某千方百计实现当年盈利目标，并说：“实在不行，可以对会计报表做一些会计技术处理。”总会计师很清楚公司本年度亏损已成定局，要落实总经理的盈利目标，只能在财务会计报告上做手脚。总会计师感到左右为难：如果不按总经理的意见去办，自己以后在公司不好待下去；如果照总经理意见办，违反会计制度。为此，总会计师思想负担很重，不知如何是好。

会计相关法律法规中明文规定：“单位负责人对本单位的会计工作和会计资料的真实性、完整性负责”“任何单位或者个人不得以任何方式授意、指使、强令会计机构、会计人员伪造、变造会计凭证、会计账簿和其他会计资料，提供虚假财务会计报告”，所以总会计师王某应当拒绝总经理的要求。因为总经理的要求不仅违反了会计法律法规，同时违背了会计职业道德中的会计人员应当诚实守信、客观公正、遵守准则的要求。

学习目标

1. 知识目标

（1）了解会计的概念、基本特征和会计目标的内容。

（2）理解会计的职能和会计核算方法的具体内容。

（3）理解会计基本假设及其对会计核算的影响。

（4）理解会计信息使用者以及会计信息质量的要求。

2. 技能目标

（1）掌握权责发生制如何确认会计期间的收入和费用。

（2）掌握收付实现制如何确认会计期间的收入和费用。

3. 素质目标

（1）具有实事求是的职业态度。

（2）具有诚实守信、客观公正、遵守准则等良好的职业道德修养。

情境案例

通过项目一的学习，小K和同学们了解了企业和企业的会计工作，但到底会计从何而来，什么是会计，会计有什么用，会计怎么做账，其实他们还是心存疑惑。老师建议同学们可以尝试制订一份创业计划，从这个过程中找到以上问题的答案。小K和同学们讨论，打算以奶茶店为例制定创业计划书。

思考探究

1. 奶茶店是否需要会计人员？
2. 奶茶店的记账方法与生活中是否一样？
3. 谁需要了解会计提供的信息？

任务一 会计和会计目标

会计概念与目标

任务导航

随着科技的发展，越来越多的行业被社会淘汰，很多人担心，人工智能AI的出现，财务人员会被机器人替代吗？如果假设成真，会计从业人员该怎么办？会计行业目前的状态就像是一个金字塔，基层会计从业人员数量庞大，然而顶层高端的会计人才数量稀少，存在巨大的缺口。根据目前发展趋势的预测，在不久的将来，基层会计岗位将引进人工智能，这样可以解决大量日常、高频、单一的工作，所以未来会计行业缺失的是能够参与企业决策分析的管理会计人才，能够用财务报表来分析企业的经营状况，为企业的未来提出更好的决策。如果今后想在会计行业取得更好的发展，现在必须实现自己专业知识技能的提升、专业素养的提升，以及管理技能和实际操作技能的提升。

任务解析

一、会计的发展历程

会计作为一项记录、计算并提供数据与信息的经济管理活动，产生的历史久远，历经发展与变化。追寻会计发展史的足迹，我们可以发现经济资源的稀缺性和人类需求无限性的矛盾是促使会计产生的根本原因。由于这一矛盾的存在，使人类从远古到现代的经济活动中，总是力求以最少的投入获取最大的经济效益。为更好地利用有限的资源，人们不仅要关心经济活动中有关数量方面的变化，而且还要采用一定的方法、技术对经济活动过程及结果进行计量和记录，会计就是在这种需求的推动下，成为一门日趋完善的利用专业的技术和方法为人们提供数据与信息的科学。

追本溯源，会计从萌芽发展到现在，大致经历了古代会计、近代会计和现代会计三个阶段。

1. 古代会计阶段

在奴隶社会和封建社会以农业和手工业为主的生产经营方式中，生产规模小，生产手段简单，而且是大量的分散经营，商品经济很不发达。统治者以“进贡赋”和“交租税”的方式获取财富，所以，当时的会计主要用于钱物收支的记录和计算。随着生产力的发展，出现了剩余产品，这就为组织生产、管理产品和进行产品分配提供了物质条件。同时，生产开始了社会化，直接的生产过程一般已经采取共同劳动的协作形式，不再是个体劳动，当这两个条件具备时，会计就作为一项单独的管理职能由脱离生产的人来担任。古代会计的萌芽最早可以追溯到远古印度公社时期，那时公社中已经有了农业记账员；到公元前3世纪左右时，在埃及，已经有了有关会计方面的详细记录。

我国的会计历史，最早可以追溯到伏羲时代。当时，随着剩余物品的出现、私有财产制度的产生、数学的萌芽及社会生产的发展，出现了“绘图记事”“刻木记数”和“结绳记事”。虽然目前未发现原始先民遗留下的结绳实物，但原始社会绘画遗存中的网纹图、陶器上的绳纹和陶制网坠等实物均提示出先民结网是当时渔猎的主要条件，因此，结绳记事作为当时的记录方式是具有客观基础的。到了西周，周王朝设立了专门的会计官吏——“司会”，“司会”作为会计官之长，掌管国家和地方的财产物资，负责组织会计工作，主管财政经济收支的会计核算和出纳实务。发展到西汉时期，官府和民间都已有了会计账簿，中式簿记开始逐步发展完善。等到唐宋时期则创造了“四柱结算法”，即将“旧管”（上期结存数）、“新收”（本期收入数）、“开除”（本期支出数）、“实在”（本期结存数）有机结合起来，从而形成了“旧管+新收=开除+实在”的平衡关系，意思就是“原有的+新得到的=拿走的+还剩下的”，这个方法的建立奠定了我国中式簿记的基础。明代时，我国的商业和手工作坊已经有所发展，资本主义的萌芽开始出现，此间不仅前述的四柱结算的方法体系得到了进一步的完善，而且账房组织制度也已经形成。然而到了清代，我国开始在政治、经济、文化等方面落后于西方国家，至此，会计发展的辉煌时刻都在西方国家。

知识链接

龙门账的由来

傅山，明末清初山西帮商人，他参考当时官厅会计的“四柱清册”记账方法，设计出一种适合于民间商业的会计核算方法——“龙门账”。

龙门账的要点是将全部账目划分为进、缴、存、该四大类。“进”指全部收入；“缴”指全部支出；“存”指资产并包括债权；“该”指负债并包括业主投资。

当时的民间商业一般只在年终才办理结算（称年结），年结就是通过“进”与“缴”的差额，同时也通过“存”与“该”的差额，平行计算盈亏。“进”大于“缴”就是盈利，反之则为亏损。它与“存”“该”的差额相等。就是：进−缴=存−该。傅山将这种双轨计算盈亏，并检查账目平衡关系的会计方法，形象地称为“合龙门”，“龙门账”因此而得名。“龙门账”的诞生标志着我国复式簿记的开始。

2. 近代会计阶段

近代会计是从运用复式簿记开始的。资本主义生产方式的出现和发展，生产日益社会化，以大规模的机器生产手段为主，以工厂企业为中心的生产经营方式代替了分散经营，每个企业都要运用会计来管理经济，使会计从内容到方法都发生了巨大变化。商品经济的日益繁荣要求人们广泛利用货币作为价值尺度，企业更注重用价值量来衡量企业的所耗与所得之比，更注重采用较科学的记账方法。资本主义经济关系的萌芽和发展产生了一系列的簿记方法，但是对该方法进行系统总结的是13世纪意大利一位名叫卢卡·帕乔利的数学家，他的著作《算术、几何、比及比例概要》，是有史以来第一部论述“簿记论”的经典，卢卡·帕乔利第一次把“复式记账法”以文字的形式全面而详细地进行总结并记载下来。在这本书中，卢卡·帕乔利不仅详细叙述了复式记账法中借贷记账方法的原理及具体运用，还对为什么需要这个方法进行了精辟的论述，从而使复式簿记在全世界得以广泛流传，开创了近代会计的新局面，揭开了近代会计发展的崭新篇章。因此，近代的会计已广泛利用货币作为计量标准，广泛采用复式记账法，对生产经营过程的各种消耗及成果进行记录、计算、分析、考核，不断追求最大经济效益，已具备了一整套比较完整的会计核算方法体系，并形成了以企业会计为中心的局面。

从13世纪末到19世纪中期，随着商业在欧洲其他城市的发展，借贷记账法不断得到传播、发展和完善。同时，欧美各国也完成了从18世纪30年代开始到19世纪中期的产业革命和技术革命，促使资本主义实现了由手工生产到机器大生产的过渡，并在这之后进入了“电力时代”，这些都标志着资本主义制度的最终确立和进一步发展。19世纪末20世纪初，受产业革命的深刻影响，为适应资本主义市场经济发展的需要，股份公司出现的背景下，会计理论和实务都开始向建立成本会计为立足点，以确立会计在公司经营管理中的地位的方向转变。比如，1916年管理学鼻祖之一亨利·法约尔的名著《工业管理与一般管理》出版，书中明确指出了财务与会计在公司经营管理中的重要地位。这些都足以说明会计的发展进入了一个新阶段。

3. 现代会计阶段

至20世纪40年代，在新的技术革命的推动下，现代市场经济发展的基本格局已形成，并迅速朝着系统化、信息化的方向发展。20世纪50年代以后，生产社会化的程度不断提高，股份有限公司的出现，使现代企业组织形式发生了变化，与独资和合伙企业相比，公司筹集资本的渠道更多，数额更巨大，从事的经营活动范围更广泛，生产规模更庞大，债权债务关系更复杂。因此，在企业外部形成了庞大的利害关系集团（如投资人、债权人、政府监督部门、国家税收等），要求企业定期提供有关财务状况、经营成果和现金流量的会计信息。股份公司是以资本的所有权和经营权相分离为特征的，为保护那些不参与企业经营管理的所有者的需要，在传统会计的基础上，逐渐形成了以对外提供信息为主，接受公认会计原则约束的会计——财务会计。商品经济的进一步发展，企业面临更为剧烈的市场竞争和瞬息万变的外部市场环境。为了在这种多变的市场环境中得以生存并不断发展壮大，就要求建立科学的管理体制与方法，管理会计逐渐地同传统财务会计相分离，并形成一个与会计相对独立的领域——管理会计。财务会计和管理会计成为现代企业会计的两大分支。

由于计算机在会计工作中的应用，使会计数据处理方法，甚至会计核算方法和程序都发生了很大变化，使会计进入了一个新的阶段，会计信息系统理论也得到了进一步发展。应用计算机来处理会计业务，不仅可及时、准确、全面地处理和提供会计信息，而且把会计人员从繁重的手工记账、算账等劳动中解脱出来，使他们有较多的时间和精力从事财务管理工作，充分发挥会计人员的管理作用。因而，计算机会计或计算机会计信息系统已是现代会计中的重要组成部分。现代会计的变革是全面的、系统的、根本的，取得的成就也是巨大的，它体现在很多方面，比如，形成了从国家到具体企业单位的健全的会计管理体制，进一步建立和健全了财务会计体系，产生了诸如“绿色会计”“社会责任会计”等宏观会计的新领域等。

知识链接

从会计产生和发展的历史来看，会计既是经济管理必不可少的工具，同时又是经济管理的组成部分。因此，任何社会的经济管理活动，都离不开会计，经济越发展，管理越要加强，会计就越重要。正是基于此，会计由生产职能的附带部分，从生产职能中分离出来，成为特殊、专门的独立职能。在商品货币经济环境下，会计主要采用货币计量尺度，运用其独特的技术方法，向有关关系人提供社会经济生活所需要的经济信息，同时，还将利用所掌握的信息，参与经营管理决策，提高企业经济效益，促进市场经济的健康有序发展。

小贴士

会计的发展历程，充分体现了会计发展与经济发展相适应、相一致的历史规律。经济越发展，会计越重要。会计正是在遵循这个规律的过程中，其理论日臻成熟，其方法和技术也得到了巨大的改进和完善，从而成为一门具有蓬勃生命力的应用性学科。

二、会计的概念与特征

（一）会计的概念

会计是以货币为主要计量单位，采用专门方法和程序，对企业和行政、事业单位的经济活动过程及其结果进行准确完整、连续系统的核算和监督，以如实反映受托责任履行情况和提供有用经济信息为主要目的的经济管理活动。未特别说明时，本教材均以企业会计为对象进行介绍。

（二）会计的基本特征

1. 以货币为主要计量单位

对经济社会生产、分配、交换和消费过程及其结果进行计量的尺度通常有实物计量尺度、劳动计量尺度、时间计量尺度和货币计量尺度等多种。其中，货币计量尺度由货币为一般等价物的性质所决定，具有全面性、综合性等特征，是衡量一般商品价值的共同尺度。因此，货币计量为主要计量单位、其他计量尺度作为辅助性补充成为会计的基本特征之一。

2. 准确完整性、连续系统性

会计产生于人们对经济活动过程中生产耗费、生产成果的观察、计量以及记录和比较的需要，会计记录的真实完整、会计计量的准确完整是经济社会对会计的基本要求，是会计的本质特征。从宏观经济角度而言，生产、分配、交换和消费是一个连续系统的过程，从微观企业单位而言，经济活动或业务活动也是一个连续系统的过程，这决定了会计核算和监督的过程也必然是一个连续系统的过程。同时，会计履行核算职能和监督职能是一项十分复杂缜密的有机整体性工作，其所采用的各种专门方法和程序之间也形成了一个科学系统，会计凭证、会计账簿和会计报表是一个有机整体。因此，连续系统性是会计的另一项基本特征。

三、会计的对象与目标

（一）会计对象

会计对象即会计核算和监督的内容，具体是指社会再生产过程中能以货币表现的经济活动，即资金运动或价值运动。凡是能够以货币表现的经济活动的特定对象，都是会计所核算和监督的内容，即会计的对象。而以货币表现的经济活动，通常又称为价值运动或资金运用。

以工业企业为例，其主要活动是从事产品生产。为了进行生产经营活动，必须拥有一定的劳动资源（厂房、机器设备等）、劳动对象（原材料）和劳动者（生产工人等），劳动者将自己的劳动通过劳动资源作用于劳动对象，生产出劳动产品，其生产经营活动最终要借助价值形态，以货币形式表现出来。这些以货币形式表现的生产经营活动构成了工业企业的资金运动。资金运动按其表现形态可分为静态表现和动态表现两方面。

1. 资金运动的静态表现

资金运动的静态表现是指资金运动在截至某一时点时的表现状态，是企业的资产总值和权益总值，其内容反映在资产负债表中。

资产是企业资金的表现形态，即资金占用，其分布和存在的形态主要是库存现金、银行存款、应收账款、原材料、在产品、库存商品、房屋及建筑物、机器设备等。

权益是对资产的所有权，是企业资金的来源渠道，包括负债和所有者权益。资金运动的静态表现如图2-1所示。

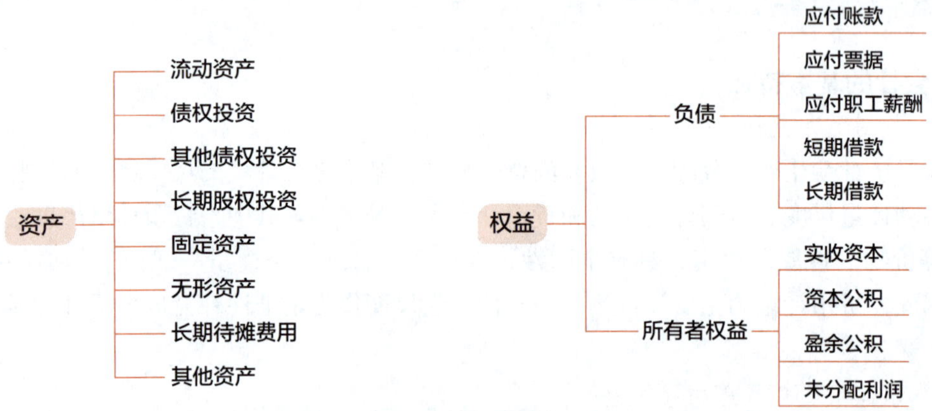

图2-1 资金运动的静态表现

2. 资金运动的动态表现

资金运动包括特定对象的资金投入、资金运用、资金退出等过程，而具体到企业、事业、行政单位又有较大的差异。下面以工业企业为例说明资金运用的过程。

（1）资金的投入。工业企业要进行生产经营，必须拥有一定的资金，这些资金的来源包括所有者投入的资金和债权人投入的资金两部分，前者属于企业所有者权益，后者属于企业债权人权益——企业负债。投入企业的资金要用于购买机器设备和原材料并支付职工的工资等。

（2）资金的循环和周转。工业企业的经营过程包括供应、生产、销售三个阶段。**在供应过程中**，企业要购买原材料等劳动对象，发生材料买入价、运输费、装卸费等材料采购成本，与供应单位发生货款的结算关系。**在生产过程中**，劳动者借助于劳动手段将劳动对象加工成特定的产品，同时发生原材料消耗、固定资产磨损的折旧费、生产工人劳动耗费的人工费，使企业与职工之间发生工资结算关系，有关单位之间发生劳务结算关系等。**在销售过程中**，将生产的产品销售出去，发生支付销售费用、收回货款、缴纳税金等业务活动，并同购货单位发生货款结算关系、同税务机关发生税务计算关系。综上所述，资金的循环就是从货币资金开始依次转化为储备资金、生产资金、产品资金、最后又回到货币资金的过程，资金周而复始循环称为资金的循环。

（3）资金的退出。资金的退出包括偿还债务、上缴各项税金、向所有者分配利润以及经法定程序减少资本等，这部分资金离开本企业，退出企业的资金循环与周转。

上述资金运用的三阶段是相互支持、相互制约的统一体，没有资金的投入，就没有资金的循环与周转，就不会有债务的偿还、税金的上缴和利润的分配等；没有资金的退出，就不会有新一轮的资金投入，就不会有企业的进步发展。

资金循环的具体过程如图2-2所示。

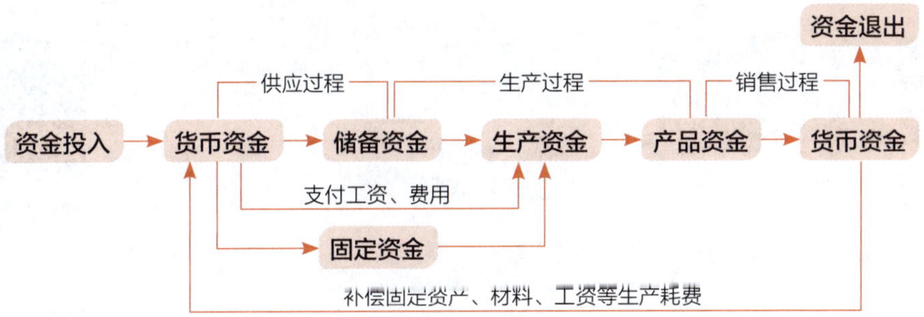

图2-2 资金循环周转图

（二）会计目标

会计目标，也称会计目的，是指在一定的历史条件下，人们通过会计所要实现的目的或达到的最终结果。由于会计是整个经济管理的重要组成部分，会计目标当然从属于经济管理的总目标，或者说会计目标是经济管理总目标下的子目标。在将提高经济效益作为会计终极目标的前提下，我们还需要研究会计核算的目标，即向谁提供信息、为何提供信息和提供何种信息。

我国《企业会计准则》中对于会计核算的目标做了明确规定：会计核算的目标是向财务会计报告使用者提供与企业财务状况、经营成果和现金流量等有关的会计信息，反映企业管理层受托责任履行情况，有助于财务会计报告使用者做出经济决策。

上述会计核算的目标，实质上是对会计信息质量提出的要求，因而，会计目标的内容可以划分为以下两个方面。

1. 向信息使用者提供对决策有用的会计信息

这一目标主要出于满足信息使用者的决策需要。会计信息的使用者包括投资者、债权人、企业管理者、政府及其相关部门和社会公众等。例如，阳光公司的会计人员提供了一份有关新产品盈利能力的会计报告，这份报告的提供可能会为以下信息使用者使用：潜在的投资者可以运用这份会计报告决定是否购买阳光公司的股票；银行则通过使用会计报告决定是否向阳光公司贷款或确定贷款的金额；供应商根据会计报告决定是否认可阳光公司的信用以供给原材料；政府税收部门根据会计报告确定阳光公司应缴纳的税额。

2. 向资源的提供者报告资源受托管理的情况

这一目标主要出于满足企业管理层的监管需要。会计信息是一种商业语言，包括企业管理层在内的任何利益相关者都可以利用这些信息进行决策。由于现代企业的所有权和经营权相分离，企业管理层是受委托者委托经营和管理企业的。企业管理层作为受托者负有对委托者解释、说明其活动及结果的义务。而企业的财务状况、经营成果和现金流量等方面的信息是由会计提供的，因此，会计核算的目标要求会计信息能充分反映企业管理层受托责任的履行情况，帮助委托者评价企业经营管理和资源使用的有效性。例如，上述阳光公司的会计人员提供的有关新产品盈利能力的会计报告，这份报告的提供同时可能会为阳光公司的经营管理者据此做出是否生产该种产品的决策。

任务二 会计职能与方法

会计的职能与方法

任务导航

某单位由于业务发展的需要，购入一辆车，价值30万元，会计应该对哪些环节和内容进行核算？

1. 确认——确认该车为固定资产。

2. 计量——分为初始计量和后续计量，均以货币为计量单位。初始计量货币金额：30万元，后续计量，这辆车折旧的问题。

3. 报告——无论何种计量，均需在财务报告中体现出来。购置费用多少，使用多少年以及折旧多少。

任务解析

一、会计的职能

会计的职能是指会计在经济管理过程中所具有的功能。随着生产力水平的日益提高、社会经济关系的日益复杂和管理理论的不断深化，会计所发挥的作用日益重要，其职能也在不断地丰富和发展。会计具有会计核算和会计监督两项基本职能，以及预测经济前景、参与经济决策、评价经济业绩等拓展职能。

（一）会计的基本职能

1. 核算职能

会计核算职能，又称会计反映职能，是指会计以货币为主要计量单位，通过确认、计量、记录、计算、报告等环节，对特定对象（或称特定主体）的经济活动进行记账、算账、报账，为各有关方面提供会计信息的功能。记账是指对特定对象的经济活动采用一定的记账方法，在账簿中进行登记；算账是指在记账基础上，对企业单位一定时期的收入、费用（成本）、利润，和一定日期的资产、负债、所有者权益进行计算（就行政事业单位而言，则是对一定时期的收入、支出、结余，和一定日期的资产、负债、基金进行计算）；报账是指在算账基础上，对企业单位的财务状况、经营成果和现金流动情况（就行政事业单位而言，则是对其经费收入、经费支出、经费结余及其财务状况），以会计报表的形式对有关方面进行报告。

会计核算的内容，是指应当进行会计核算的经济业务事项。根据《会计法》的规定，对下列经济业务事项应当及时办理会计手续，进行会计核算。

（1）款项和有价证券的收付。款项是指货币资金，包括库存现金、银行结算户存款和其他货币资金以及单位其他部门使用的备用金等。有价证券是指表示一定财产拥有权或支配权的证券，如国库券、股票、企业债券和其他债券等。

（2）财物的收发、增减和使用。财物是指单位具有实物形态的经济资源（即实物资产），包括原材料、燃料、包装物、低值易耗品、在产品、自制半成品、产成品（或库存商品）、房屋建筑物、机器设备、运输工具、设施等。这些财物的收发、增减和使用是单位的经常性业务（交易或会计事项），也是会计核算的主要内容。

（3）债权债务的发生和结算。从会计意义看，债权是指单位未来收取款项的权利，包括应收账款、应收票据、预付账款、其他应收款、应收股利、应收利息、应收补贴款等。债务是指由过去交易、事项形成的，由单位承担并预期会导致经济利益流出单位的现时义务，包括各种借款、应付及预收款项等。债权和债务是各单位在其日常经济业务中产生的，其发生的种类、时间和规模，会直接对单位的财务状况、经营成果和其他单位或个人的经济利益等产生重大的影响。

（4）资本的增减。从会计意义看，资本是指企业所有者（或投资人）投资转入的资本金（即开展生产经营活动的本钱）。单位资本的增减，直接涉及企业所有者（或投资人）在企业所享有的权益比例的变化，或单位按规定用途使用资金的责任与义务等。

（5）收入、支出、费用、成本的计算。各单位所发生的收入、支出、费用和成本，不仅是各单位确定其盈亏状况（或收支结余状况）的直接依据，而且也是直接影响其财务状况的间接依据。因此，各单位必须按照国家统一的会计制度的规定，正确核算收入、支出、费用和成本。

（6）财务成果的计算和处理。财务成果是指企事业单位在一定时期内通过经营活动所实现的利润或发生的亏损。任何从事生产经营的企业或单位，都应该通过定期结账计算该期实现的利润或发生的亏损，然后按税法要求计算和缴纳所得税，并进行利润分配。

（7）需要办理会计手续、进行会计核算的其他事项。其他事项是指除上述六项经济业务事项外，按国家统一的会计制度规定应办理会计手续和进行会计核算的其他经济业务事项。

2. 监督职能

会计监督可分为单位内部监督、国家监督和社会监督三部分，三者共同构成了“三位一体”的会计监督体系。单位内部的会计监督职能是指会计机构、会计人员对其特定主体经济活动和相关会计核算的真实性、完整性、合法性和合理性进行审查，使之达到预期经济活动和会计核算目标的功能。会计的国家监督是指财政、审计、税务、人民银行、证券监管、保险监管等部门依照有关法律、行政法规规定对各有关单位会计资料的真实性、完整性、合法性等实施的监督检查。会计的社会监督是指以注册会计师为主体的社会中介机构等实施的监督活动。

真实性审查，是指检查各项会计核算是否根据实际发生的经济业务进行，是否如实反映经济交易或事项的真实状况。完整性审查，是指检查会计核算的范围和内容是否全面，是否有遗漏等不完整的情况。合法性审查，是指检查各项经济交易或事项及其会计核算是否符合国家有关法律法规，遵守财经纪律，执行国家各项方针政策，以杜绝违法乱纪行为。合理性审查，是指检查各项财务收支是否符合客观经济规律及经营管理方面的要求，保证各项财务收支符合特定的财务收支计划，实现预算目标，保持会计核算的准确性和科学性。

会计监督的主要内容有：①对原始凭证进行审核和监督；②对伪造、变造、故意毁灭会计账簿或者账外设账行为，应当制止和纠正；③对实物、款项进行监督，督促建立并严格执行财产清查制度；④对指使、强令编造、篡改财务报告行为，应当制止和纠正；⑤对财务收支进行监督；⑥对违反单位内部会计管理制度的经济活动，应当制止和纠正；⑦对单位制订的预算、财务计划、经济计划、业务计划的执行情况进行监督等。

3. 会计核算与监督职能的关系

会计核算与会计监督是相辅相成、辩证统一的。会计核算是会计监督的基础，没有核算提供的各种系统性会计资料，监督就失去了依据；会计监督又是会计核算质量的保障，只有核算没有监督，就难以保证核算提供信息的质量。

知识链接

党的二十大报告指出，全面依法治国是国家治理的一场深刻革命。近年来，财会监督作为党和国家监督体系的重要组成部分，在推进全面从严治党、维护中央政令畅通、规范财经秩序、促进经济社会健康发展等方面发挥了重要作用。2023年2月，中共中央办公厅、国务院办公厅印发了《关于进一步加强财会监督工作的意见》，为进一步加强财会监督工作，更好发挥财会监督职能作用提出了指导性意见。作为会计学习者，要积极参与会计法治建设，努力营造风清气正的行业环境。

（二）会计的拓展职能

会计的拓展职能，是指会计基本职能的延伸与拓展。

（1）预测经济前景，是指根据财务报告等提供的信息，定量、定性地判断和推测经济活动的发展变化规律，以指导和调节经济活动，提高经济效益。

（2）参与经济决策，是指根据财务报告等提供的信息资料，运用定量分析和定性分析方法，对备选方案进行经济可行性分析，为企业经营管理等提供与决策相关的信息。

（3）评价经营业绩，是指利用财务报告等提供的会计资料，采用适当的方法，对企业一定经营期间的资产运营、经济效益等经营成果，对照相应的评价标准，进行定量及定性对比分析并作出综合评价。

二、会计核算方法

会计核算方法是对会计对象进行连续、系统、全面、综合的确认、计量和报告所采用的各种方法，简单地说是指在进行记账、算账和报账时所采用的方法。会计核算方法体系由填制和审核会计凭证、设置会计科目和账户、复式记账、登记会计账簿、成本计算、财产清查、编制财务会计报告等专门方法构成。它们互相联系、紧密结合，确保会计工作有序进行。

1. 填制和审核会计凭证

会计凭证是具有一定格式、用以记录经济业务发生和完成情况的书面证明，也是登记账簿的重要依据。填制和审核凭证，是指采用具有一定格式的书面证明文件记录经济业务、明确经济责任，并经审核无误后据以登记账簿的一种方法。

2. 设置会计科目和账户

会计核算与监督的内容就是会计对象。为了对会计对象的具体内容进行系统的核算和监督，就应将其进行科学分类为会计要素。根据各会计要素的特点，以及经济管理的具体要求，对会计要素再分类，即为会计科目。根据会计科目在账簿中开设的户头，称为账户。设置账户是对会计对象的具体内容进行归类核算和监督的一种专门方法。

3. 复式记账

复式记账是对任何一笔经济业务都以相等的金额，在两个或两个以上的相关账户中作相互联系登记的一种记账方法。复式记账使每项经济业务所涉及的账户发生对应关系，通过账户的对应关系，可以了解每项经济业务的来龙去脉。任何一项经济活动都会引起资金的增减变动或财务收支的变动，例如，以银行存款购买机器设备，一方面引起固定资产的增加，另一方面引起银行存款的减少。

4. 登记会计账簿

会计账簿由具有一定格式的账页组成，以会计凭证为依据，对经济业务中形成的大量分散的数据或资料进行分类整理，逐步加工成有用的会计信息。登记账簿必须按照规定的会计科目，在账簿中序时或分门别类登记，并定期进行结账和对账，做到账证相符、账账相符、账实相符，以便提供编制财务报表所需的各种资料。

5. 成本计算

成本计算是按一定对象归集各个经营时期发生的费用，从而计算各个对象的总成本和单位成本的一种专门方法。各单位因经济业务活动内容不同，成本计算内容也有所不同。在工业企业生产经营过程的每个阶段，都要用到成本计算这一专门方法，如材料采购成本的计算、产品制造成本的计算、产品销售成本的计算等。

6. 财产清查

财产清查是指通过对货币资金、实物资产和往来款项的盘点或核对，确定其实存数，查明账存数与实有数是否相符的一种专门方法。在实际工作中，往往因为某些主客观原因，造成账面记录与实际结存不相符，需要定期或不定期地进行财产清查，根据财产清查结果，查明原因，明确责任，调整账簿记录，保持账实一致。

7. 编制财务会计报告

编制财务会计报告，是以书面报告的形式，定期总括反映企事业单位财务状况、经营成果和现金流量变动情况的一种专门方法。编制财务报表可以反映企业财务状况、经营成果和计划预算的执行情况，促进增产节约，为有关各方面提供参考资料。财务报告所反映的会计信息，不仅是企业内部管理人员全面了解和检查计划完成情况，评定工作业绩，发现存在问题，从而改进经营管理，挖掘内部潜力的重要依据；也是外部有关单位和人员进行经济决策及企业受托责任解除的重要依据。

上述会计核算的七个方法不是独立的，它们相互联系，紧密结合，构成一个完整的会计核算方法体系，它们的关系如图2-3所示。

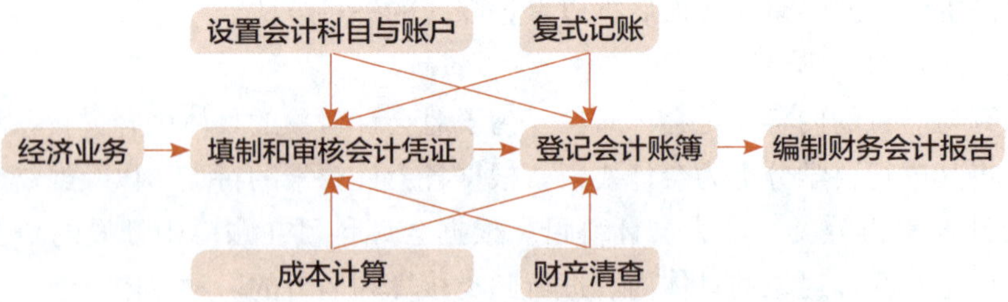

图2-3　会计核算体系图

如图2-3所示，当经济业务发生后，首先取得原始凭证，根据原始凭证编制记账凭证，编制记账凭证时，要运用复式记账方法，根据会计凭证，在账簿的有关账户中系统地记录经济业务。根据账户记录，采用成本计算的方法，计算产品成本。期末，进行财产清查，根据清查结果填制有关凭证，调整账面记录，保证账实相符。根据账证相符、账账相符、账实相符的核算资料，定期编制会计报告。

小贴士

从会计核算的具体内容看，会计循环的基本过程包括会计核算方法体系的各个环节，填制和审核会计凭证是会计核算的起点。从会计工作流程看：首先，会计人员需要以会计确认的方式对经济业务进行“过滤”，认定并接受属于会计系统记录的原始经济数据而排除其他数据。同时，这些经济交易与事项涉及的价值数量需计算和衡量。其次，将上述经济业务在会计账簿中进行连续、系统、完整的登记。最后，会计期末，将分散而杂乱的账簿信息，按会计信息使用者的要求进行汇总、浓缩，以财务报表方式披露企业的财务状况、经营成果和现金流量信息。

任务三　会计基本假设与会计基础

会计基本假设与会计基础

任务导航

某会计师事务所是由张新、李安合伙创建的，最近发生了下列经济业务，并由会计做了相应的处理：

（1）6月10日，张新从事务所出纳处拿了380元现金给自己的孩子购买玩具，会计将380元记为事务所的办公费支出，理由是：张新是事务所的合伙人，事务所的钱也有张新的一部分。

（2）6月15日，会计将6月1日～6月15日的收入、费用汇总后计算出半个月的利润，并编制了财务报表。

（3）6月20日，事务所收到某外资企业支付的业务咨询费2 000美元，会计没有将其折算为人民币反映，而直接记到美元账户中。

（4）6月30日，计提固定资产折旧，采用年数总和法，而本月前计提折旧均采用直线法。

（5）6月30日，事务所购买了一台电脑，价值12 000元，为了少记利润，少缴税，将12 000元一次性全部计入当期管理费用。

思考探究

1. 根据上述资料分析该事务所的会计在处理这些经济业务时是否完全正确，若有错误，主要是违背了哪些会计假设或会计原则？
2. 为什么会计核算建立在持续经营的假设下？
3. 为什么要进行会计分期？

任务解析

一、会计基本假设

会计以资金运动作为核算对象，这个对象作为经济活动的货币表现，总是处在一定的空间和时间范畴内。因此，会计工作的开展必然会受到时间、空间所构成的各种环境因素的约束和限制。会计人员对于自身所处的变化不定的经济环境需要做出一些假设作为前提条件，在此条件下来决定所选择的会计方法和程序。

会计基本假设是企业会计确认、计量和报告的前提，是对企业会计核算所处时间、空间环境等所作出的合理假定，是进行会计工作的先决条件。会计基本假设包括会计主体、持续经营、会计分期和货币计量。

（一）会计主体

会计主体，是指会计工作服务的特定对象，是企业会计确认、计量、记录和报告的空间范围。会计核算应当集中于反映某一特定对象的活动，并将其与其他经济实体区别开来。

会计主体不同于法律主体，一般来说，法律主体必然是一个会计主体。例如，一个企业作为一个法律主体，应当建立财务会计系统，独立反映其财务状况、经营成果和现金流量。但是，会计主体不一定是法律主体。例如，在企业集团的情况下，一个母公司拥有若干子公司，母子公司虽然是不同的法律主体，但是母公司对于子公司拥有控制权，为了全面反映企业集团的财务状况、经营成果和现金流量就有必要将企业集团作为一个会计主体，编制合并财务会计报告。

小贴士

在会计主体假设下，企业应当对其本身发生的交易或事项进行会计确认、计量、记录和报告，反映企业本身所从事的各项生产经营活动和其他相关活动。如果某项经济交易或事项是属于企业所有者个体所发生的，则不应纳入企业会计核算的范围。如果企业所有者向企业投入资本或企业向投资者分配利润，则属于企业会计主体的核算范围。

（二）持续经营

持续经营，是指在可以预见的将来，企业将会按当前的规模和状态继续经营下去，不会停业，也不会大规模削减业务。如果说会计主体是一种空间界定，则持续经营是一种时间上的界定。在持续经营假设下，会计确认、计量、记录和报告应当以企业持续、正常的生产经营活动为前提，企业的资产将按照既定用途使用、债务将按照既定的债务合约条件进行清偿，企业会计在此基础上进行会计估计并选择相应的会计原则和会计方法。

应用举例

某公司在2023年1月1日设立时，购入一幢办公楼，购入时该办公楼的价值是3 000万元，使用寿命为30年，该公司必须在持续经营的前提下，对办公楼进行相应的会计核算，假设不考虑残值按平均年限计提折旧，每年应提取100万元。又假设购置该办公楼向银行借入2 000万元5年期贷款，也必须在持续经营的前提下，按期支付利息和归还本金。如果该公司在经营20年后破产了，则对上述办公楼的折旧计提等会计核算就应当改变方法和原则。

（三）会计分期

会计分期，是指将一个企业持续经营的生产经营活动划分为一个个连续的、长短相同的期间。会计分期的目的，是据以分期结算盈亏，按期编报财务报告，从而及时向财务报告使用者提供有关企业财务状况、经营成果和现金流量的信息。

知识链接

会计期间通常分为会计年度和中期。中期，是指短于一个完整的会计年度的报告期间，如月度、季度、半年度等。会计年度可采用历年制，即与日历年度保持一致，《企业会计准则——基本准则》中，规定我国企业的会计期间按年度划分。我国会计年度与财政年度一致，以自然公历年份为准，即从每年的1月1日～12月31日为一个会计年度。

应用举例

力达公司是一家集设计、建造各类数控机床及机电配套产品的企业，它生产不同型号的机床从投入材料开始到完工检验合格所需要的时间（生产周期）不同（从几个月到1年多不等），如果力达公司的会计核算按生产周期结账和报表，则不能做到按期（如年、季、月）结算账目和提供会计信息，只有等到生产完工一台机床才能结账和报表，这样就违背了会计分期的核算前提。

会计期间的划分对会计核算有着重要的影响。正是由于有了会计分期这一假设，才产生了本期与非本期的区别，进而产生了权责发生制、收付实现制的区别，在此基础上，会计处理可以运用预收、预付、应收、应付、预提和摊销等一系列会计处理方法。

（四）货币计量

货币计量，是指会计主体在会计确认、计量、记录和报告时主要以货币作为计量单位，来反映会计主体的生产经营活动过程及其结果。

货币是商品的一般等价物，是衡量一般商品价值的共同尺度，具有价值尺度、流通手段、贮藏手段和支付手段等特点。选择货币作为共同尺度进行计量，具有全面、综合反映企业的生产经营情况及其结果的作用。其他计量单位，如重量、长度、容积、台、件等，只能从一个侧面反映企业的生产经营情况，难以对不同性质、不同种类、不同质量的交易或事项按照统一的计量单位进行会计确认、计量、记录和报告，难以汇总和比较。采用货币计量单位进行会计核算和会计监督不排斥采用其他计量单位，其他计量单位可以对货币计量单位进行必要的补充和说明。例如，原材料的实物量度（吨、千克等）可以补充说明原材料的储存、耗费等经管责任的落实状况。

会计制度规定，企业的会计核算以人民币为记账本位币；业务收支以外币为主的企业，可以选定其中一种货币作为记账本位币，但编制的财务会计报告应当折算为人民币。对于境外企业，向国内报送财务报表时，也应当折合为人民币。

二、会计基础

会计基础，是指会计确认、计量和报告的基础，包括权责发生制和收付实现制。确定会计基础是为了更加真实、公允地反映企业单位某一特定日期的财务状况和某一特定期间的经营成果。

企业的资源流动会引起相应的现金流动，但由于存在会计分期，现金实际的收付期间和资源流动的发生期间往往发生不一致的情况。因此，在确认资产、负债、收入、费用时，就可能出现两种会计基础：权责实现制和收付发生制。

（一）权责发生制

权责发生制，是指以取得收取款项的权利或支付款项的义务为标志来确定本期收入和费用的会计核算基础。凡是当期已经实现的收入和已经发生或者应当负担的费用，无论款项是否收付，都应当作为当期的收入和费用，计入利润表；凡是不属于当期的收入和费用，即使款项已在当期收付，也不应当作为当期的收入和费用。

应用举例

阳光公司采取预收货款方式销售产品，2022年12月预收A公司货款10万元，该批产品于2023年1月发出销售给A公司。尽管阳光公司是在2022年12月份收到这笔10万元货款，但是实际销售行为发生在2023年1月份，因此，该10万元货款不可以确认为该公司2022年12月份的收入，而应该确认为2023年1月份的收入。即凡是不属于当期（2022年12月份）的收入，即使款项已经在当期收到，也不能确认为当期的收入。

又如，宏远公司2023年1月份向零售商赊购了一批办公用品共计2万元，款项于2023年3月份支付给零售商。宏远公司购买这批办公用品的款项是在2023年3月份支付的，但是实际购买行为是在1月份发生的，因此，该2万元应该确认为该公司2023年1月份的费用，而不能确认为3月份的费用。即凡是在当期（2023年1月份）已经发生或应当负担的费用，不论款项是否已经支付，都应当确认为当期的费用。

采用权责发生制的优点是：可以正确反映各个会计期间所实现的收入和为实现收入所应负担的费用，从而可以把各期的收入与其相关的费用、成本相配合，加以比较，正确确定各期的财务成果。其缺点是：实务处理烦琐。因为企业不可能在日常的会计工作中对每项业务都按权责发生制来记录，因而就需要在期末按权责发生制的要求进行账项调整。企业会计核算应当以权责发生制为基础进行会计确认、计量和报告。

（二）收付实现制

收付实现制，是指以现金的实际收付为标志来确定本期收入和费用的会计核算基础。凡属本期收到的收入和支出的费用，不管其是否应归属本期，都作为本期的收入和费用；反之，凡本期未收到的收入和未支付的费用，即使应归属本期的收入和费用，也不能作为本期的收入和费用。

在我国，政府会计由预算会计和财务会计构成。其中，预算会计采用收付实现制，国务院另有规定的，依照其规定；财务会计采用权责发生制。

应用举例

上述阳光公司采取预收货款方式销售产品的10万元收入，按照收付实现制原则应确认为该公司2022年12月份的收入，即凡是在当期（2022年12月份）已经实际收到款项的收入，都应当确认为当期的收入；凡是不属于当期（2023年1月份）实际收到款项的收入，就不能确认为当期的收入。而上述宏远公司赊购一批办公用品的2万元费用，按照收付实现制原则应确认为该公司2023年3月份的费用，即凡是在当期（2023年3月份）已经实际支付款项的费用，都应当确认为当期的费用；凡是不属于当期（2023年1月份）实际支付款项的费用，就不能确认为当期的费用。

采用收付实现制的优点是：会计记录直观，便于根据账簿记录来量入为出；会计处理简便，不需要对账簿记录进行期末账项调整。然而，收付实现制这种确认本期收入、费用的方法不符合配比原则的要求。其缺点是：不能准确计算各期损益。

【例2-1】阳光公司1月份发生下表所示经济业务，要求分别按权责发生制和收付实现制计算1月份的收入和费用。

（1）本月预收下月销货款5 000元。

（2）本月预付全年的水电费2 400元。

（3）本月销售货物8 000元，实际收到货款5 000元，余款下月收到。

（4）本月购入办公用品1 000元，款项尚未支付。

具体计算如表2-1所示。

表2-1 单位：元

经济业务（按序号）	权责发生制		收付实现制	
	收入	费用	收入	费用
（1）			5 000	
（2）		200		2 400
（3）	8 000		5 000	
（4）		1 000		
合计	8 000	1 200	10 000	2 400

经上述计算，该单位4项经济业务的结果是：

在权责发生制下，利润=8 000−1 200=6 800（元）

在收付实现制下，利润=10 000−2 400=7 600（元）

任务四 会计信息的使用者及其质量要求

任务导航

会计信息是指会计单位通过财务报表、财务报告或附注等形式向投资者、债权人或其他信息使用者揭示单位财务状况和经营成果的信息。会计信息主要用来处理企业经营过程中价值运动所产生的数据，按照规定的会计制度、法规、方法和程序，把它们加工成有助于决策的财务信息和其他经济信息。

企业投资者通常关心企业的盈利能力和发展能力，他们需要借助会计信息等相关信息来决定是否调整投资、更换管理层和加强企业的内部控制；企业贷款人、供应商等债权人通常关心企业的偿债能力和财务风险，他们需要借助会计信息等相关信息来判断企业能否按约支付所欠货款、偿还贷款本金和支付利息等；企业管理者是会计信息的重要使用者，他们则需要借助会计信息等相关信息来管理企业，对企业进行控制、做出财务决策。

任务解析

一、会计信息的使用者

会计信息的使用者即为其利益与企业的财务状况和经营业绩相关的个人和组织，主要包括投资者、债权人、企业管理者、政府及其相关部门和社会公众等。

（一）投资者

投资者将资本投入到企业中，其目的就是保证自己的资本能够保值、增值，因此，其利益很明显与企业经营成果直接相关。而随着财产所有权与经营权的实质性分离，也导致了投资者与企业之间“委托代理关系”的产生。作为委托方的投资者，将其财产委托给企业经营者去经营管理，以期实现财产价值的保值与增值；作为受托方的企业及其经营者，则承担了一种合理利用与配置企业资源、最大限度使其保值与增值的责任。从投资行为的角度，投资者需要掌握企业的经营状况、盈利能力及发展趋势的会计信息，以预测投资风险、投资报酬有多大，做出投资、继续投资或转移投资的决策。如股东要掌握每年股利发放情况、股票市价变化情况的会计信息，以决定是买进、保持或卖出股票；国家作为最大的国有资产所有者要掌握国有资产保值、增值的会计信息，以便及时调整产业结构，保证投资的最大利益。作为企业的投资者，其主要通过了解企业的获利能力、股利支付能力、未来现金流量等情况来判断投资风险与投资报酬。

（二）债权人

债权人是指借款给企业并得到企业还款承诺的人，与投资者一样，债权人通过信贷等方式将资本投入到企业，他们也关心企业的经营状况。但他们与所有者的区别在于，债权人更关心企业的偿债能力。短期债权人包括提供商品和劳务的供应商以及银行等，他们关心企业目前的经营状况和资产变现程度，以分析是否能按时收回到期债务；长期债权人更关心企业的经营前景和今后的盈利能力，以做出是否提前收回贷款或增加贷款的决定。

（三）企业管理者

企业管理者的主要职责是实施董事会做出的有关经营、投资与筹资活动的重大决策，并负责管理企业日常的生产经营活动。企业管理当局需要全面掌握单位的经济活动、经营成果、财务状况及其变化的会计信息，掌握成本水平变化的会计信息。掌握这些信息一方面是为了检查和监督企业、单位的财务、成本计划完成情况，分辨责任，以利奖罚；另一方面是为了寻找增产节约的途径，挖掘潜力，为预测经济单位的财务前景，编制下期的经营计划和财务收支、成本计划提供可靠的依据。

管理层最关注以下方面的信息：企业经营管理能力、企业获利能力、企业短期偿债能力、企业长期偿债能力等。如果动态地跟踪分析有关财务指标，就能较容易地找到企业财务状况变动的原因；如果和同行企业的财务指标做比较，就能掌握本企业在同行业中的地位，从而做出正确的决策，使企业的财务状况处于良性循环。

（四）政府及其相关部门

对于企业，政府可能具有双重身份：一是政府作为一种"社会管理者"，为确保整个国家社会与经济活动的正常秩序，其必须履行社会管理的职能；二是如果政府为企业出资，则成为企业的投资者，政府便以企业投资者的身份而享有投资者的一切权益（如分得利润或股利）并承担相应的义务。对于政府没有出资的企业，政府仅仅具有"社会管理者"的身份，而不享有投资者的权益。

就企业而言，政府的社会管理职能主要体现在：基于整个社会经济资源优化配置的需要而对企业经济活动实施有效的调节、控制和监督。政府作为社会管理者需要掌握各单位对国家政策、法规的执行情况，有关税款征缴情况的会计信息，以便利用价格、税率、利率等经济杠杆和法律、行政手段进行国民经济宏观控制、调节和引导。政府及其经济监管机构需要了解企业经济活动的整体情况，包括企业的获利能力、偿债能力、资金运营能力等。

（五）社会公众

社会公众包括企业的顾客、信用代理人、个人投资者、工商业协会、竞争者、企业组织所在的社区、财务分析师以及其他关心企业某个方面经济活动的公民等。社会公众主要关注的是企业的可持续发展能力，有没有生产伪劣产品，是否对环境造成污染等。顾客是企业最重要的外部利益集体，他们最需要了解企业产品的价格、性能、信誉、商业信用、折扣政策等信息；信用代理人专门负责公布企业的信用；个人投资者最关心公开发行股票或债券公司的盈利能力及偿债能力；工商业协会为行业协会管理者，需要了解企业有关方面的财务信息；竞争者对企业的价格政策、成本信息和获利能力等所有信息都非常关注；社区会对企业环保、污染、社会公益等方面的信息感兴趣；财务分析师需要向委托人提供是否对企业投资的建议等。

二、会计信息的质量要求

会计信息质量要求是对企业财务报告中所提供会计信息质量的基本要求，是使财务报告中所提供会计信息对投资者等使用者决策有用应具备的基本特征。它主要包括可靠性、相关性、可理解性、可比性、实质重于形式、重要性、谨慎性、及时性。

（一）可靠性

可靠性要求企业应当以实际发生的交易或者事项为依据进行确认、计量、记录和报告，如实反映符合确认和计量要求的各项会计要素及其他相关信息，保证会计信息真实可靠、内容完整。企业的会计核算应当做到资料真实、数字准确、结果可检验。会计工作应当正确运用会计原则和方法，准确反映企业的实际情况；会计信息应当能够经受验证，真实反映企业的财务状况和经营成果，保证会计信息具有真实性、可核性和中立性。

应用举例

会计公司在为客户代理记账时，有一客户为了偷逃税款，制作了若干虚假的费用支出凭证，并确认为本期费用以减少利润。如果会计公司的专业人员不认真审核就进行会计处理，而不以其实际发生的交易事项为依据，是会计公司协同客户虚构的交易事项，因此违背了会计信息质量要求中的可靠性原则，也违背了我国会计法的规定。

（二）相关性

相关性要求企业提供的会计信息应当与财务会计报告使用者的经济决策需要相关，有助于财务会计报告使用者对企业过去、现在或者未来的情况做出评价或者预测。企业提供的会计信息要有助于信息使用者据以做出各种经济决策，满足有关方面的信息需要。这就要求会计信息不但要满足国家宏观经济管理的需要，满足有关各方了解企业财务状况和经营成果的需要，还要满足企业内部经营管理的需要。因此，会计工作在收集、加工、处理和提供会计信息过程中应当考虑各方面的信息需求。

应用举例

假设小王是A银行股票持有人（投资人），每期末，小王都会关注并获得A银行的盈利能力、现金流量、支付现金股利能力等信息，以为他是否继续持有A银行的股票，或再买进或卖出A银行的股票做出决策。这说明A银行提供了与小王决策相关的会计信息；也说明A银行提供的会计信息满足了会计信息质量要求中的相关性原则。

可靠性是相关性的前提。失去了可靠性，就没有必要去探讨会计信息的相关性，不可靠的信息是绝不可能对使用者的决策有帮助的。因此，当会计人员面临可靠性与相关性之间的权衡时，应首先确保信息的可靠性，在会计信息可靠的前提下，尽可能提高会计信息的相关性。

（三）可理解性

可理解性要求企业提供的会计信息应当清晰明了，便于投资者等财务会计报告使用者理解和使用。会计信息能够简单明了地反映企业的财务状况、经营成果和现金流量，从而有助于会计信息使用者的正确理解和利用。

鉴于会计信息是一种专业性较强的信息产品，因此，在强调会计信息的可理解性要求的同时，还应假定使用者具有一定的企业生产经营活动和会计核算方面的知识，并且愿意付出努力去研究这些信息。对于某些复杂的信息，例如，交易本身较为复杂或者会计处理较为复杂，但其对使用者的经济决策是相关的，就应当在财务报告中予以披露，企业不能仅仅以该信息会使某些使用者难以理解而将其排除在财务报告所应披露的信息之外。

（四）可比性

可比性要求企业提供的会计信息应当相互可比，主要包括两层含义。

1. 同一企业不同时期可比

同一企业不同时期发生的相同或者相似的交易或者事项，应当采用一致的会计政策，不得随意变更。但是，如果按照规定或者在会计政策变更后能够提供更可靠、更相关的会计信息，企业可以变更会计政策。有关会计政策变更的情况，应当在附注中予以说明。会计政策是指企业在会计确认、计量、记录和报告中所采用的原则、基础和处理方法。

保持同一企业不同时期会计信息的可比性，有助于比较考核企业管理层受托责任的履行情况；有助于会计信息使用者了解企业财务状况、经营成果和现金流量的变化趋势，比较企业不同时期的会计信息，全面、客观地评价过去、预测未来，做出决策。

2. 不同企业相同会计期间可比

不同企业同一会计期间发生的相同或者相似的交易或事项，应当采用同一会计政策，确保会计信息口径一致、相互可比，以使不同企业按照一致的确认、计量、记录和报告要求提供有关会计信息。

保持不同企业相同时期会计信息的可比性，有助于会计信息使用者了解不同企业的财务状况、经营成果和现金流量及其差异，比较分析不同企业相同时期的会计信息产生差异的原因，全面、客观地评价不同企业的优劣，做出相应决策。

（五）实质重于形式

实质重于形式要求企业应当按照交易或者事项的经济实质进行会计确认、计量、记录和报告，不仅仅以交易或事项的法律形式为依据。

在实际工作中，交易或事项的法律形式并不总能完全反映其经济实质内容。多数情况下，企业发生交易或事项的经济实质与法律形式是一致的，但在有些情况下，会出现不一致。

应用举例

企业租入的资产（短期租赁和低值资产租赁除外），虽然从法律形式来讲企业并不拥有其所有权，但是由于租赁合同规定的租赁期相当长，往往接近于该资产的使用寿命，租赁期结束时承租企业有优先购买该资产的选择权，在租赁期内承租企业拥有资产使用权并从中受益等。从其经济实质来看，企业能够控制租入资产所创造的未来经济利益，在会计确认、计量、记录和报告中就应当将租入的资产视为企业的资产，在资产负债表中填列使用权资产。

（六）重要性

重要性要求企业提供的会计信息应当反映与企业财务状况、经营成果和现金流量等有关的所有重要交易或者事项。在财务报告全面地反映企业财务状况和经营成果的前提下，应该对于那些可能对经济决策产生重大影响的事项，单独反映，重点说明。而对次要的经济事项，可简化会计核算，合并反映，有助于简化会计核算工作，提高工作效率。

（七）谨慎性

谨慎性要求企业对交易或者事项进行会计确认、计量、记录和报告时应当保持应有的谨慎，不应高估资产或者收益，低估负债或者费用。对企业经营存在有不确定因素的情况下做出判断时，应该保持必要的谨慎，既不抬高资产或收益，也不压低负债或费用。对于可能发生的损失和费用，应当加以合理估计。企业经营对存在的风险加以合理估计，就能在风险实际发生之前化解风险，并对防范风险起到预警作用，有利于企业做出正确的经营决策，有利于保护所有者和债权人利益，有利于提高企业在市场上的竞争力。

应用举例

某公司的某种库存商品在2022年7月31日入库时的成本为20万元，在2022年12月31日结账时，经过测算其可变现净值为18万元，低于成本2万元，这2万元应计提存货跌价准备，减记库存商品的账面价值，并将减记金额计入当期资产减值损失，从而减少了当期利润2万元。该公司没有按该种库存商品的成本20万元计入期末存货，而是按18万元计入期末存货，同时增加了本期损失2万元。这就是谨慎性原则的运用。

当然，谨慎性并不意味着可以任意提取各种秘密准备，否则，应当按照重大会计差错进行会计处理。

（八）及时性

及时性要求企业对于已经发生的交易或者事项，应当及时进行会计确认、计量和报告，不得提前或者延后。及时性要求企业对于应提供给会计信息使用者的信息要做到及时收集、及时加工处理、及时提供。会计信息具有时效性，只有能够满足经济决策的及时需要的信息才有价值。

即使是可靠、相关的会计信息，如果不及时提供，就失去了时效性，对于使用者的效用就大大降低甚至不再具有实际意义。在会计确认、计量和报告过程中贯彻及时性，一是要求及时收集会计信息，即在经济交易或者事项发生后，及时收集整理各种原始单据或者凭证；二是要求及时处理会计信息，即按照会计准则的规定，及时对经济交易或者事项进行确认或者计量，并编制出财务报告；三是要求及时传递会计信息，即按照国家规定的有关时限，及时地将编制的财务报告传递给财务报告使用者，便于其及时使用和决策。

推荐阅读

1. 全国人大常委会颁布的《中华人民共和国会计法》
2. 财政部发布的《企业会计准则——基本准则》

项目小结

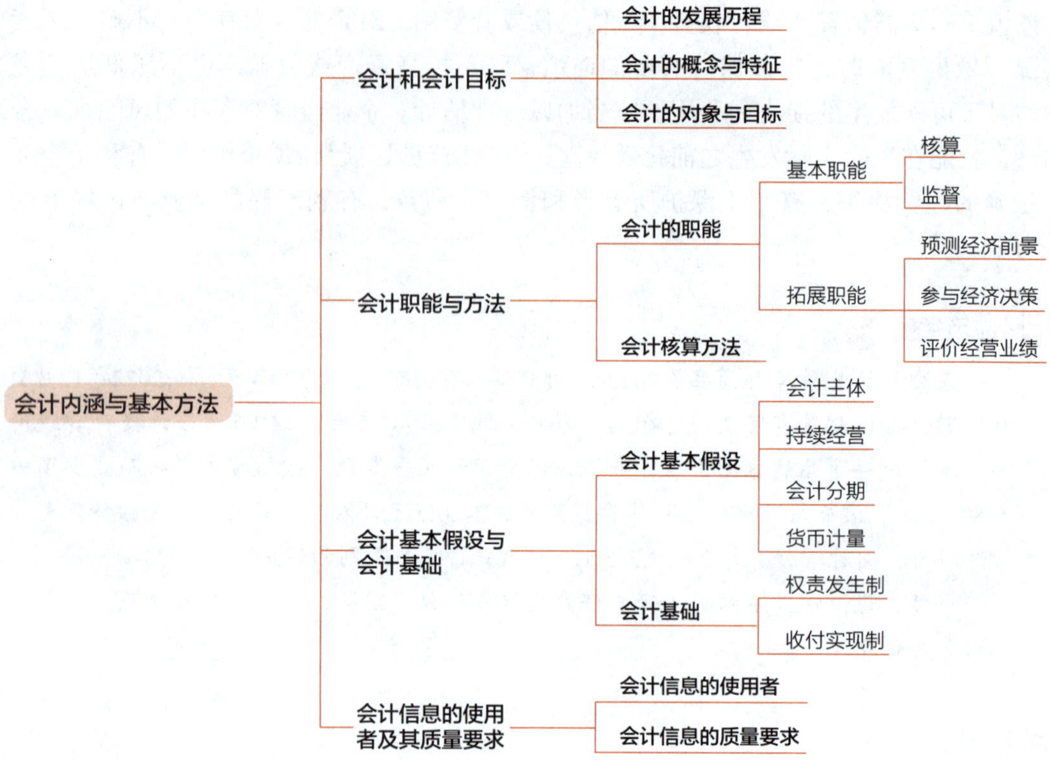
会计内涵与基本方法
会计和会计目标
会计的发展历程
会计的概念与特征
会计的对象与目标
会计职能与方法
会计的职能
基本职能
核算
监督
拓展职能
预测经济前景
参与经济决策
评价经营业绩
会计核算方法
会计基本假设与会计基础
会计基本假设
会计主体
持续经营
会计分期
货币计量
会计基础
权责发生制
收付实现制
会计信息的使用者及其质量要求
会计信息的使用者
会计信息的质量要求

会计要素与会计等式

德育微课堂

月薪三千会计，挪用930万元打赏女主播

2016年4月起，在×市某房地产公司担任会计的王某疯狂挪用公款在直播间打赏，曾一次性打赏200多名主播，个别主播最多被打赏超过160万元。某平台主播冯某也因此卷入“会计门”事件。2017年2月，×市警方依法拘留了王某。

月薪3 000多元的会计王某，一开始接触网络直播，觉得跟玩游戏一样有趣，可是花一两百元打赏女主播后，没有得到回应，觉得被女主播不屑一顾，感觉丢了面子，于是开始挪用公款，最终不可自拔，一共挪用了930万元公款打赏女主播，最终王某被判7年。

近年来，财政部针对相关会计违法行为颁布了许多政策。会计“黑名单”制度、会计扣分制度、建立会计诚信档案等都是加强会计人员职业道德的具体手段。财政部先后印发了《关于加强会计人员诚信建设的指导意见》《会计人员职业道德规范》《注册会计师行业诚信建设纲要》等文件，更进一步明确了会计职业道德建设的重要性。

（内容改编自网易新闻）

学习目标

1. 知识目标

（1）理解会计要素的概念及其特征。

（2）认知会计要素的分类及内容。

（3）掌握会计的基本等式。

（4）掌握经济业务对会计恒等式的影响过程。

2. 技能目标

（1）能够根据项目、任务的需要查阅有关资料。

（2）能够正确区分会计要素的分类及内容。

（3）能够掌握经济业务对会计等式影响的一般规律。

3. 素质目标

（1）具有严谨的职业态度。

（2）具有敬业精神、团队合作精神和良好的职业道德修养。

情境案例

小K通过调研、分析，成立了创业团队，准备开一家奶茶店，并开始模拟创业。在资金方面，他们打算自己筹集20 000元，再向银行借入30 000元，作为奶茶店的启动资金。他们计划用启动资金支付店铺租金10 000元，装修费用5 000元，设备和家具价款15 000元，材料价款10 000元，剩余10 000元存入银行作为流动资金。

思考探究

1. 小K的奶茶店成立过程中各项资金和费用如何用会计的语言来表达？
2. 小K团队筹集的资金和店铺的各项花费之间有什么关系？

任务一　会计要素

会计要素
与会计等式

任务导航

小K的创业团队在奶茶店的资金筹集和费用支出过程中涉及了一系列专业的会计语言，这些会计语言将日常生活中与钱相关的表述用“资产、负债、所有者权益、收入、费用和利润”这六大会计要素来界定。会计要素是与会计对象具有密切关系的概念，它对会计对象具体内容进行最基本的分类。合理划分会计要素，不仅有利于依据各要素的性质和特点分别制定确认、计量和报告的标准与方法，而且有利于为合理建立会计科目体系和会计报表体系提供依据和轮廓框架。

任务解析

一、会计要素的含义与分类

（一）会计要素的含义

会计要素，是指根据交易或者事项的经济特征所确定的财务会计对象和基本分类。它是会计核算对象的具体化，是用于反映会计主体财务状况、确定经营成果的基本单位。会计工作就是围绕着会计要素的确认、计量和报告展开的。

（二）会计要素的分类

会计要素包括资产、负债、所有者权益、收入、费用和利润（图3-1）。

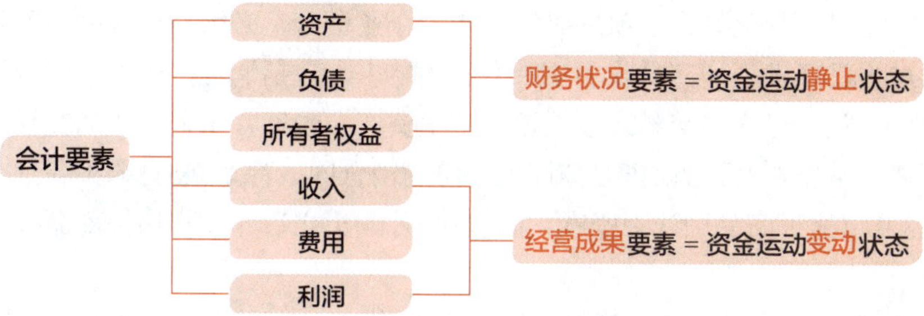

图3-1　会计要素的分类

反映财务状况的会计要素，又称资产负债表要素，是构成资产负债表的基本单位，前三类属于反映财务状况的会计要素。**企业的财务状况**，就是企业在某一时点的各种资源的占用、运用和来源情况。

反映经营成果的会计要素，又称为利润表要素，是构成利润表的基本单位，后三类属于反映经营成果的会计要素。**企业的经营成果**，就是企业在一定时期内运用资源的最终结果。

思考探究

如何理解某一时点和一定时期?

二、会计要素的内容

(一)资产

1. 资产的含义及特征

资产是指企业过去的交易或者事项形成的、由企业拥有或控制的、预期会给企业带来经济利益的资源。

知识链接

交易是指以货币为媒介的商品或劳务的交换，如购买材料物资等；事项则是指没有实际发生货币交换的经济业务，如企业完工产品验收入库等。

资产是企业从事生产经营的物质基础，并以各种形态、分布或占用在生产经营过程的不同方面，包括货币资金、厂房场地、机器设备、原材料等。

小贴士

除货币资金以及具有物质形态的资产以外，资产还包括那些不具备物质形态，但有助于生产经营活动的专利、商标等无形资产，也包括对其他单位的投资。

根据资产的定义，资产具有以下三个基本特征：

(1)资产是过去的交易或事项形成的。作为企业资产，必须是现实的而不是预期的资产，是企业过去已经发生的交易或事项所产生的结果，包括购置、生产、建造等行为或其他交易或事项。只有过去的交易或事项才能产生资产，预期在未来发生的交易或事项不形成资产。例如，某企业3月与销售方签订了一份购销合同，计划在5月购买一批商品，则该企业不能在3月将这批商品确认为资产，而应在5月购买之后才能将这批商品确认为企业的资产。

(2)资产是由企业拥有或控制的资源。资产作为一项资源，应当由企业拥有或者控制，具体是指企业享有某项资源的所有权，或者虽然不享有某项资源的所有权，但该资源能被企业所控制。

企业享有某项资源的所有权，通常表明企业能够排他性地从资产中获取经济利益。通常在判断资产是否存在时，所有权是考虑的首要因素，即企业拥有资产，从而就能够从资产中获得经济利益。有些情况下，一些由特殊方式形成的资源虽然不为企业所拥有，即企业虽然不享有所有权，但能够被企业所控制，而且同样能够从资产中获取经济利益，也可以作为企业资产。

（3）资产预期能够给企业带来经济利益。通过对资产的运用，可以满足企业生产经营活动的需要，从而为企业带来经济利益，这是资产的本质特征。如货币资金可以用于购买所需要的商品或用于利润分配，厂房机器、原材料等可以用于生产经营过程，制造商品或提供劳务，出售后回收货款，货款即为企业所获得的经济利益。反之，如果某一项目预期不能带来经济利益，就不能确认为企业的资产。

思考探究

某公司存放仓库的一批原材料因暴雨导致毁损，可以确认为资产吗？

2. 资产的确认条件

将一项资源确认为资产，需要符合资产的定义，还应同时满足以下两个条件：

（1）与该资源有关的经济利益很可能流入企业。根据资产的定义，能够带来经济利益是资产的一个本质特征，但由于经济环境瞬息万变，与资源有关的经济利益能否流入企业或者能够流入多少，实际上带有不确定性。与该资源有关的经济利益很可能流入企业，那么就应当将其作为资产予以确认。

小贴士

这里的“很可能”是基于“可能性”的层次分类，一般而言，概率超过95%为基本确定，概率超过50%为很可能，概率介于5%～50%为可能，5%及以下为极小可能。

（2）该资源的成本或者价值能够可靠地计量。可计量性是所有会计要素确认的重要前提，只有当有关资源的成本或者价值能够可靠地计量时，资产才能予以确认。

3. 资产的分类

资产按其流动性进行分类，可以分为流动资产和非流动资产两类。

流动资产是指企业拥有或者控制的预计在一个正常营业周期（1年内，含1年）中变现、出售或耗用的资产。

知识链接

制造企业的一个正常营业周期是指从货币资金购买原材料到生产的产品销售出去，并转化为货币资金所需要的时间。

流动资产主要包括货币资金、交易性金融资产、应收及预付款项、存货等。其中：

货币资金，是指企业拥有的以货币形态存在的那部分资产，包括库存现金、银行存款和其他货币资金。其中，其他货币资金又包括外埠存款、银行汇票存款、银行本票存款、信用卡存款、信用证保证金存款和存出投资款等。

交易性金融资产，是指企业为了近期内出售而持有的金融资产，如企业以赚取差价为目的从二级市场购入的各种股票、债券、基金等。

应收及预付款项，是指企业在日常生产经营过程中发生的各项债权，包括应收款项（应收票据、应收账款、应收股利、应收利息、其他应收款等）和预付账款等。

存货，是指企业在日常活动中持有以备出售的产成品或商品、处在生产过程中的在产品、在生产过程或提供劳务过程中耗用的材料和物料，包括库存商品、半成品、在产品，以及各类材料等。

非流动资产是指不能在1年或者超过1年的一个营业周期内变现或者耗用的资产。

长期股权投资，即企业投出的期限在一年以上（不含一年）的各种股权性质的投资，包括购入的股票和其他股权等。

固定资产，即为生产商品、提供劳务、出租或经营管理而持有的，使用寿命超过一个会计期间的有形资产，包括房屋及建筑物、机器设备、运输设备、工具器具等。

无形资产，即企业拥有或者控制的、没有实物形态的可辨认非货币性资产，包括专利权、非专利技术、商标权、著作权、土地使用权等（商誉不可辨认，不属于无形资产）。

小贴士

按流动性对资产进行分类，有助于掌握企业资产的变现能力，从而进一步分析企业的偿债能力和支付能力。一般来说，流动资产所占比重越大，说明企业资产的变现能力越强，而货币资金、短期投资比重越大，则支付能力越强。

思考探究

本项目情境案例中小K团队成立的奶茶店，预计在下个月购买一台新的奶茶制作设备，这台新设备能够确定为奶茶店的资产吗？

（二）负债

1. 负债的含义及特征

负债是指企业过去的交易或者事项形成的、预期会导致经济利益流出企业的现时义务。

小贴士

现时义务是指企业在现行条件下已承担的义务。未来发生的交易或者事项形成的义务，不属于现时义务，不应当确认为负债。

负债具有以下三个基本特征：

（1）负债是由企业过去的交易或事项形成的。只有过去已经发生的交易或事项才形成负债，如赊购材料导致的应付账款等，企业将在未来发生的承诺、签订的合同等交易或事项，不形成负债。

思考探究

阳光公司在8月份与银行达成了1个月后借入100万元的借款意向书，则8月份能不能将这100万元确认为企业的负债？

（2）负债预期会导致经济利益流出企业。一般来说，企业履行现时义务清偿各项负债时，关系到企业会有经济利益的流出，流出形式多种多样，如支付现金或以实物资产形式偿还、提供劳务、转让其他财产等，同时，未来流出的经济利益的金额能够可靠计量。

（3）负债是企业承担的现时义务。负债是企业目前实实在在的偿还义务，要由企业在未来某个时日加以偿还，如企业向银行借入的期限在一年内的款项形成的短期借款等，而企业预计将来会发生的交易或者事项形成的义务，不属于现时义务，不应当确认为负债。

思考探究

某快递公司在某一批包裹配送过程中有可能会因下雨、交通事故等原因导致包裹丢失或毁损，可能需要承担赔偿义务，请问这是负债吗？

2. 负债的确认条件

将一项现时义务确认为负债，需要符合负债的定义，还需要同时满足以下两个条件：

（1）与该义务有关的经济利益很可能流出企业。负债的确认应当与经济利益流出的不确定性程度的判断结合起来，如果与现时义务有关的经济利益很可能流出企业，那么就应当将其作为负债予以确认。

（2）未来流出的经济利益的金额能够可靠地计量。只有当未来流出的经济利益的金额能够可靠地计量时，负债才能予以确认。

3. 负债的分类

企业的负债按其偿还期限的长短，一般将负债分为流动负债和非流动负债。

流动负债是指预计在一个正常营业周期内偿还，或者主要为交易目的而持有的债务，主要包括短期借款、应付票据、应付账款、预收账款、应付职工薪酬、应交税费、其他应付款等。其中：

（1）短期借款，是指企业从银行或其他金融机构等借入的期限在一年以下（含一年）的各种借款，如企业从银行取得的、用来补充流动资金不足的临时性借款。

（2）应付及预收款项，是指企业在日常生产经营过程中发生的债务，包括应付款项（应付票据、应付账款、应付职工薪酬、应交税费、应付股利、其他应付款等）和预收账款等。

非流动负债是指流动负债以外的负债，即其偿还期在一年或超过一年的一个营业周期以上的债务，主要包括长期借款、应付债券、长期应付款、预计负债、递延收益、递延所得税负债等。

会计要素
（所有者权益）

长期借款，是指企业向银行或其他金融机构借入的期限在一年以上（不含一年）的各项借款。

应付债券，是指企业为筹集长期资金而发行债券的本金及应付的利息。

长期应付款，是指企业长期借款、应付债券以外的其他各种长期应付款项。

（三）所有者权益

1. 所有者权益的含义及特征

所有者权益也称为净资产，是指企业资产扣除负债后由所有者享有的剩余权益。公司的所有者权益又称为股东权益。

对于任何企业而言，其资产形成的资金来源不外乎两个：一个是债权人，另一个是所有者，债权人对企业资产的要求权形成企业负债，所有者对企业资产的要求权形成企业的所有者权益。

所有者权益的来源包括所有者投入的资本、其他综合收益、留存收益等，通常由股本（或实收资本）、资本公积（含股本溢价或资本溢价、其他资本公积）、其他综合收益、盈余公积和未分配利润构成。

小贴士

所有者投入的资本，是指所有者投入企业的资本部分，它既包括构成企业注册资本或者股本的金额（即实收资本），也包括投入资本超过注册资本或股本部分的金额，即资本溢价或股本溢价，这部分投入资本作为资本公积（资本溢价）反映。

其他综合收益，是指企业根据会计准则规定未在当期损益中确认的各项利得和损失。

留存收益，是指企业从历年实现的利润中提取或形成的留存于企业的内部积累，包括盈余公积和未分配利润。

盈余公积是指企业按照有关规定从税后利润中提取的各种公积金，包括法定盈余公积和任意盈余公积。

未分配利润是指企业留存于以后年度分配或待分配的利润。

所有者权益具有以下基本特征：

（1）所有者权益一般不需要归还给投资人，除非发生清算等情况，一般投资者投入企业的资本归企业长期使用，不需要偿还，也不能任意抽回。

（2）所有者能够按投资大小或合同章程规定，参加企业经营管理，享有参与利润分配的权益和分担风险或亏损的责任。

（3）企业清算时，所有者权益置于债权人权益之后，只有在清偿所有的负债之后才返还给所有者。

2. 所有者权益的确认条件

所有者权益体现的是所有者在企业中的剩余权益，因此，所有者权益的确认和计量主要依赖于资产和负债的确认和计量。例如，企业接受投资者投入的资产，在该资产符合资产确认条件时，就相应地符合所有者权益的确认条件；当该资产的价值能够可靠计量时，所有者权益的金额也就可以确定。

会计要素
（收入、费用、利润）

（四）收入

1. 收入的含义及特征

收入是指企业在日常活动中形成的、会导致所有者权益增加的、与所有者投入资本无关的经济利益的总流入。

根据收入的定义，收入具有以下三个方面的特征：

（1）收入在企业日常活动中所形成。日常活动，是指企业为完成其经营目标所从事的经常性活动，以及与之相关的其他活动。例如，工业企业制造并销售产品、商业企业销售商品、咨询公司提供咨询服务等，均属于企业的日常活动。

小贴士

企业取得保险公司赔款或罚款收入也能给企业带来经济利益，但由于不属于企业的日常活动，所以不属于收入的范畴，而是属于企业的利得。

（2）收入最终导致所有者权益增加。因收入所引起的经济利益流入，使得企业资产的增加或者负债的减少，最终会导致所有者权益增加。企业向银行借入款项，也导致了企业经济利益的流入，但并不导致所有者权益的增加，还使企业承担了现时义务，因此，不能将其确认为收入，应当确认为一项负债。

（3）收入是与所有者投入资本无关的经济利益的总流入。收入应当会导致经济利益的流入，但这种经济利益的流入不包括由所有者投入资本的增加所引起的经济利益流入。所有者投入资本的增加不应当确认为收入，应当将其直接确认为所有者权益。

2. 收入的分类

按性质不同，企业的收入可以分为商品销售收入（如工业企业生产产品的销售收入、商品流通企业商品的销售收入）、提供劳务收入（如运输业务收入）和让渡资产使用权收入（如租金收入）。

按经济业务的主次，企业的收入可以分为主营业务收入和其他业务收入。

主营业务收入是指企业为完成其经营目标所从事的经常性活动实现的收入。企业销售商品、提供服务等主营业务所实现的收入属于主营业务收入。

其他业务收入即企业除主营业务活动以外的其他经营活动实现的收入，如工业企业出租固定资产、出租无形资产、销售材料等实现的收入。

3. 收入的确认与计量

按照《企业会计准则第14号——收入》（2017）的相关规定，收入确认和计量的基本步骤大致分为以下五步。

第一步，识别与客户订立的合同。

合同是指双方或多方之间订立有法律约束力的权利义务的协议。合同有书面形式、口头形式以及其他形式。合同的存在是企业确认客户合同收入的前提，企业与客户之间的合同一经签订，企业即享有从客户取得与转移商品和服务对价的权利，同时负有向客户转移商品和服务的履约义务。

（1）收入确认的原则。企业应当在履行了合同中的履约义务，即在客户取得相关商品控制权时确认收入。取得相关商品控制权，是指客户能够主导该商品的使用并从中获得几乎全部经济利益，也包括有能力阻止其他方主导该商品的使用并从中获得经济利益。取得商品控制权包括三个要素：一是客户必须拥有现时权利，能够主导该商品的使用并从中获得几乎全部经济利益。如果客户只能在未来的某一期间主导该商品的使用并从中获益，则表明其尚未取得该商品的控制权。二是客户有能力主导该商品的使用，即客户在其活动中有权使用该商品，或者能够允许或阻止其他方使用该商品。三是客户能够获得几乎全部的经济利益。商品的经济利益是指商品的潜在现金流量，既包括现金流入的增加，也包括现金流出的减少。客户可以通过使用、消耗、出售、处置、交换、抵押或持有等多种方式直接或间接地获得商品的经济利益。

需要说明的是，本项目所称的客户是指与企业订立合同以向该企业购买其日常活动产出的商品并支付对价的一方；所称的商品包括商品和服务。本项目的收入不涉及企业对外出租资产收取的租金、进行债权投资收取的利息、进行股权投资取得的现金股利以及保费收入等。

（2）收入确认的前提条件。企业与客户之间的合同同时满足下列五项条件的，企业应当在客户取得相关商品控制权时确认收入：①合同各方已批准该合同并承诺将履行各自义务。②该合同明确了合同各方与所转让商品相关的权利和义务。③该合同有明确的与所转让商品相关的支付条款。④该合同具有商业实质，即履行该合同将改变企业未来现金流量的风险、时间分布或金额。⑤企业因向客户转让商品而有权取得的对价很可能收回。

第二步，识别合同中的单项履约义务。

履约义务是指合同中企业向客户转让可明确区分商品或服务的承诺。企业应当将向客户转让可明确区分商品（或者商品的组合）的承诺以及向客户转让一系列实质相同且转让模式相同的、可明确区分商品的承诺作为单项履约义务。例如，企业与客户签订合同，向其销售商品并提供安装服务，该安装服务简单，除该企业外其他供应商也可以提供此类安装服务，该合同中销售商品和提供安装服务为两项单项履约义务。若该安装服务复杂且商品需要按客户定制要求修改，则合同中销售商品和提供安装服务合并为单项履约义务。

第三步，确定交易价格。

交易价格是指企业因向客户转让商品而预期有权收取的对价金额，不包括企业代第三方收取的款项（如增值税）以及企业预期将退还给客户的款项。合同条款所承诺的对价，可能是固定金额、可变金额或两者兼有。

第四步，将交易价格分摊至各单项履约义务。

当合同中包含两项或多项履约义务时，需要将交易价格分摊至各单项履约义务，分摊的方法是在合同开始日，按照各单项履约义务所承诺商品的单独售价（企业向客户单独销售商品的价格）的相对比例，将交易价格分摊至各单项履约义务。通过分摊交易价格，使企业分摊至各单项履约义务的交易价格能够反映其因向客户转让已承诺的相关商品而有权收取的对价金额。

第五步，履行各单项履约义务时确认收入。

当企业将商品转移给客户，客户取得了相关商品的控制权，意味着企业履行了合同履约义务，此时，企业应确认收入。企业将商品控制权转移给客户，可能是在某一时段内（即履行履约义务的过程中）发生，也可能在某一时点（即履约义务完成时）发生。企业应当根据实际情况，首先判断履约义务是否满足在某一时段内履行的条件，如不满足，则该履约义务属于在某一时点履行的履约义务。

收入确认和计量的五个步骤中，第一步、第二步和第五步主要与收入的确认有关，第三步和第四步主要与收入的计量有关。

需要说明的是，一般而言，确认和计量任何一项合同收入应考虑全部的五个步骤。但履行某些合同义务确认收入不一定都经过五个步骤，如企业按照第二步确定某项合同仅为单项履约义务时，可以从第三步直接进入第五步确认收入，不需要第四步（分摊交易价格）。

（五）费用

1. 费用的含义及特征

费用是指企业在日常活动中形成的、会导致所有者权益减少的、与向所有者分配利润无关的经济利益的总流出。

根据费用的定义，费用具有以下三个方面的特征：

（1）费用在企业日常活动中所形成。费用必须是企业在其日常活动中所形成的，这些日常活动的界定与收入定义中涉及的日常活动的界定相一致。将费用界定为“日常活动”发生的总流出，是为了将其与损失相区分，企业非日常活动所形成的经济利益流出不能确认为费用，而应当计入损失。

（2）费用最终会导致所有者权益减少。因费用所引起的经济利益流出，使得企业资产的减少或者负债的增加，例如企业发生的办公费、差旅费、水电费等，都会导致减少企业利润，最终会导致所有者权益减少；反之，不会导致所有者权益减少的经济利益的流出不符合费用的定义，不属于费用。

（3）费用是与向所有者分配利润无关的经济利益的总流出。费用的发生应当会导致经济利益的流出，从而导致企业资产的减少或者负债的增加（最终也会导致所有者权益的减少）。这种经济利益的流出不包括向所有者分配的利润，如企业向投资者分配利润，虽然也会导致经济利益的流出，但性质上是对净利润的分配，并非生产经营过程的耗费，不作为费用。

2. 费用的分类

费用按照其经济用途，可以分为生产费用和期间费用两部分。

生产费用，是指生产单位为生产产品或提供劳务而发生的各项费用，按其经济用途可分为直接材料、直接人工和制造费用。制造费用是指企业为生产产品和提供劳务而发生的各项间接费用，包括生产车间管理人员的工资薪酬、折旧费、水电费、保险费等。生产费用应按其实际发生情况计入产品的生产成本。

期间费用，是指企业为组织和管理企业生产经营、筹集生产经营所需资金以及销售商品等而发生的各项费用，应在发生当期直接计入当期损益，并在利润表中分项目列示，包括管理费用、财务费用和销售费用等。

3. 费用的确认条件

费用的确认除了应当符合定义外，还至少应当符合以下三个条件：①与费用相关的经济利益应当很可能流出企业；②经济利益流出企业的结果会导致资产的减少或者负债的增加；③经济利益的流出额能够可靠计量。

（六）利润

1. 利润的含义及特征

利润是指企业在一定会计期间的经营成果。利润包括收入减去费用后的净额、直接计入当期利润的利得和损失等。

利润具有以下两个方面的特征：

（1）企业利润主要来自企业的经济活动，主要包括经营活动、投资活动和筹资活动。

（2）企业的利润与所有者权益具有密切的关系。通常情况下，如果企业实现了利润，表明企业的所有者权益将增加，业绩得到了提升；反之，如果企业发生了亏损（即利润为负数），表明企业的所有者权益将减少，业绩下降。

2. 利润的确认条件

利润反映的是收入减去费用、利得减去损失后的净额。因此，利润的确认取决于收入和费用，以及利得和损失的确认，其金额的确定也主要取决于收入、费用、利得和损失金额的计量。

知识链接

利得，是指由企业非日常活动所形成的、会导致所有者权益增加的、与所有者投入资本无关的经济利益的流入；损失，是指由企业非日常活动所发生的、会导致所有者权益减少的、与向所有者分配利润无关的经济利益的流出。

3. 利润的分类

企业利润包括营业利润、利润总额和净利润三种。

营业利润是指企业在销售商品、提供劳务等日常活动中所产生的利润。

营业利润加上营业外收入，减去营业外支出后的数额称为利润总额。营业外收入和营业外支出是指企业发生的与其生产经营无直接关系的各项收入和支出，如罚款净收入或支出等。

利润总额减去所得税费用后的数额即为企业的净利润。所得税费用是指企业确认的应从当期利润总额中扣除的所得税费用。

三、会计要素的计量

（一）会计计量属性及其构成

会计计量是为了将符合确认条件的会计要素登记入账并列报于财务报表而确定其金额的过程。会计计量属性主要包括历史成本、重置成本、可变现净值、现值和公允价值等。

1. 历史成本

历史成本也称实际成本，是指企业在取得或建造某项资产时实际支付的现金或现金等价物。在历史成本计量下，资产按照购置时支付的现金或者现金等价物的金额，或者按照购置资产时所付出对价的公允价值计量。负债按照因承担现时义务而实际收到的款项或者资产的金额，或者承担现时义务的合同金额，或者按照日常活动中为偿还负债预期需要支付的现金或者现金等价物的金额计量。

应用举例

假设某企业购买设备一台，取得增值税专用发票上注明的价款1 000 000元，发生的运输费、装卸费等为2 000元，款项均以银行存款支付，则购入该项固定资产的历史成本应为1 002 000元（1 000 000元+2 000元）。

2. 重置成本

重置成本又称为现行成本，是指按照当前市场条件，重新取得同样一项资产所需支付的现金或现金等价物金额。在重置成本计量下，资产按照现在购买相同或者相似资产所需支付的现金或者现金等价物的金额计量。负债按照现在偿付该项债务所需支付的现金或者现金等价物的金额计量。

应用举例

企业进行财产清查时发现盘盈固定资产一项，此时对于该盘盈的固定资产则采用重置成本进行计量，即以与固定资产相同规格型号、相同新旧程度的固定资产的价值作为其重置成本，对其进行计量入账。

3. 可变现净值

可变现净值，是指在正常生产经营过程中，以预计售价减去进一步加工成本和销售所必需的预计税金、费用后的净值。在可变现净值计量下，资产按照其正常对外销售所能收到现金或者现金等价物的金额扣减该资产至完工时估计将要发生的成本、估计的销售费用以及相关税费后的金额计量。

可变现净值是在不考虑资金时间价值的情况下，计量资产在正常经营过程中可带来的预期净现金流入或流出。可变现净值通常应用于存货资产减值情况下的后续计量。

应用举例

阳光公司在期末库存商品A的账面价值为100万元，该批商品的市场销售价格为80万元（不含增值税），估计销售A商品需要发生销售费用及相关税费5万元（不含增值税），若A商品按可变现净值进行计量，则A商品可按75万元入账（预计售价80万元—估计销售费用及相关税费5万元=75万元）。

4. 现值

现值，是指对未来现金流量以恰当的折现率进行折现后的价值，是考虑货币时间价值的一种计量属性。在现值计量下，资产按照预计从其持续使用和最终处置中所产生的未来净现金流入量的折现金额计量；负债按照预计期限内需要偿还的未来净现金流出量的折现金额计量。

5. 公允价值

公允价值，是指市场参与者在计量日发生的有序交易中，出售一项资产所能收到的或转移一项负债所需的支付价格。

在公允价值计量下，资产和负债按照在公平交易中，熟悉情况的交易双方自愿进行资产交换或者债务清偿的金额计量。

（二）计量属性的运用原则

企业在对会计要素进行计量时，一般应当采用历史成本。在某些情况下，如果采用其他计量属性提供的财务信息更加可靠、公允的话，可以采用其他计量属性。但采用重置成本、可变现净值、现值、公允价值计量的，应当保证所确定的会计要素金额能够取得并可靠地计量，否则不允许使用其他计量属性。

任务二 会计等式

会计等式

任务导航

生活中，我们能够理解“从哪里来的钱=花到哪里的钱”，其实小K的奶茶店也同样如此，这里可以通过学习会计等式来理解。会计等式是运用数字平衡式描述各会计要素之间内在联系的数量关系的表达式，又称为会计恒等式。会计等式是整个会计循环工作和会计核算方法的理论基石。

任务解析

一、会计等式的表现形式

会计等式，又称为会计恒等式、会计方程式或会计平衡公式，是表明会计要素之间基本关系的等式。会计等式揭示了会计要素之间的内在联系，因而成为会计核算的理论基础。

（一）财务状况等式

一个企业要开展生产经营活动，首先必须拥有一定数量的资产，如库存现金、银行存款等货币资金，或是材料、机器设备等资产。企业的资产最初进入企业的来源包括两个方面：一是投资者投入的，二是债权人提供的。资产的提供者对企业资产所拥有的权利称为“权益”。因此，资产始终都代表着一定的权益，两者密切相关，是对同一个企业的经济资源从两个不同的角度所进行的表述。资产表明的是企业经济资源存在的形式及分布情况，而权益则表明的是企业经济资源所产生的利益的归属。因此资产与权益从数量上总是相等的，有多少资产就应有多少权益，用公式表示即为：

资产=权益

由于企业资产的出资人包括投资者和债权人，因而对资产的要求权自然分为投资者权益和债权人权益。债权人权益，即负债，是要求企业到期还本付息的权利。投资者权益或所有者权益，是指所有者对企业资产抵减负债后的净资产所享有的权利。所有权与债权人享有的索偿权从性质上完全不同，债权人对企业资产有索偿权，投资者提供的资产一般不规定偿还期限，也不规定企业应定期偿付的资产报酬，但享有在金额上等于投入资本加上企业自创立以来所累积的资本增值。因此，所有者权益又称净权益，权益由负债和所有者权益组成。用公式表示即为：

权益=负债+所有者权益

所以，基于上述表述，可以得到：

资产=负债+所有者权益

这一等式称财务状况等式，又称会计基本等式、会计恒等式，是用以反映企业某一特定时点资产、负债和所有者权益三者之间平衡关系的一个会计等式。它表明了资产、负债和所有者权益三个会计要素之间的基本关系，反映了企业在某一特定时点所拥有的资产及债权人和投资者对企业资产要求权的基本状况。这一等式是复式记账法的理论基础，也是编制资产负债表的依据。

（二）经营成果等式

经营成果等式，亦称动态会计等式，是用以反映企业一定时期收入、费用和利润之间恒等关系的会计等式，即：

收入-费用=利润

这一等式反映了利润的实现过程，是编制利润表的依据。

企业运用债权人和投资者所提供的资产，经其经营运作后获得收入，同时以发生相关费用为代价。将一定期间实现的收入与费用配比，就能确定该期间企业的经营成果。企业一定时期所获得的收入扣除所发生的各项费用后的余额，表现为利润。在实际工作中，由于收入不包括处置固定资产净收益、固定资产盘盈、出售无形资产收益等，费用也不包括处置固定资产净损失、自然灾害损失等，所以收入减去费用，并经过调整后，才等于利润。这一等式表明，经营成果与相应期间的收入和费用的关系。

（三）动静结合的等式

如前所述，凡是收入，会引起资产的增加或是负债的减少，进而使所有者权益增加；凡是费用，会引起资产的减少或是负债的增加，进而使所有者权益减少。因此在会计核算中，会计恒等式又有如下的转化形式：

资产 = 负债 +（所有者权益 + 收入 − 费用）

资产 = 负债 +（所有者权益 + 利润）

这一等式反映了企业的财务状况与经营成果之间的关系。企业的经营成果影响企业的财务状况。当收入大于费用，企业有利润，将使资产增加或负债减少，财务状况好转；当收入小于费用，企业发生亏损，将会使资产减少或负债增加，财务状况恶化。

收入与费用两大会计要素记载的经济业务事项，依据配比原则并通过结账形成利润，最终转化为所有者权益。因此，在会计期末，会计恒等关系又恢复至其基本形式，即为：

资产 = 负债 + 所有者权益

应用举例

本项目情境案例中，小K奶茶店在2022年12月31日的经营情况如下：创业团队自己筹集资金20 000元，向银行借入3年期的贷款30 000元。支付店铺租金10 000元，装修费用5 000元，设备和家具价款15 000元，材料价款10 000元，剩余10 000元银行存款作为流动资金，暂无相关收入，则该奶茶店的简易资产负债表如表3-1所示。

表3-1　　　　小K奶茶店资产负债表

2022年12月31日　　　　单位：元

资产	金额	负债及所有者权益	金额
流动资产		流动负债	
银行存款	10 000		
原材料	10 000	非流动负债	
非流动资产		长期借款	30 000
固定资产	15 000	所有者权益	
		实收资本	20 000
		未分配利润	−15 000
资产合计	35 000	负债和所有有权权益合计	35 000

小K奶茶店创业团队自筹的资金属于实收资本，向银行借入的30 000元属于长期借款；购入的材料属于原材料，设备和家具属于固定资产；由于收入为0元，相关费用是15 000元（装修费用5 000元，店铺租金10 000元），因此利润为−15 000元。可见，对于小K奶茶店来说，在2022年12月31日这一特定的时点上，资产和权益总额都是35 000元，两者保持平衡关系。

二、经济业务的发生对会计等式的影响

经济业务，又称会计事项，是指在经济活动中使会计要素发生增减变动的交易或者事项。企业的经济业务复杂多样，但从其对资产、负债和所有者权益影响的角度考察，经济业务对等式的影响主要有九种基本类型，如表3−2所示。

表3−2　经济业务对等式的影响汇总表

经济业务对等式的影响	变化形式	等式两边金额变化
（1）一项资产增加、一项负债等额增加的经济业务 （2）一项资产增加、一项所有者权益等额增加的经济业务	同加	增加
（3）一项资产减少、一项负债等额减少的经济业务 （4）一项资产减少、一项所有者权益等额减少的经济业务	同减	减少
（5）一项资产增加、另一项资产等额减少的经济业务	左边一增一减	不变
（6）一项负债增加、另一项负债等额减少的经济业务 （7）一项所有者权益增加、另一项所有者权益等额减少的经济业务 （8）一项负债增加、一项所有者权益等额减少的经济业务 （9）一项所有者权益增加、一项负债等额减少的经济业务	右边一增一减	不变

上述九类基本经济业务的发生均不影响财务状况等式的平衡关系，具体分为三种情形。基本经济业务（5）~（9）使财务状况等式左右两边的金额保持不变；（1）（2）使财务状况等式左右两边的金额等额增加；（3）（4）使财务状况等式左右两边的金额等额减少。

现以阳光公司2022年12月份发生的部分经济业务事项为例，对上述九类基本业务事项做出具体说明。

（一）一项资产增加、另一项资产等额减少的经济业务

【例3−1】企业以银行存款50 000元购入原材料一批（假设业务发生前，阳光公司资产为10 000 000元，负债为1 500 000元，所有者权益为8 500 000元）。

这笔业务使该企业资产中的原材料增加50 000元，该企业因这一项投资使资产中的银行存款减少，两者金额均为50 000元。这笔业务对会计等式的影响如表3−3所示。

表3-3 单位：元

	资产	=	负债	+	所有者权益
经济业务事项发生前	10 000 000		1 500 000		8 500 000
经济业务事项引起的变动	+50 000				
	-50 000				
经济业务事项发生后	10 000 000		1 500 000		8 500 000

（二）一项资产增加、一项负债等额增加的经济业务

【例3-2】企业赊购材料50 000元。

这笔业务增加了材料，即存货资产。同时，也使企业的负债中的应付账款项目增加，两者的金额均为50 000元。这笔业务对会计等式的影响如表3-4所示。

表3-4 单位：元

	资产	=	负债	+	所有者权益
经济业务事项发生前	10 000 000		1 500 000		8 500 000
经济业务事项引起的变动	+50 000		+50 000		
经济业务事项发生后	10 050 000		1 550 000		8 500 000

（三）一项资产增加、一项所有者权益等额增加的经济业务

【例3-3】企业收到投资者投入资金2 000 000元，款项存入银行。

这笔业务使企业资产中的银行存款增加，同时也使得所有者权益中的实收资本增加，两者金额均为2 000 000元。这笔业务对会计等式的影响如表3-5所示。

表3-5 单位：元

	资产	=	负债	+	所有者权益
经济业务事项发生前	10 050 000		1 550 000		8 500 000
经济业务事项引起的变动	+2 000 000				+2 000 000
经济业务事项发生后	12 050 000		1 550 000		10 500 000

（四）一项资产减少、一项负债等额减少的经济业务

【例3-4】企业以银行存款40 000元偿还前欠的材料购货款。

这笔业务使企业资产中的银行存款减少，而这一减少的存款正好予以弥补应付账款，使负债也发生减少，两者金额均为40 000元。这笔业务对会计等式的影响如表3-6所示。

表3-6 单位：元

	资产	=	负债	+	所有者权益
经济业务事项发生前	12 050 000		1 550 000		10 500 000
经济业务事项引起的变动	-40 000		-40 000		
经济业务事项发生后	12 010 000		1 510 000		10 500 000

（五）一项资产减少、一项所有者权益等额减少的经济业务

【例3-5】企业因经营不善减少注册资本500 000元。

这笔业务使企业资产中的银行存款减少，同时利润分配导致所有者权益减少，两者金额均为500 000元。这笔业务对会计等式的影响如表3-7所示。

表3-7　　单位：元

	资产	=	负债	+	所有者权益
经济业务事项发生前	12 010 000		1 510 000		10 500 000
经济业务事项引起的变动	-500 000				-500 000
经济业务事项发生后	11 510 000		1 510 000		10 000 000

（六）一项负债增加、另一项负债等额减少的经济业务

【例3-6】企业向银行取得短期借款，直接偿还A企业材料款50 000元。

这笔业务使企业增加了负债项目的短期借款，同时取得的短期借款直接用以冲减短期借款，使应付账款金额减少，两者金额均为50 000元。这笔业务对会计等式的影响如表3-8所示。

表3-8　　单位：元

	资产	=	负债	+	所有者权益
经济业务事项发生前	11 510 000		1 510 000		10 000 000
经济业务事项引起的变动			+50 000		
			-50 000		
经济业务事项发生后	11 510 000		1 510 000		10 000 000

（七）一项负债增加、一项所有者权益等额减少的经济业务

【例3-7】企业宣告分派股利50 000元。

这笔业务由于股利未付，使企业负债中的应付股利增加，同时通过利润分配导致所有者权益减少，两者金额均为50 000元。这笔业务对会计等式的影响如表3-9所示。

表3-9　　单位：元

	资产	=	负债	+	所有者权益
经济业务事项发生前	11 510 000		1 510 000		10 000 000
经济业务事项引起的变动			+50 000		-50 000
经济业务事项发生后	11 510 000		1 560 000		9 950 000

（八）一项所有者权益增加、一项负债等额减少的经济业务

【例3-8】银行将其100 000元短期借款转为对企业的投资。

这笔业务使企业负债中的应付账款减少，同时所有者权益中的实收资本增加，两者金额均为100 000元。这笔业务对会计等式的影响如表3-10所示。

表3-10 单位：元

	资产	=	负债	+	所有者权益
经济业务事项发生前	11 510 000		1 560 000		9 950 000
经济业务事项引起的变动			-100 000		+100 000
经济业务事项发生后	11 510 000		1 460 000		10 050 000

（九）一项所有者权益增加、另一项所有者权益等额减少的经济业务

【例3-9】企业以资本公积100 000元转增资本。

这笔业务一方面使企业所有者权益中的盈余公积减少，另一方面使企业所有者权益中的另一个项目实收资本增加，两者金额均为100 000元。这笔业务对会计等式的影响如表3-11所示。

表3-11 单位：元

	资产	=	负债	+	所有者权益
经济业务事项发生前	11 510 000		1 460 000		10 050 000
经济业务事项引起的变动					+100 000
					-100 000
经济业务事项发生后	11 510 000		1 460 000		10 050 000

当然了，在现实生活中，经常会涉及一些更为复杂的情形，比如：

【例3-10】向A公司购买材料一批，价值50 000元，以银行存款预付30 000元，余款以库存现金付讫。

这笔经济业务使企业资产项目中的原材料增加50 000元，银行存款减少30 000元，库存现金减少20 000元。

虽然这笔业务涉及两个以上的项目，但总体上仍属于资产项目此增彼减的基本业务类型，对会计等式的数量平衡关系没有任何影响。

【例3-11】企业向银行取得600 000元的长期借款，其中500 000元直接用于偿还短期借款，余款存入银行。

这笔经济业务使企业负债中的长期借款增加600 000元，短期借款减少500 000元，资产项目中的银行存款增加100 000元。

该业务同时包含了负债项目此增彼减和资产与负债同时增加两种基本业务类型。这一类会计事项称为复合业务。同时，正如上述分析所示，复合业务同样不会对会计恒等关系产生任何影响。

根据上述经济业务的发生情况来看，每一项经济业务都会引起资产、负债、所有者权益中的一项或两项发生增减变动，但不管资产、负债、所有者权益怎么变动，均不会影响会计等式的平衡关系。

推荐阅读

1. 财政部发布的《企业会计准则——基本准则》
2. 财政部发布的《会计人员职业道德规范》
3. 财政部发布的《注册会计师行业诚信建设纲要》

项目小结

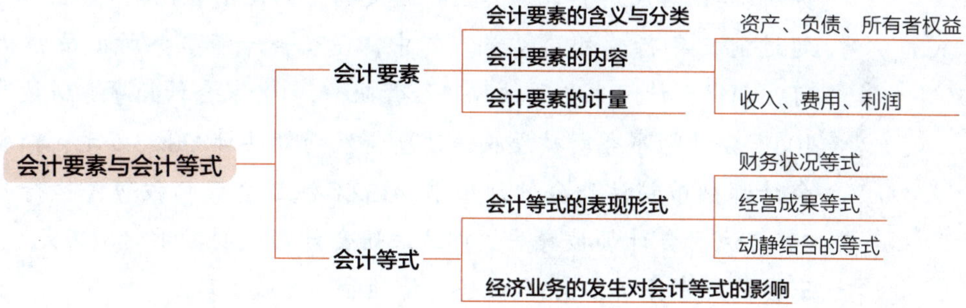

项目四

会计账户与记账方法

德育微课堂

加强财会监督、规范财务审计

2022年，财政部组织各地财政部门对1 854家会计师事务所开展执业质量检查，同比增长8.74%，覆盖面达到全国会计师事务所总量的20.43%。截至2022年12月31日，各地财政厅（局）已对174家会计师事务所、418名注册会计师作出行政处罚，同比增长104.71%、294.34%，超过前三年行政处罚总量。其中，16家会计师事务所被吊销执业许可，44家会计师事务所被暂停经营业务，109家会计师事务所被警告，106家会计师事务所被没收违法所得及罚款共计828.23万元；14名注册会计师被吊销注册会计师证书，152名注册会计师被暂停执行业务，255名注册会计师被警告，18名注册会计师被罚款共计61万元。有271家会计师事务所、243名注册会计师受到行政处理。

下一步，财政部将坚决贯彻落实习近平总书记关于加强财会监督的重要指示批示精神，按照党中央、国务院决策部署，保持“严监管、零容忍”，规范财务审计秩序高压态势不动摇，持续加大会计信息质量和会计师事务所执业质量检查力度，执法必严、违法必究，针对审计“潜规则”和行业乱象绝不姑息、露头就打，着力规范财务审计秩序，营造健康有序的市场环境。

内容摘自中华人民共和国财政部会计信息质量检查公告（第四十三号）

学习目标

1. 知识目标

（1）了解会计科目、账户的内涵。

（2）理解会计科目、账户的主要分类。

（3）掌握账户的基本结构和主要内容。

（4）了解单式记账法、复式记账法的特点。

（5）掌握复式记账法的记账符号、账户结构、记账规则和试算平衡。

2. 技能目标

（1）理解总账与明细分类账之间的关系。

（2）能够正确运用账户对企业经济业务进行会计核算。

（3）能根据经济业务做会计分录。

（4）掌握试算平衡表的编制方法。

3. 素质目标

（1）具有严谨、廉洁自律的职业态度。

（2）具有公私分明、不贪不占、遵纪守法、清正廉洁的职业道德修养。

情境案例

2022年10月10日，小K的奶茶店在本月剩余时间里发生以下经济业务：

1. 10日，将现金100 000元存入公司的银行账户。
2. 10日，以现金2 000元支付本月的房屋租金。
3. 13日，赊购办公用品350元。
4. 14日，以银行存款20 000元购买装修备用材料。
5. 16日，以现金支付购买办公用品所欠的账款350元。
6. 24日，支付水电费800元。
7. 28日，收回客户所欠货款5 000元。
8. 29日，支付员工工资25 000元。

思考探究

1. 奶茶店以上业务涉及哪些会计科目？如何分类？
2. 根据以上业务，奶茶店需设立哪些会计账户？
3. 以上经济业务对哪些会计要素产生影响？有什么影响？

任务一 会计科目与会计账户

会计科目与账户

任务导航

会计核算的主要对象是企业发生的各项经济业务事项，虽然通过会计要素的设置，可以使这些经济业务事项按资产、负债、所有者权益、收入、费用和利润进行分类、归纳与整理，但由于会计要素本身所涉及的内容较为复杂，其所提供的分类信息仍不能满足企业日常管理的需要。为了能提供更为详细的分类信息，设置会计科目与账户则成为会计核算中用于连续、系统、分类地对会计对象进行确认、计量、记录和报告的基础方法。

任务解析

一、会计科目的概念与分类

（一）会计科目的概念

会计科目，简称科目，是对会计要素的具体内容进行分类核算的项目，是进行会计核算和提供会计信息的基础。会计科目在会计核算中具有重要意义：①会计科目是复式记账的基础；②会计科目是编制和整理记账凭证的依据；③会计科目是进行会计核算和会计控制的依据；④会计科目是编制会计报表的基础。

会计科目的设置与整个会计工作和会计制度的质量有着紧密的关系，会计科目设置得恰当，能提高工作效率，简明扼要地反映企业的经济业务，从而编制实用的会计报表。

（二）会计科目的分类

每个会计科目核算某一特定的经济内容，各个会计科目之间既有联系又有区别，它们构成了会计科目体系。为了正确设置和运用会计科目，就需要对会计科目进行合理的分类。

1. 按反映的经济内容分类

企业会计科目按其反映的经济内容不同，通常可以分为资产类科目、负债类科目、共同类科目、所有者权益类科目、成本类科目和损益类科目。

资产类科目，是对资产要素的具体内容进行分类核算的项目，按资产的流动性分为反映流动资产的科目和反映非流动资产的科目。

反映流动资产的会计科目主要有“库存现金”“银行存款”“应收账款”“原材料”“库存商品”等。

反映非流动资产的会计科目主要有“长期股权投资”“长期应收款”“固定资产”“无形资产”等。

在资产类科目中，还有一些是用来反映资产价值损耗或损失的科目，如“累计折旧”“累计摊销”“坏账准备”“存货跌价准备”等，这些会计科目反映相应资产的价值损耗或损失，其目的是确定资产的账面价值。

负债类科目，是对负债要素的具体内容进行分类核算的项目。按负债的偿还期限长短划分，可分为反映流动负债的会计科目和反映非流动负债的会计科目。

反映流动负债的会计科目主要有“短期借款”“应付账款”“应付职工薪酬”“应交税费”等；反映非流动负债的科目主要有“长期借款”“应付债券”“长期应付款”等。

共同类科目，是既有资产性质又有负债性质的科目，如“清算资金往来”“货币兑换”“套期工具”“被套期项目”等。

所有者权益类科目，是对所有者权益要素的具体内容进行分类核算的项目，主要有“实收资本”“资本公积”“其他综合收益”“盈余公积”“本年利润”“利润分配”“库存股”等。

成本类科目，是对产品生产成本、劳务成本等的具体内容进行分类核算的项目，主要有“生产成本”“制造费用”“劳务成本”“研发支出”等。

损益类科目，是对收入、费用要素的具体内容进行分类核算的项目。按损益的不同内容划分，可分为反映收入的会计科目和反映费用的会计科目。

反映收入的会计科目，如“主营业务收入”“其他业务收入”等；反映费用的会计科目，如“主营业务成本”“其他业务成本”“销售费用”“管理费用”“财务费用”“所得税费用”等。

2. 按提供信息的详细程度及其统驭关系分类

为了既能提供总括的会计核算指标，又能提供详细的会计核算指标，会计科目应分层次设置。同一会计科目纵向的层次关系，即为会计科目的级次。会计科目按其所提供信息的详细程度及其统驭关系，可分为总分类科目和明细分类科目。

总分类科目，又称一级科目，也称总账科目，它是对会计要素具体内容进行总括分类、提供总括信息的会计科目；总分类科目反映各种经济业务的总括情况，是进行总分类核算的依据，如“应付账款”“应收账款”“原材料”“实收资本”等。

为了满足会计信息使用者对信息质量的要求，总账科目是由财政部《企业会计准则——应用指南》统一规定的。

明细分类科目，又简称明细科目，是对总分类科目作进一步分类、提供更详细、更具体会计信息的科目。如果某一总分类科目所属的明细分类科目较多，可在总分类科目下设置二级明细科目，在二级明细科目下设置三级明细科目。二级明细分类科目是对总分类科目进一步分类的科目，三级明细分类科目是对二级明细分类科目进一步分类的科目。

如“应收账款”科目按债务人名称或姓名设置明细科目，反映应收各债务人款项的具体情况；“原材料”科目按原料及材料的种类、规格等设置明细科目，反映各种原材料的具体构成内容；“生产成本”科目，在企业生产多种产品的情况下，则需要分别为每一产品设置明细分类科目，反映每一产品生产过程耗费的具体情况。

小贴士

总分类科目和明细分类科目的关系是：总分类科目对其所属的明细分类科目具有统驭和控制的作用，而明细分类科目是对其所属的总分类科目的补充和说明，且总分类科目与其所属明细分类科目在总金额上应当相等。总分类科目及其所属明细分类科目，共同反映经济业务总括或详细的情况。

并不是所有的总账科目都需要开设二级和三级明细分类科目，根据会计信息使用者所需不同信息的详细程度，有些只需要设一级总账科目，有些只需要设一级总账科目和二级明细分类科目，不需要设置三级明细分类科目等。

应用举例

在实际工作中，大多数总账科目都要设置明细分类科目。如“原材料”为总分类科目，同时可按原材料的类别设置二级科目，如设置“原料及主要材料”“辅助材料”“燃料”等；为详细反映各类材料的具体情况，应在材料类别账的基础上，再按材料的品种、规格设置更明细的三级科目，如在“原料及主要材料”二级科目下按品种设置“圆钢”“角钢”等。下面以“原材料”为例，说明会计科目各级次之间的关系（表4-1）。

表4-1 “原材料”总分类科目与明细分类科目

总分类科目（一级科目）	明细分类科目	
	二级明细科目	三级明细科目
原材料	原料及主要材料	圆钢
		角钢
	辅助材料	润滑剂
		石炭酸
	燃料	汽油
		原煤

二、会计科目的设置

（一）会计科目的设置原则

会计科目作为反映会计要素的构成情况及其变化情况，为投资者、债权人、企业管理者等提供会计信息的重要手段，会计科目设置合理与否直接决定着会计信息的科学性、系统性和准确性，对于提高会计核算效率及组织会计工作有着重大意义。设置会计科目时应遵循以下原则。

1. 合法性原则

合法性原则，是指所设置的会计科目应当符合国家统一会计制度的规定。我国现行的统一会计制度中均对企业设置的会计科目作出规定，以保证不同企业对外提供的会计信息的可比性。由于各个企业的特点不同，内部经营管理对会计信息的要求不同，因此，企业可以在符合国家统一要求的原则下，根据自身的生产经营特点，在不影响会计核算要求，以及对外提供统一的财务会计报表的前提下，自行增设、减少或合并某些会计科目。

2. 相关性原则

相关性原则，是指所设置的会计科目应为提供有关各方所需要的会计信息服务，满足对外报告与对内管理的要求。根据企业会计准则的规定，企业财务报告提供的信息必须满足对内对外各方面的需要，而设置会计科目必须服务于会计信息的提供，必须与财务报告的编制相协调、相关联。

3. 实用性原则

实用性原则，是指所设置的会计科目应符合企业自身特点，满足企业实际需要。企业的组织形式、所处行业、经营内容及业务种类等自身特点要求在会计科目的设置上也应当有所区别。在合法性的基础上，企业应根据自身特点，设置符合企业需要的会计科目。一般来说，业务繁多复杂、规模较大的企业，会计科目设置得详细一些；业务简单量少、规模较小的企业，会计科目可以设置得简约一些，要讲究实用，以免增加不必要的会计工作量。

（二）常用会计科目

企业（除金融行业外）常用的会计科目如表4-2所示。

表4-2　常用会计科目参照表

编号	会计科目名称	编号	会计科目名称
	一、资产类		二、负债类
1001	库存现金★	2001	短期借款★
1002	银行存款★	2101	交易性金融负债
1012	其他货币资金	2201	应付票据★
1101	交易性金融资产	2202	应付账款★
1121	应收票据★	2203	预收账款★
1122	应收账款★	2211	应付职工薪酬
1123	预付账款★	2221	应交税费★
1131	应收股利	2231	应付利息★
1132	应收利息★	2232	应付股利
1221	其他应收款★	2241	其他应付款★
1231	坏账准备★	2401	递延收益
1401	材料采购	2501	长期借款★
1402	在途物资	2502	应付债券

续表

编号	会计科目名称	编号	会计科目名称
1403	原材料★	2701	长期应付款★
1404	材料成本差异	2702	未确认融资费用
1405	库存商品★	2711	专项应付款
1406	发出商品	2801	预计负债
1407	商品进销差价	2901	递延所得税负债
1408	委托加工物资		合同负债
1471	存货跌价准备		**三、共同类（略）**
1481	持有待售资产		**四、所有者权益类**
1482	持有待售资产减值准备	4001	实收资本★
1501	债权投资	4002	资本公积★
1502	债权投资减值准备	4101	盈余公积★
1503	其他债权投资	4103	本年利润★
1504	其他权益工具投资	4104	利润分配★
1511	长期股权投资	4201	库存股
1512	长期股权投资减值准备	4301	其他综合收益
1521	投资性房地产	4401	其他权益工具
1531	长期应收款		**五、成本类**
1532	未实现融资收益	5001	生产成本★
1601	固定资产★	5101	制造费用★
1602	累计折旧★	5201	劳务成本
1603	固定资产减值准备	5301	研发支出
1604	在建工程★		**六、损益类**
1605	工程物资	6001	主营业务收入★
1606	固定资产清理	6051	其他业务收入★
1701	无形资产	6101	公允价值变动损益
1702	累计摊销	6111	投资收益
1703	无形资产减值准备	6115	资产处置损益
1711	商誉	6117	其他收益
1801	长期待摊费用	6301	营业外收入★
1811	递延所得税资产	6401	主营业务成本★
1901	待处理财产损溢	6402	其他业务成本★

续表

编号	会计科目名称	编号	会计科目名称
	合同履约成本	6403	税金及附加★
	合同履约成本减值准备	6601	销售费用★
	合同取得成本	6602	管理费用★
	合同取得成本减值准备	6603	财务费用★
	应收退货成本	6701	资产减值损失
	合同资产	6702	信用减值损失
	合同资产减值准备	6711	营业外支出★
		6801	所得税费用★
		6901	以前年度损益调整

注：带★的科目为本教材主要涉及的会计科目；未标代码的科目可以由企业自主设置会计科目代码。

三、账户的概念与分类

（一）账户的概念

账户是根据会计科目设置的，具有一定的格式和结构，用于分类反映会计要素增减变动情况及其结果的载体。会计科目只是对会计对象进行的分类，而要把各项会计要素增减变动情况和变动的结果进行记录和反映，还需要设置和运用账户。如为了反映企业库存现金的增减变动及结存情况，就要设置"库存现金"账户，并在此账户中记录库存现金的增加和减少。

账户

（二）账户的分类

账户可以根据其核算的经济内容、提供信息的详细程度及其统驭关系进行分类。

1. 根据核算的经济内容划分

根据核算的经济内容划分，账户分为资产类、负债类、所有者权益类、成本类和损益类。

资产类账户是用来反映企业资产的增减变动及其结存情况的账户。按照资产的流动性和经营管理核算的需要，资产类账户又可以分为反映流动资产的账户和反映非流动资产的账户。

负债类账户是用来反映企业负债的增减变动及其结存情况的账户。按照负债的流动性或偿还期限的长短，负债类账户又可以分为反映流动负债的账户和反映非流动负债的账户。

所有者权益类账户是用来反映企业所有者权益的增减变动及其结存情况的账户，如"实收资本""资本公积""利润分配"等账户。

成本类账户是用来反映企业在生产经营过程中发生的各项耗费并计算产品或劳务成本

的账户，如“生产成本”“制造费用”等账户。

损益类账户是用来反映企业收入和费用的账户，如“主营业务收入”“主营业务成本”“其他业务收入”“其他业务成本”等。

2. 根据提供信息的详细程度及其统驭关系划分

根据提供信息的详细程度及其统驭关系划分，账户分为总分类账户和明细分类账户。

总分类账户，是指根据总分类科目设置的，用来对会计要素具体内容进行总括分类核算的账户，简称总账账户或总账。例如：“原材料”“生产成本”账户都是总分类账户。

明细分类账户，是指根据明细分类科目设置的、用来对会计要素具体内容进行明细分类核算的账户，简称明细账。总账账户称为一级账户，总账以下的账户称为明细账户。如“生产成本”账户下属的“一车间”和“二车间”，“原材料”账户下属的“A材料”和“B材料”就是明细分类账户。

总分类账户和所属明细分类账户核算的内容相同，只是反映内容的详细程度有所不同，二者相互补充，相互制约，相互核对。总分类账户统驭和控制所属明细分类账户，明细分类账户从属于总分类账户。

四、账户的功能与结构

（一）账户的功能

账户的功能在于连续、系统、完整地提供企业经济活动中各会计要素增减变动及其结果的具体信息。其中，会计要素在特定会计期间增加和减少的金额，分别称为账户的“本期增加发生额”和“本期减少发生额”，二者统称为账户的“本期发生额”；会计要素在会计期末的增减变动结果，称为账户的“余额”，具体表现为期初余额和期末余额，账户上期的期末余额转入本期，即本期的期初余额；账户本期的期末余额转入下期，即为下期的期初余额。

账户的期初余额、期末余额、本期增加发生额和本期减少发生额统称为账户的四个金额要素。对于同一账户而言，它们之间的基本关系为：

期末余额＝期初余额＋本期增加发生额－本期减少发生额

（二）账户的结构

账户是在对会计要素具体分类的基础上登记经济业务事项的工具和载体，这就决定了它必须具有合理的结构，这也是账户与会计科目的根本性区别。账户的结构是指账户的组成部分及其相互关系。所以，作为账户的基本结构，一般应包括以下内容：

①账户的名称，即会计科目。

②日期，即所依据记账凭证中注明的日期。

③凭证字号，即所依据记账凭证的编号。

④摘要，即经济业务的简要说明。

⑤金额，即增加金额、减少金额和余额（包括期初余额和期末余额）。

账户的基本结构格式如表4-3所示。

表4-3　账户名称（会计科目）

年		凭证编号	摘要	借方	贷方	借或贷	余额
月	日						

注：借贷记账法下，以借或贷来表示增加或减少方向。

从账户名称、记录增加额和减少额的左右两方来看，账户结构在整体上类似于汉字“丁”和大写的英文字母“T”，因此，账户的基本结构在实务中被形象地称为“丁”字账户或者“T”型账户。

应用举例

为了方便起见，可将上述的账户格式简化为“T”型格式，即只保留账户的金额栏，其余栏目予以删去。“T”型账户结构如图4-1所示。

图4-1　T型账户结构图

账户左右两方的金额栏，一方登记增加额，另一方登记减少额。增减相抵后的差额作为账户的余额，账户的余额一般与记录的增加额在同一方向，余额按其列示的时间分为期初余额和期末余额。

在具体的账户中，至于左右两方究竟哪一方记录增加额，哪一方记录减少额，主要取决于账户记录的经济内容（即账户的性质）。

五、账户与会计科目的关系

从理论上讲，会计科目与账户是两个不同的概念，二者既有联系，又有区别。会计科目与账户都是对会计对象具体内容的分类，二者核算内容一致，性质相同。会计科目的经济内容、性质、分类，决定了账户的经济内容、性质、分类。每一个账户以一个会计科目命名，反映相同的经济内容。会计科目是设置账户的依据，是会计账户的名称，账户是会计科目的具体运用，具有一定的结构和格式，并通过其结构反映某项经济内容的增减变动及其余额。另外，会计科目由国家统一规定，账户则是由各单位根据本身实际情况自行设置的。

任务二 会计记账方法

会计记账方法

任务导航

借贷记账法起源于13世纪的意大利，在清朝末期的光绪年间从日本传入中国。在各种复式记账法中，借贷记账法是产生最早，并在当今世界各国应用最广泛、最科学的记账方法。

1907年，两位留日的学生谢霖和孟森将“借/贷”引入中国，但在近代中国“借/贷”实际上是同义词。“告借无门”和“告贷无门”指的都是借不到钱；“银行借款”和“银行贷款”毫无区别，同义词当反义词来用，这是全世界会计的通病。历史的阴差阳错，使中国学者多年来不断探讨，提出各种替代方案，展开无休止的“拉锯战”。随着商品经济的发展，借贷记账法得到了广泛的应用，记账对象不再局限于债权、债务关系，而是扩大到记录财产物资增减变化和计算经营损益。

思考探究

1. 会计记账方法有哪些?
2. 会计记账方法的区别是什么？分别会产生哪些影响?

任务解析

一、会计记账方法的种类

账户是专门用来记录经济业务的工具，而记账方法则是在账户中记录经济业务的方法。记账方法一般可分为单式记账和复式记账两种类型。

（一）单式记账法

单式记账法是指对发生的每一项经济业务，只在一个账户中加以登记的记账方法。单式记账法是记账方法发展的早期形式，是将有关经济业务引起的一个方面的变动在一个会计科目中进行单方面登记，而与此有关的另一方面不予反映的一种记账方法。在单式记账法中，不是所有的经济业务都反映，一般只反映涉及库存现金、银行存款的收付和应收、应付账款等债权债务的业务。例如，用银行存款购买材料1 000元，只记银行存款减少1 000元，而原材料增加1 000元不再进行登记。

单式记账法的特点是：账户设置不完整，账户记录没有相互联系，是一种比较简单、不完整的记账方法。它只重点记录库存现金、银行存款及债权债务方面的经济业务，不能全面、系统地反映经济业务的来龙去脉，也不便于检查账户记录的正确性和完整性，也正是因为如此，单式记账法在现代会计中很少使用。

（二）复式记账法

1. 复式记账法的概念

复式记账法是以资产和权益平衡关系作为记账基础，对于每一笔经济业务，都要用相等的金额，在两个或两个以上相互联系的会计科目中进行登记，系统地反映资金运动变化结果的一种记账方法。

如以银行存款1 000元购买材料，这笔业务在记账时，不仅记“银行存款”减少1 000元，同时还要记“原材料”增加1 000元。所以，在复式记账法下，有科学的账户体系，通过对应账户的双重等额记录，能反映经济活动的来龙去脉，并能运用账户体系的平衡关系来检查全部会计记录的正确性。所以，复式记账法作为科学的记账方法一直被广泛地运用。目前，我国的企业和行政、事业单位所采用的记账方法，都属于复式记账法。

2. 复式记账法的优点

与单式记账法相比，复式记账法具有不可比拟的优越性，具体包括以下两个方面。

（1）能够全面反映经济业务内容和资金运动的来龙去脉。复式记账法因为不仅要对每一笔经济业务都进行反映，而且每一笔经济业务所涉及的所有方面都要在相应的账户中进行登记，所以，就必须设置一套完整的账户。比如，企业既要设置反映资金处于静态下的资产、负债、所有者权益的账户，又要设置反映资金处于动态过程中所形成的收入和费用等账户。同时，在复式记账法下对每一笔经济业务都进行反映和记录既有必要又有可能，其必要性在于复式记账法要求全面反映企业的经济活动，其可能性在于复式记账法设置了完整的账户，具有完善的账户体系。复式记账不仅可以对经济业务活动进行全面、完整、系统的反映，还能清楚地反映每一笔经济业务资金运动的来龙去脉。

（2）能够进行试算平衡，便于查账和对账。因为复式记账法对于每一笔经济业务，都以相等的金额在两个或两个以上的账户中进行登记，依据一定的平衡原理就能进行所有账户记录的综合试算平衡，从而便于检查和核对账户记录结果，防止和纠正错误记录。

3. 复式记账法的种类

复式记账法根据记账符号、记账规则等不同，又可分为借贷记账法、增减记账法和收付记账法等。

小贴士

增减记账法和收付记账法是我国会计实务中曾经采用过的记账方法，其中增减记账法是20世纪60年代我国商业系统在改革记账方法时设计的一种记账方法，直到20世纪90年代前，这种方法在我国商业企业中仍广为运用。收付记账法按记账主体内容的不同，分为现金收付记账法、资金收付记账法和财产收付记账法三种，1998年前我国的预算会计采用的就是资金收付记账法。

借贷记账法是世界各国普遍采用的一种记账方法，在我国也是应用最广泛的一种记账方法，《企业会计准则》明文规定中国境内的所有企业都应该采用借贷记账法记账。采用借贷记账法在相关账户中记录各项经济业务，可以清晰地表明经济业务的来龙去脉，同时也便于试算平衡和检查账户记录的正确性。下面我们重点说明借贷记账法。

二、借贷记账法

（一）借贷记账法的概念

借贷记账法是以“借”“贷”二字作为记账符号，记录会计要素增减变动情况的一种复式记账法。

借贷记账法是建立在“资产=负债+所有者权益”会计等式的基础上，以“有借必有贷，借贷必相等”作为记账规则，反映会计要素增减变动情况的一种复式记账方法。

随着社会经济的发展，经济活动的日益复杂，记账内容逐步扩展，不仅要在账簿中记录货币的借贷，还要记录各项财产物资和经营损益的增减变动。为了保证记账的一致性，对涉及非货币资金的业务，也用借贷来说明增减变动，这样“借”“贷”就失去其原意，而转换为纯粹的记账符号。

知识链接

借贷记账法的起源及借贷意义

借贷记账法是历史上第一种复式记账法。它最初产生于13～14世纪意大利地中海沿岸借贷资本家记录其货币存入和放出的需要。一些经营银行的商人，一方面收存商人的游资，支付利息；另一方面又把钱借给另一些商人，收取更高的利息。根据存款和放款的要求，必须以人名设账，用以反映钱商与客户之间的经济往来。向钱商借钱的人，是债务人，称借主，其借款数额记在该人名账户的借方，表示钱商的债权，即应收款（人欠）的增加；贷款给钱商的人，是债权人，称债主，其贷款数额记在该人名账户的贷方，表示钱商的债务，即应付款（欠人）的增加。借和贷是从借贷资本家的角度来解释的。因此，该方法产生之初，“借”“贷”两字和账户中记录的经济业务内容相符，并非纯粹的记账符号。但随着商品经济的发展，借贷记账法经过不断的发展和完善，“借”“贷”两字逐渐失去其本来含义，变成了纯粹的记账符号，仅代表账户的“左”“右”，没有其他任何含义。

（二）借贷记账法下账户的结构

1. 借贷记账法下账户的基本结构

借贷记账法下，账户的左方称为借方，右方称为贷方。所有账户的借方和贷方按相反方向记录增加数和减少数，即一方登记增加额，另一方就登记减少额。至于“借”表示增加，还是“贷”表示增加，取决于账户的性质与所记录经济业务内容的性质。

借贷记账法下的账户结构

我们可以从会计要素的静态恒等式“资产 = 负债 + 所有者权益”及动态平衡方程“资产 + 费用 = 负债 + 所有者权益 + 收入”来分析。上述等式等号左侧的资产、费用对应的账户结构为增加金额记入账户的借方，减少金额记入账户的贷方；等号右侧的负债、所有者权益、收入对应的账户结构则相反。

2. 资产类和成本类账户的结构

资产类账户的结构主要体现在：资产的增加金额记入账户的借方，减少金额记入账户的贷方；账户若有余额，一般为借方余额，表示期初或期末资产的结存金额。该账户的发生额和余额之间的关系表示为：

资产类账户期末余额 = 借方期初余额 + 本期借方发生额 – 本期贷方发生额

企业在生产经营过程中要有各种耗费，有成本费用发生，在费用成本抵消收入以前，可以将其看作一种资产，如“生产成本”归集在生产过程中某产品所发生的所有耗费，但在尚未完工结转入库，其反映企业在产品这项资产的金额。同时费用成本与资产同处于等式的左方，因此其结构与资产类账户的结构基本相同，只是由于借方记录的费用成本的增加额一般都要通过贷方转出，所以账户通常没有期末余额。如果因某种情况有余额，也表现为借方余额。

资产类和成本类账户结构如图4–2所示。

借方	资产类和成本类账户		贷方
期初余额：	×××		
本期增加额：	×××	本期减少额：	×××
本期发生额：	×××	本期发生额：	×××
期末余额：	×××		

图4–2　资产类和成本类账户的结构

3. 负债类和所有者权益类账户的结构

负债及所有者权益类账户同属于权益类账户，由于资产与权益是同一事物的两个方面，因而作为权益类账户的结构，与资产类账户结构正好相反，即增加金额记入账户的贷方，减少金额记入账户的借方；账户若有余额，一般为贷方余额，表示期初或期末负债及所有者权益的结存金额。

该账户的发生额和余额之间的关系表示为：

负债及所有者类账户期末余额 = 贷方期初余额 + 本期贷方发生额 – 本期借方发生额

负债类和所有者权益类账户结构如图4–3所示。

借方	负债类和所有者权益类账户		贷方
		期初余额：	×××
本期减少额：	×××	本期增加额：	×××
本期发生额：	×××	本期发生额：	×××
		期末余额：	×××

图4-3 负债类和所有者权益类账户的结构

4. 损益类账户的结构

（1）收入类账户的结构。收入类账户的结构与负债及所有者权益的结构一样，收入的增加额记入账户的贷方，收入转出（减少额）则记入账户的借方，由于贷方记录的收入增加额一般要通过借方转出，所以该类账户通常也没有期末余额。

收入类账户的结构如图4–4所示。

借方	收入类账户		贷方
本期减少或转销额：	×××	本期增加额：	×××
本期发生额合计：	×××	本期发生额合计：	×××

一般无期末余额

图4-4 收入类账户的结构

（2）费用类账户的结构。费用的发生使企业资产减少或负债增加，从而导致所有者权益减少。因此，费用类账户的结构与所有者权益类账户的结构正好相反，即增加金额记入账户的借方，减少或转销的金额记入账户的贷方。由于本期发生的损益，在期末全额结转到“本年利润”账户，因此费用类账户期末无余额，其账户结构如图4–5所示。

借方	费用类账户		贷方
本期增加额：	×××	本期减少或转销额：	×××
本期发生额合计	×××	本期发生额合计：	×××

一般无期末余额

图4-5 费用类账户的结构

总的来说，借贷记账法下的六大类会计账户的结构概括如下：资产、成本、费用的增加和负债、所有者权益、收入的减少在相应账户的借方登记；负债、所有者权益、收入的增加和资产、成本、费用的减少在相应账户的贷方登记，借方余额一般表示的是资产，贷方余额一般表示的是负债或所有者权益。各类会计账户的基本结构归纳如表4-4所示。

表4-4 借贷记账法下各类会计账户的基本结构

账户类别	借方	贷方	余额方向
资产类和成本类	增加	减少	借方
负债类和所有者权益类	减少	增加	贷方
收入类	减少（或转销）	增加	无余额
费用类	增加	减少（或转销）	无余额

（三）借贷记账法的记账规则

记账规则是进行会计记录和检查账簿登记是否正确的依据和规律。借贷记账法的记账规则可以用一句话概括："有借必有贷，借贷必相等"。这一记账规则要求对每项经济业务都要以相等的金额，相反的方向，登记在两个或两个以上的账户中去。具体来说，就是指对于每一项经济业务事项，如果在一个会计科目中登记了借方，必须同时在另一个或几个会计科目中登记贷方；或者反过来说，在一个会计科目中登记了贷方，必须在另一个或几个会计科目中登记借方，并且登记在借方和贷方的金额总额必须相等。

从"资产＝负债＋所有者权益"的左右两方来看，可以将经济业务归纳成四种类型：资产权益同时等额增加；资产权益同时等额减少；资产以相等的金额此增彼减；权益以相等的金额此增彼减。

我们在实际运用借贷记账法的记账规则登记经济业务时，一般要按三个步骤进行：

首先，根据发生的经济业务设置相应的会计科目和账户并判断其增加还是减少。

其次，根据上述分析，确定它所涉及的账户的性质，是资产要素的变化，还是负债或所有者权益的变化；哪些要素增加，哪些要素减少，或都是增加，都是减少，等等。

最后，决定该账户的结构，即应记录的方向是借方还是贷方以及各账户应计金额。凡涉及资产及费用成本的增加，负债及所有者权益的减少，收入的减少转出，都应记入各该账户的借方；凡是涉及资产及费用成本的减少，负债及所有者权益的增加，收入的增加，都应记入各该账户的贷方。下面举例说明借贷记账法的记账规则（假设不考虑增值税）。

【例4-1】阳光公司2022年3月收到投资者投入货币资金1 000 000元，手续已办妥，款项已转入公司的存款账户。

该项业务的发生说明，对于阳光公司来讲，一方面使公司银行存款增加，另一方面公司实收资本的规模也在扩大。进一步分析，"银行存款"属于资产类账户，"实收资本"属于所有者权益类账户。根据借贷记账法下的账户，资产的增加，通过账户的借方反映，所有者权益的增加，通过账户的贷方反映。最后确定，借记“银行存款”1 000 000元，贷记“实收资本”1 000 000元。该业务属于等式两边资产与所有者权益等额增加业务。

登记入账结果如图4-6所示。

借方	实收资本	贷方	借方	银行存款	贷方
		1 000 000		1 000 000	

图4-6 资产与所有者权益同时等额增加类型

【例4-2】阳光公司购入原材料一批用于生产，材料款250 000元尚未支付，材料已经验收入库。

该项业务的发生说明，由于购料款未付，一方面使公司原材料增加，另一方面使公司欠款（应付账款）增加。经分析，“原材料”属于资产类账户，“应付账款”属于负债类账户。根据借贷记账法下的账户结构，资产的增加，通过账户的借方反映，负债的增加，通过账户的贷方反映。最后确定，借记“原材料”250 000元，贷记“应付账款”250 000元。该业务属于等式两边资产与负债等额增加业务。

登记入账结果如图4-7所示。

借方	应付账款	贷方	借方	原材料	贷方
		250 000		250 000	

图4-7 资产与负债同时等额增加类型

【例4-3】阳光公司用银行存款归还前欠的材料款250 000元。

该项业务说明，由于归还前欠的货款，一方面使公司属于资产项目的银行存款减少250 000元，另一方面使属于负债项目的应付账款减少250 000元。银行存款属于资产类账户，应付账款属于负债类账户。根据借贷记账法下的账户结构，资产的减少，通过账户的贷方反映，负债的减少，通过账户的借方反映。最后确定，借记“应付账款”250 000元，贷记“银行存款”250 000元。该业务属于等式两边的资产与负债同时等额减少业务。

登记入账结果如图4-8所示。

借方	银行存款	贷方	借方	应付账款	贷方
		250 000		250 000	

图4-8 资产与负债同时等额减少类型

【例4-4】按法定程序减少注册资本50 000元，以银行存款向所有者支付。

该项业务的发生说明，一方面使公司银行存款减少50 000元，另一方面使属于所有者权益项目的实收资本减少50 000元。银行存款属于公司的资产账户，实收资本属于所有者权益账户。根据借贷记账法下的账户结构，资产的减少，通过账户的贷方反映，所有者权益的减少，通过账户的借方反映。最后确定，借记实收资本50 000元，贷记银行存款50 000元，从而导致等式两边的资产与所有者权益同时等额减少。

登记入账结果如图4-9所示。

图4-9　资产与所有者权益同时等额减少类型

【例4-5】阳光公司购买汽车1辆，价值80 000元，用银行存款支付。

该项业务的发生说明，由于购买设备款已付，一方面使公司固定资产增加80 000元，另一方面使银行存款减少80 000元。固定资产和银行存款都属于公司的资产账户。根据借贷记账法下的账户结构，资产的增加通过账户的借方反映，资产的减少通过账户的贷方反映。最后确定，借记“固定资产”80 000元，贷记“银行存款”80 000元。该业务属于等式左边的资产内一增一减业务。

登记入账结果如图4-10所示。

图4-10　资产以相等金额此增彼减类型

【例4-6】阳光公司开出一张100 000元的商业汇票，以支付前欠材料款。

该项经济业务说明，由于商业汇票抵偿原欠料款，一方面使公司的应付票据增加100 000元的金额，另一方面属于企业的债务应付账款减少100 000元。应付票据和应付账款都属于公司的负债账户。根据借贷记账法下的账户结构，负债的增加通过账户的贷方反映，负债的减少通过账户的借方反映。最后确定，借记“应付账款”100 000元，贷记“应付票据”100 000元。该业务属于等式右边的负债内一增一减业务。

登记入账结果如图4-11所示。

借方	应付票据	贷方
		100 000

借方	应付账款	贷方
100 000		

图4-11 负债以相等金额此增彼减类型

【例4-7】按法定程序将资本公积200 000元转增资本金。

该业务的发生说明，由于将资本公积200 000元转增资本金，一方面使公司的实收资本增加200 000元，另一方面使资本公积减少200 000元。资本公积和实收资本都属于所有者权益类账户。根据借贷记账法下的账户结构，所有者权益的增加通过账户的贷方反映，所有者权益的减少通过账户的借方反映。最后确定，借记“资本公积”200 000元，贷记“实收资本”200 000元。该业务属于等式右边的所有者权益内一增一减业务。

登记入账结果如图4-12所示。

借方	实收资本	贷方
		200 000

借方	资本公积	贷方
200 000		

图4-12 所有者权益以相等金额此增彼减类型

【例4-8】阳光公司按法定程序将原发行的债券10 000元转为实收资本。

该业务的发生说明，由于将应付债券转增实收资本，一方面使公司实收资本增加10 000元，另一方面使应付债券减少10 000元。实收资本属于所有者权益类账户，应付债券属于负债类账户。根据借贷记账法下的账户结构，所有者权益的增加通过账户的贷方反映，负债的减少通过账户的借方反映。最后确定，借记“应付债券”10 000元，贷记“实收资本”10 000元。该业务属于等式右边的所有者权益增加与债权人权益等额减少的业务。

登记入账结果如图4-13所示。

借方	实收资本	贷方
		10 000

借方	应付债券	贷方
10 000		

图4-13 负债与所有者权益以相等金额此增彼减类型

【例4-9】阳光公司决定以盈余公积100 000元向所有者分配股利。

该经济业务属于一项负债增加，一项所有者权益减少的业务。该经济业务的发生，引起所有者权益减少100 000元，负债增加100 000元。

盈余公积属于所有者权益类账户，应付股利属于负债类账户。根据借贷记账法下的账户结构，负债的增加通过账户的贷方反映，所有者权益的减少通过账户的借方反映。最后确定，借记“盈余公积”100 000元，贷记“应付股利”100 000元。该业务导致等式右边的负债及所有者权益类项目之间有增有减。

登记入账结果如图4–14所示。

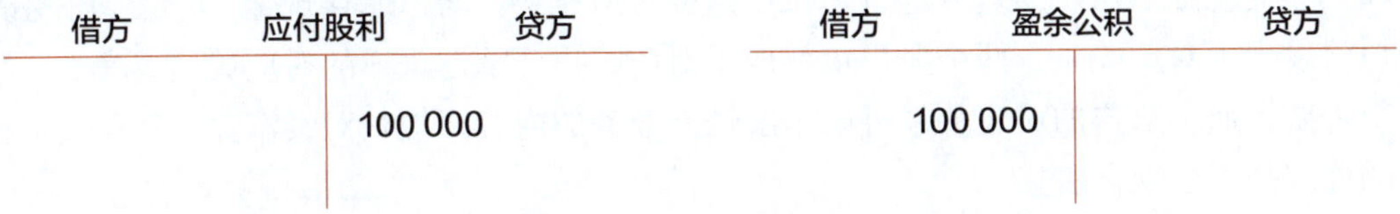

图4–14　负债与所有者权益以相等金额此增彼减类型

以上举例，已经基本概括了企业的所有业务类型，而无论哪种类型的经济业务，都是以相等的金额同时记入有关账户的借方和另一账户的贷方。这样就可以归纳出借贷记账法的记账规则为“有借必有贷，借贷必相等”。

当一笔经济业务涉及一个账户的借方和几个账户的贷方时，那么就应该使账户的借方金额等于其他几个账户贷方的金额之和，使借贷两方的金额相等。反过来，一笔经济业务涉及一个账户的贷方和几个账户的借方时，也应该使该账户贷方的金额与其他几个账户借方的金额之和相等。

【例4–10】阳光公司购入原材料一批，价格80 000元，以银行存款支付30 000元，余款尚未支付，材料已验收入库。

该经济业务，所涉及的账户有资产类账户中的“原材料”和“银行存款”账户，负债类账户中的“应付账款”账户。原材料增加80 000元，银行存款减少30 000元，应付账款增加50 000元，其中“原材料”和“银行存款”账户属于资产类账户，“原材料”账户增加，应记入借方；“银行存款”账户减少，应记入贷方；“应付账款”账户增加，应记入贷方。最后确定，借记原材料80 000元，贷记银行存款80 000元，应付账款50 000元，借贷两方金额相等。

登记入账结果如图4–15所示。

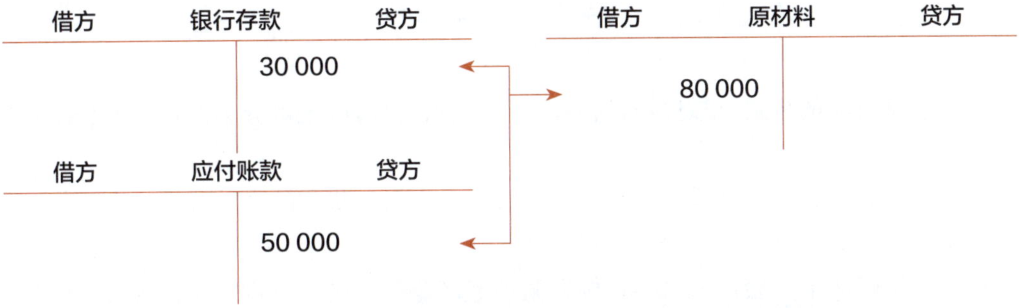

图4–15　复杂经济业务下账户以相等金额此增彼减类型

（四）借贷记账法下的账户对应关系和会计分录

1. 账户的对应关系

从以上举例可以看出，在运用借贷记账法进行核算时，在有关账户之间存在着应借、应贷的相互关系，账户之间的这种相互关系称为账户的对应关系。存在对应关系的账户称为对应账户。

账户对应关系和会计分录

例如，用库存现金50 000元购买原材料，就要在“原材料”账户的借方和“库存现金”账户的贷方进行记录。这样“原材料”与“库存现金”账户就发生了对应关系，两个账户也就成了对应账户。掌握账户的对应关系很重要，通过账户的对应关系可以了解经济业务的内容，检查对经济业务的处理是否合理合法。

2. 会计分录

（1）会计分录的含义。在实务工作中，为了保证会计科目记录的正确性和便于事后检查，在把经济业务计入会计科目之前，要采用一种专门的方法来确定各项经济业务正确的会计科目对应关系，即确定经济业务涉及的会计科目及其借贷方向和金额。这种方法就是编制会计分录。

所谓会计分录，是指对某项经济业务事项标明其应借应贷会计科目及其金额的记录，简称分录。会计分录的书写格式通常是“借”在上，“贷”在下，每一会计科目占一行，“借”“贷”前后错位表示，示例如下（假设不考虑增值税）。

借：原材料　　　　20 000

　贷：银行存款　　　　20 000

在我国，会计分录记载于记账凭证中，如图4-16所示。

记账凭证

2022年3月7日

记字第1号

附件1张

摘要	一级科目	二级或明细科目	借方金额	贷方金额	记账“√”
支付材料款	原材料	甲材料	20 000		√
	银行存款			20 000	√
合计			20 000	20 000	

会计主管×××　　记账×××　　出纳×××　　审核×××　　填制×××

图4-16　记账凭证示例

（2）会计分录的分类。按照所涉及账户的多少，会计分录可分为简单会计分录和复合会计分录。

简单会计分录，是指涉及一个科目借方和另一个科目贷方的会计分录，即一借一贷的会计分录。这种分录，其科目对应关系一目了然。

在借贷记账法下，会计分录是指标明某项经济业务应借、应贷方向，科目名称和金额的记录。【例4-1】至【例4-9】经济业务事项涉及的会计分录都是简单会计分录。它们对应的会计分录表示为：

【例4-1】借：银行存款　　1 000 000
　　贷：实收资本　　1 000 000

【例4-2】借：原材料　　250 000
　　贷：应付账款　　250 000

【例4-3】借：应付账款　　250 000
　　贷：银行存款　　250 000

【例4-4】借：实收资本　　50 000
　　贷：银行存款　　50 000

【例4-5】借：固定资产　　80 000
　　贷：银行存款　　80 000

【例4-6】借：应付账款　　100 000
　　贷：应付票据　　100 000

【例4-7】借：资本公积　　200 000
　　贷：实收资本　　200 000

【例4-8】借：应付债券　　10 000
　　贷：实收资本　　10 000

【例4-9】借：盈余公积　　100 000
　　贷：应付股利　　100 000

复合会计分录，是指经济业务发生以后，需在三个或三个以上对应科目中记录其相互变化情况的会计分录。复合会计分录可分为“一借多贷”或“一贷多借”，如果一项经济业务涉及多借多贷的科目，为全面反映此项经济业务，也可编制“多借多贷”的复合会计分录，但不允许把不同类型的经济业务合并编制“多借多贷”的复合会计分录。

前述【例4-10】经济业务事项涉及的会计分录就是复合会计分录，其对应的会计分录为：

借：原材料　　80 000
　贷：银行存款　　30 000
　　应付账款　　50 000

我们可以把其分解为以下两个简单会计分录：

借：原材料　　30 000
　贷：银行存款　　30 000

借：原材料　　50 000
　贷：应付账款　　50 000

（3）会计分录的编制步骤。

第一，分析经济业务事项涉及的是资产（或成本、费用）还是权益（或收入）。

第二，根据经济业务引起的会计要素的增减变化，确定涉及哪些会计科目，是增加还是减少。

第三，根据会计科目的性质和会计科目结构，确定记入哪个（或哪些）会计科目的借方、哪个（或哪些）会计科目的贷方。

第四，根据借贷记账法的记账规则，确定应借应贷会计科目是否正确，借贷金额是否相等。

（五）借贷记账法下的试算平衡

1. 试算平衡的含义

企业对日常发生的经济业务都要记入有关账户，内容庞杂，次数繁多，记账稍有疏忽，便有可能发生差错。因此，对全部账户的记录必须定期进行试算，借以验证账户记录是否正确。所谓试算平衡是指根据会计恒等式“资产 = 负债 + 所有者权益”以及借贷记账法的记账规则，通过汇总、检查和验算确定所有账户记录是否正确的过程，即根据借贷记账法的记账规则和资产与权益的恒等关系，通过对所有账户的发生额和余额的汇总计算和比较，来检查记录是否正确的一种方法。

2. 试算平衡的分类

（1）发生额试算平衡。发生额试算平衡是根据本期所有会计科目借方发生额合计与贷方发生额合计的恒等关系，检验本期发生额记录是否正确的方法。

在借贷记账法下，由于对任何经济业务都是根据“有借必有贷，借贷必相等”的记账规则记账，全部账户本期借方发生额合计与全部账户本期贷方发生额合计保持平衡。

发生额试算平衡包括两方面的内容：一是每笔会计分录的发生额平衡，即每笔会计分录的借方发生额必须等于贷方发生额，这是由借贷记账法的记账规则决定的；二是本期发生额的平衡，即本期所有账户的借方发生额合计必须等于所有账户的贷方发生额合计。因为本期所有账户的借方发生额合计，相当于把复式记账的借方发生额相加；所有账户的贷方发生额合计，相当于把复式记账的贷方发生额相加，二者必然相等。这种平衡关系用公式表示为：

本期全部账户借方发生额合计 = 本期全部账户贷方发生额合计

发生额试算平衡是根据上面两种发生额平衡关系来检验本期发生额记录是否正确的方法。在实际工作中，本项工作是通过编制发生额试算平衡表进行的。

（2）余额试算平衡。余额试算平衡是指所有账户的借方余额之和与所有账户的贷方余额之和相等。余额试算平衡就是根据此恒等关系来检验本期记录是否正确的方法。这是由“资产 = 负债 + 所有者权益”的恒等关系决定的。在某一时点上，有借方余额的账户应是资产类账户，有贷方余额的账户应是权益类账户，分别合计其金额，即具有相等关系的资产与权益总额。根据余额的时间不同，可分为期初余额平衡和期末余额平衡。

全部账户借方期末（初）余额合计 = 全部账户贷方期末（初）余额合计

本期的期末余额平衡，结转到下一期，就成为下一期的期初余额平衡。这种关系也可用下列公式表示：

本期期末资产借方余额 = 本期期末负债贷方余额 + 本期期末所有者权益贷方余额

本期期末全部账户的借方余额合计 = 本期期末全部账户的贷方余额合计

3. 试算平衡表的编制

试算平衡是通过编制试算平衡表进行的。试算平衡表通常是在期末结出各账户的本期发生额合计和期末余额后编制的，试算平衡表中一般应设置“期初余额”“本期发生额”和“期末余额”三大栏目，其下分设“借方”和“贷方”两个小栏（表4-5）。各大栏中的借方合计与贷方合计应该平衡相等，否则，便存在记账错误。为了简化表格，试算平衡表也可以只根据各个账户的本期发生额编制，不填列各账户的期初余额和期末余额。

表4-5　　试算平衡表

账户名称	期初余额		本期发生额		期末余额	
	借方	贷方	借方	贷方	借方	贷方
银行存款						
应收账款						
…						
…						
…						
实收资本						
利润分配						
合计						

试算平衡表只是通过借贷金额是否平衡来检查账户记录是否正确，而有些错误对于借贷双方的平衡并不发生影响。因此，在编制试算平衡表时对以下问题应引起注意。

（1）必须保证所有账户的余额均已记入试算平衡表。因为会计等式是对六项会计要素整体而言的，缺少任何一个账户的余额，都会造成期初或期末借方与贷方余额合计不相等。

（2）如果借贷不平衡，肯定账户记录有错误，应认真查找，直到实现平衡为止。

（3）如果借贷平衡，并不能说明账户记录绝对正确，因为有些错误对于借贷双方的平衡并不发生影响。例如：

①漏记某项经济业务，将使本期借贷双方的发生额减少，借贷仍然平衡。

②重记某项经济业务，将使本期借贷双方的发生额发生等额虚增，借贷仍然平衡。

③某项经济业务记错有关账户，借贷仍然平衡。

④某项经济业务在会计科目记录中颠倒了记账方向，借贷仍然平衡。

⑤借方或贷方发生额中，偶然一多一少并相互抵消，借贷仍然平衡。

⑥某项经济业务记录的应借应贷科目正确，但借贷双方金额同时多记或少记，且金额一致，借贷仍然平衡。

下面我们通过例题来说明如何编制发生额试算平衡表与余额试算平衡表。

【例4-11】承【例4-1】至【例4-9】，阳光公司发生的9笔经济业务，可以编制如表4-6所示的发生额试算平衡表。

表4-6 本期发生额试算平衡表

2022年3月31日 单位：元

账户名称	发生额	
	借方	贷方
银行存款	①1 000 000	③250 000 ④50 000 ⑤80 000
原材料	②250 000	
固定资产	⑤80 000	
应付票据		⑥100 000
应付账款	③250 000 ⑥100 000	②250 000
应付债券	⑧10 000	
应付股利		⑨100 000
实收资本	④50 000	①1 000 000 ⑦200 000 ⑧10 000
资本公积	⑦200 000	
盈余公积	⑨100 000	
合计	2 040 000	2 040 000

【例4-12】承【例4-1】至【例4-9】，假定阳光公司3月有关账户的期初余额如表4-7所示。根据表4-6、表4-7和前述9笔经济业务，可以编制如表4-8所示的余额试算平衡表。

表4-7 阳光公司2022年3月份期初余额 单位：元

资产	金额	负债和所有者权益	金额
库存现金	2 000	应付票据	300 000
银行存款	98 000	应付账款	200 000
应收账款	160 000	应付股利	80 000
原材料	450 000	应付债券	10 000
固定资产	900 000	实收资本	360 000
		资本公积	260 000
		盈余公积	400 000
合计	1 610 000	合计	1 610 000

表4-8 阳光公司2022年3月份余额试算平衡表 单位：元

会计科目	期初余额		本期发生额		期末余额	
	借方	贷方	借方	贷方	借方	贷方
库存现金	2 000				2 000	
银行存款	98 000		1 000 000	380 000	718 000	
应收账款	160 000				160 000	
原材料	450 000		250 000		700 000	
固定资产	900 000		80 000		980 000	
应付票据		300 000		100 000		400 000
应付账款		200 000	350 000	250 000		100 000
应付股利		80 000		100 000		180 000
应付债券		10 000	10 000			0
实收资本		360 000	50 000	1 210 000		1 520 000
资本公积		260 000	200 000			60 000
盈余公积		400 000	100 000			300 000
合计	1 610 000	1 610 000	2 040 000	2 040 000	2 560 000	2 560 000

推荐阅读

1. 财政部发布的《企业会计准则——基本准则》
2. 财政部发布的《会计准则应用指南——会计科目》

项目小结

- 会计账户与记账方法
  - 会计科目与会计账户
    - 会计科目的概念与分类
    - 会计科目的设置
    - 账户的概念与分类
    - 账户的功能与结构
    - 账户与会计科目的关系
  - 会计记账方法
    - 会计记账方法的种类
    - 借贷记账法
      - 借贷记账法的概念
      - 借贷记账法下账户的结构
      - 借贷记账法的记账规则
      - 借贷记账法下的账户对应关系和会计分录
      - 借贷记账法下的试算平衡

项目五

借贷记账法下主要经济业务的账务处理

德育微课堂

行业巨星陨落，因财务造假被罚

2022年2月14日，证监会开出2022年第一张罚款单，此次罚款的领受人是我国化肥行业龙头某企业。处罚函显示，昔日某省的肥料大王某企业被罚款150万元，以董事长万某为首的参与造假的7名公司高管被罚款共计605万元，并被处以市场禁入措施。

而受罚的原因是该企业通过与供应商、客户等外部单位通过虚构合同，空转资金，开展虚假贸易业务等财务欺诈行为虚增收入。2015年至2018年上半年，累计虚增收入230.73亿元，虚增利润近20亿元。

从2016年到2021年，该企业的财务造假事件被隐藏了六年。如今一朝暴露，在股价暴跌、涉嫌虚假交易、伪造业绩、股东巨额占款等一系列问题面前，该企业面临的不仅仅是退市风险，这一出影响大且恶劣的造假事件也让万某的影响跌到了谷底。由此可见，在企业层面，需要打造诚实守信的企业文化。人无信不立，业无信不兴。诚实守信的经营带来的是顾客的忠诚，是长久的利益。在会计人员个人层面，要提升自身的道德修养，加强自身的专业胜任能力。

（改编自央广网站）

学习目标

1. 知识目标

（1）了解企业资金筹集的渠道。

（2）了解固定资产的概念与特征，理解固定资产的确认原则及固定资产计提折旧的范围、方法。

（3）理解与原材料核算相关的账户及产品成本的内容；理解材料费用、制造费用的归集与分配；理解应付职工薪酬的确认原则；理解完工产品生产成本的计算与结转。

（4）理解收入的确认和计量及其相对应的成本的确认和计量，理解税金及附加的确认和计量。

（5）了解期间费用的构成；理解管理费用、销售费用、财务费用的确认和计量。

（6）了解财务成果的概念和内容；熟记利润分配的顺序。

2. 技能目标

（1）掌握资金筹集业务，包括所有者权益筹资和负债筹资的会计核算。

（2）掌握企业购入不需要安装的固定资产及处置固定资产的会计处理。

（3）掌握企业购买、发出原材料和产品入库时的会计处理。

（4）掌握常见的增值税的账务处理以及短期借款的取得、计提利息、归还时的账务处理。

（5）掌握各种损益类账户的核算。

（6）掌握营业利润、利润总额、净利润和应纳所得税的计算公式。

3. 素质目标

（1）财会新政的不断出台，需要会计人员与时俱进地开展学习；培养学生不断更新知识，学习最新政策的能力。

（2）培养学生的家国情怀与担当意识。

情境案例

2022年5月1日韩远和他的两个朋友一起投资创建了幸福干洗公司。开业第1个月的交易事项如下所示：

1. 5月1日韩远和他的两个朋友共投入现金150 000元；
2. 5月2日用现金支付5月份店铺租金5 000元；
3. 5月3日韩远购买了洗衣机和烘干机，共计150 000元，其中100 000元用现金支付，剩下的50 000元用期限3个月、利息为8%的应付票据支付；
4. 5月6日用现金支付1年的事故保险费10 000元；
5. 5月16日韩远在当地报纸刊登广告，计划提高洗衣店的知名度，用现金支付广告费3 000元；
6. 5月31日公司洗衣收到现金30 000元。

思考探究

1. 以上这些经济业务是否都要进行会计核算？
2. 如果你是这家洗衣店的会计，你要如何做账？
3. 请你预计一下，这家洗衣店5月份的经营结果是盈利，还是亏损？

任务一 企业的主要经济业务

任务导航

企业是国民经济的细胞，是市场经济活动的主要参与者，是社会生产和流通的直接承担者。企业的主要经济业务是通过整合诸如资金、原材料、劳动力、生产工具等资源，向社会（包括其他企业、非企业组织和个人）提供产品和服务，并且从中获取利润。不同企业的经济业务各有特点，其生产经营业务流程也不尽相同，本书以制造型企业为例，讲述企业主要经济业务的核算。

任务解析

制造型企业（以下简称企业）的一个完整的经营过程包括生产准备过程、产品生产过程和产品销售过程。未进行生产经营，企业必须拥有一定量的资金，因此，企业需要通过资金筹集业务获取企业生产所需的资金。更进一步，企业是一个营利性的组织，其进行生产经营的目的是谋求利润，因此在一个生产经营周期结束的时候，需要计算利润并且按照一定的程序和标准进行利润的分配。这样，企业的主要经济业务就包括：筹集资金业务、生产准备业务（设备购置和材料采购）、产品生产业务、商品销售业务和利润计算及其分配五大业务环节。会计工作主要是针对这五个环节的资金运动进行的核算。

资金筹集业务是企业获取资金的过程，也是企业资产的早期形成过程，根据前面项目介绍的“资产＝负债＋所有者权益”的会计等式可知，企业的资金筹集主要是吸收所有者向企业投入资金和企业向银行等金融机构借款这两种形式，这一环节取得的资金主要表现为货币资金。

企业完成资金筹集之后，就进入生产准备环节，即动用筹集来的货币资金购买机器设备和材料物资以形成企业的生产能力的过程，主要包括固定资产的购置业务和材料的采购业务。资金筹集业务取得的货币资金在这一环节转化为储备资金。

产品生产业务是形成产品实体的环节，也是生产经营过程的核心环节。在产品生产环节，企业需要雇用工人利用生产设备对材料物资进行加工，以生产顾客所需的产品，满足社会的需要。这一环节发生的与产品相关的变化体现在两方面：产品的实体形成和产品的价值形成。产品的实体形成主要表现在材料物资经过人工利用设备进行加工，逐渐改变其实物形态和功能结构，最终成为合格的产成品；产品的价值形成主要表现在生产过程中人工、材料和设备的消耗产生的成本、费用转换为产品的制造成本。这一环节的资金运动实质上是实物资金向生产资金转化的过程，即资金由生产准备环节进入生产环节。而在产品生产完工后，生产资金进一步转化为产品资金。

产品销售业务是企业产品价值的实现环节。企业通过对外销售产品并且收取销售货款来弥补前期的各种资源的消耗。一方面，产品实体流出表明企业前期的人工、材料、设备的消耗所形成的产品价值流出了企业；另一方面，货币资金的流入则是对产品价值流出进行的补偿。在这一环节，资金运动表现为成品资金通过销售实现再次转化为货币资金，并且在转化的过程中实现增值。

利润的形成与分配业务是综合测算企业经营成果并且对投资者进行补偿的业务环节。在这一业务环节中，资金运动主要表现为部分资金通过利润分配退出企业，而剩余部分资金则会继续进入下一个资金循环过程。

针对企业生产经营过程中发生的上述经济业务，账务处理的主要内容包括：

（1）资金筹集业务的账务处理。

（2）固定资产业务的账务处理。

（3）材料采购业务的账务处理。

（4）生产业务的账务处理。

（5）销售业务的账务处理。

（6）期间费用的账务处理。

（7）利润形成与分配业务的账务处理。

任务二 资金筹集业务的账务处理

资金筹集业务的账务处理

任务导航

资金筹集是企业进行生产经营活动的前提条件，也是资金运动的起点。阳光公司进行生产经营活动，必须拥有一定数量的资金，这是进行生产经营的必要条件。企业的资金筹集业务按其资金来源通常分为所有者权益筹资和负债筹资。所有者权益筹资形成所有者权益（通常称为权益资本），包括投资者的投资及其增值，这部分资本的所有者既享有企业的经营收益，也承担企业的经营风险；负债筹资形成债权人的权益（通常称为债务资本），主要包括企业向债权人借入的资金和结算形成的负债资金等，这部分资本的所有者享有按约收回本金和利息的权利。不论哪种渠道的筹资活动，都应加强管理和核算，降低筹资成本，提高企业经济效益。

任务解析

一、所有者权益筹资业务

（一）所有者投入资本的构成

所有者投入的资本主要包括实收资本（或股本）和资本公积。

实收资本（或股本），是指企业按照章程规定或合同、协议约定，接受投资者投入企业的资本。对股份有限公司而言，实收资本又称为股本。

根据我国《公司法》等法律法规的规定，投资者可以用货币资产出资，也可以用实物、知识产权、土地使用权等可以用货币估价并可以依法转让的非货币财产作价出资；但是，法律、行政法规规定不得作为出资的财产除外。

资本公积，是企业收到投资者出资额超过其在企业注册资本（或股本）中所占份额的部分，以及其他资本公积等。

小贴士

之所以会产生超出投资者在企业注册资本（或股本）中所占份额的投资，一方面是由于企业初创时投入资金所承担的风险更高，时间更长，获利能力也更低。相同数量的投资，由于出资时间不同，对企业的影响不同，由此给投资者带来的权利也不同，一般早期出资带给投资者的权利要大于后期出资带给投资者的权利。另一方面，由于原投资者的初始投资在企业经营过程中实现的利润的一部分留在企业，形成留存收益，属于所有者共同所有，并未转入实收资本。新加入的投资者如与原来的投资者共享该部分留存收益，也必然要求其付出大于原有投资者的出资额，才能取得与原有投资者相同的比例。

资本公积作为企业所有者权益的重要组成部分，主要用于转增资本。

（二）账户设置

1.“实收资本”账户

“实收资本”账户属于所有者权益类，用来核算企业接受投资者投入的资本。该账户贷方登记所有者投入企业资本金的增加额或以资本公积、盈余公积转增资本的数额，其借方登记投入企业资本金的减少，期末余额在贷方，表明期末所有者投资的实有数额。

该账户可按投资者的不同设置明细账户，进行明细核算。

2.“资本公积”账户

“资本公积”账户属于所有者权益类，用来核算企业收到投资者出资超过其在注册资本（或股本）中所占份额的部分；直接计入所有者权益的利得和损失，也通过本账户核算。

该账户贷方登记资本公积的增加额，借方登记资本公积的减少额，期末余额在贷方，反映企业期末的资本公积结余额。

该账户可按资本公积的来源不同，设置“资本溢价（股本溢价）”“其他资本公积”两个明细账户，进行明细核算。

3. “银行存款”账户

“银行存款”账户属于资产类账户，用以核算企业存入银行或其他金融机构的各种款项，但是银行汇票存款、银行本票存款、信用证保证金存款、存出投资款、外埠存款等，通过“其他货币资金”账户核算。

该账户借方登记存入的款项，贷方登记提取或支出的存款。期末余额在借方，反映企业存在银行或其他金融机构的各种款项。

该账户按照开户银行、存款种类分别进行明细核算。

4. “库存现金”账户

“库存现金”账户属于资产类账户，用以核算存放于企业财会部门、由出纳人员经管的现金。

该账户借方登记企业增加的库存现金，贷方登记企业减少的库存现金。期末余额在借方，反映企业持有的库存现金。

（三）账务处理

1. 接受现金资产投资的账务处理

企业接受现金资产投资时，应以实际收到的金额或存入企业开户银行的金额，借记“银行存款”等账户，按投资合同或协议约定的投资者在企业注册资本中所占份额的部分，贷记“实收资本”账户，企业实际收到或存入开户银行的金额超过投资者在企业注册资本中所占份额的部分，贷记“资本公积——资本溢价”账户。

【例5-1】阳光公司为增值税一般纳税人，2022年11月1日，公司接受投资者A、B、C三方的出资组建公司，公司的注册资本为500万元，三方的出资比例分别为50%、30%、20%。三方的投资款于2022年11月1日全部收到并存入建设银行，相关的会计分录如下：

借：银行存款——建设银行	5 000 000	
贷：实收资本——A		2 500 000
——B		1 500 000
——C		1 000 000

【例5-2】阳光公司为增值税一般纳税人，经过三年的经营，公司经营走上正轨。这时又有D投资者有意加入该企业，并愿意出资500 000元，其中400 000元作为实收资本，另100 000元作为资本公积，公司收到该投资者投资后存入银行，其他手续已经办妥。

此项投资业务中属于法定份额部分应计入实收资本，超过部分作为资本公积。该公司应编制会计分录如下：

借：银行存款	500 000	
贷：实收资本——D		400 000
资本公积——资本溢价		100 000

2. 接受非现金资产投资的账务处理

企业接受非现金资产投资时，应按投资合同或协议约定价值确定非现金资产价值，但投资合同或协议约定价值不公允的除外。

企业接受投资者投入的原材料、固定资产、无形资产等非现金资产，按照确定的价值，借记“原材料”“固定资产”“无形资产”等账户，按照可以抵扣的增值税进项税额，借记“应交税费——应交增值税额（进项税额）”账户，按其在注册资本中所占份额，贷记“实收资本”账户，按其差额，贷记“资本公积——资本溢价”账户。

【例5-3】阳光公司为增值税一般纳税人，2022年11月1日，公司接受三星公司投资，三星公司投资A设备一台，该设备的原账面价值50万元，已计提折旧10万元，双方经协商确认该设备的现有价值为360 000元，有关设备的移交手续已办妥，相关的会计分录如下：

借：固定资产——A设备　　360 000

　贷：实收资本——三星公司　　360 000

【例5-4】阳光公司为增值税一般纳税人，2022年11月1日，公司接受北方公司投资，北方公司以一块土地使用权和原材料作为投资，双方协商确认土地使用权的价值为1 500 000元，原材料的价值为500 000元，已办妥各种手续。相关的会计分录如下：

借：无形资产　　1 500 000

　　原材料　　500 000

　贷：实收资本——北方公司　　2 000 000

知识链接

无形资产，是指企业拥有或者控制的没有实物形态的可辨认非货币性资产。无形资产主要包括专利权、非专利技术、商标权、著作权、土地使用权和特许权等。

商誉的存在无法与企业自身分离，不具有可辨认性，因此不属于无形资产。

“无形资产”账户核算企业持有的无形资产成本，属于资产类账户。借方登记企业购入、自行开发或通过其他途径取得的无形资产成本；贷方登记企业处置无形资产时转出的账面余额；期末余额在借方，表示企业持有的无形资产的成本。本账户可按无形资产项目进行明细核算。

3. 实收资本的减少

企业按法定程序报经批准返还投资者投资时，按实际返还金额借记“实收资本”账户，贷记“库存现金”“银行存款”等账户。

【例5-5】承【例5-1】两年后，经批准，投资者A从阳光公司退出。阳光公司按照过去的实际出资将250万元银行存款退还给投资者A。不考虑其他因素，阳光公司的会计分录为：

借：实收资本——A　　2 500 000

　贷：银行存款　　2 500 000

二、负债筹资业务

与所有者权益筹资业务相比，负债筹资业务筹集的资金具有使用上的时间性，需要到期偿还，并且需要承担有固定支付债务利息的义务，但其筹资成本一般比所有者权益筹资的成本低，并且不会分散投资者对企业的控制权。

（一）负债筹资的构成

负债筹资主要包括短期借款、长期借款以及结算形成的负债。

1. 短期借款

短期借款是指企业向银行或其他金融机构等借入的期限在1年以下（含1年）的各种借款。

短期借款主要是满足企业生产经营的临时性需求或者为了抵偿某项债务而借入。短期借款必须按时归还本金并支付利息。短期借款的利息支出属于企业在财务管理中因筹措资金而发生的一项耗费，在会计核算中应将其作为财务费用加以确认。

小贴士

短期借款利息的计算公式为：

短期借款利息=借款本金×利率×时间

由于借款合同所规定的利率一般为年利率，而借款利息往往要求按月支付，因此在计算利息费用时，应首先使利率与时间的单位一致，即如果时间按月计算，则利率应该调整为月利率；如果时间按天计算，则利率应该调整为日利率。在会计上为简化起见，一个月按30天计算，一年按360天计算。

2. 长期借款

长期借款是指企业向银行或其他金融机构借入的期限在1年以上（不含1年）的各种借款，一般用于固定资产的购建、扩建工程、大修理工程、对外投资以及为了保持长期经营能力等方面。

长期借款计算确定的利息费用，属于筹建期间的，计入管理费用；属于生产经营期间的，计入财务费用。

如果长期借款用于购建固定资产等符合资本化条件的，在资产尚未达到预定可使用状态前的利息支出，计入在建工程等相关资产成本；若达到预定可使用状态后发生的利息支出，以及按规定不予资本化的利息支出，计入财务费用。

3. 结算形成的负债

结算形成的负债主要有应付账款、应付职工薪酬、应交税费等。应付账款是因赊销商品形成的商业信用形式。在此种形式下，买卖双方发生商品交易，买方收到商品后，不立即支付现金，可延期到一定时期以后付款。应付职工薪酬、应交税费、应付利润等项目是企业受益在前，费用支付在后，支付期延迟于发生期，相当于享受了收款方的借款，在一定程度上缓解了企业的资金需要。因此，结算形成的负债客观上也成为企业筹集资金的来源之一。

（二）账户设置

企业通常设置以下账户对负债筹资业务进行会计核算。

1. “短期借款”账户

“短期借款”账户属于负债类账户，用以核算企业的短期借款。该账户贷方登记短期借款本金的增加额，借方登记短期借款本金的减少额。期末余额在贷方，反映企业期末尚未归还的短期借款。

该账户可按借款种类、贷款人和币种进行明细核算。

2. “长期借款”账户

“长期借款”账户，核算长期借款的借入、归还等情况。该账户的贷方登记长期借款本息的增加额，借方登记本息的减少额，贷方余额表示企业尚未偿还的长期借款。

该账户可按照贷款单位和贷款种类设置明细账，分别设“本金”“利息调整”“应计利息”等进行明细核算。

3. “应付利息”账户

“应付利息”账户属于负债类账户，用以核算企业按照合同约定应支付的利息，包括预提短期借款利息、分期付息到期还本的长期借款、企业债券等应支付的利息。

该账户贷方登记企业按合同利率计算确定的应付未付利息，借方登记归还的利息。期末余额在贷方，反映企业应付未付的利息。

该账户可按存款人或债权人进行明细核算。

4. “财务费用”账户

“财务费用”账户属于损益类账户，用以核算企业为筹集生产经营所需资金等而发生的筹资费用，包括利息支出（减利息收入）、汇兑损益以及相关的手续费等。

该账户的借方登记企业发生的各项手续费、利息费用的增加额，贷方登记冲减财务费用的利息收入、期末结转入本年利润的财务费用等。结转后该账户应无余额。

该账户应按财务费用的费用项目进行明细核算。

（三）账务处理

1. 短期借款的账务处理

（1）取得短期借款。企业取得短期借款时，借记“银行存款”账户，贷记“短期借款”账户。

（2）发生短期借款利息。企业借入短期借款应支付利息。在实际工作中，如果短期借款利息是按期支付的，比如按季度支付利息，或者利息是在借款到期时连同本金一起归还，并且其数额较大的，企业于月末应采用预提方式进行短期借款利息的核算。

短期借款利息属于企业的筹资费用，应当在发生时作为财务费用直接计入当期损益。在资产负债表日，企业应当按照计算确定的短期借款利息费用，借记“财务费用”账户，贷记“应付利息”账户；实际支付利息时，借记“应付利息”账户，贷记“银行存款”或“库存现金”账户。

如果企业的短期借款利息按月支付，或者在借款到期时连同本金一起归还，数额不大的可以不采用预提的方法，而在实际支付或收到银行的计息通知时，直接计入当期损益，借记“财务费用”账户，贷记“银行存款”账户。

（3）归还短期借款。短期借款到期偿还本金时，企业应借记“短期借款”账户，贷记“银行存款”账户。如果在借款到期时连同本金一起归还利息的，企业应将归还的利息通过“应付利息”或“财务费用”账户核算。

【例5-6】阳光公司为增值税一般纳税人，2022年1月1日，公司借入一笔短期借款，共计200 000元，期限6个月，年利率6%，该借款的本金到期后一次归还，利息分月预提，按季支付。会计分录如下：

借入时：

借：银行存款　200 000

　贷：短期借款　200 000

月末，计提1月份应付利息：

借：财务费用　1 000

　贷：应付利息　1 000

本月应计提利息金额=200 000×6%/12＝1 000（元）

2月末计提2月份利息与1月份相同。

3月末支付第一季度银行借款利息：

借：财务费用　1 000

　　应付利息　2 000

　贷：银行存款　3 000

第二季度的会计处理同上。

7月1日到期归还本金：

借：短期借款　200 000

　贷：银行存款　200 000

2. 长期借款的账务处理

（1）取得长期借款。企业借入长期借款，应按实际收到的金额借记“银行存款”账户，按借款本金贷记“长期借款——本金”账户，如存在差额，还应借记“长期借款——利息调整”账户。

（2）发生长期借款利息。资产负债表日，应按确定的长期借款的利息费用，借记“在建工程”“制造费用”“财务费用”“研发支出”等账户，按确定的应付未付利息，贷记“应付利息”或者“长期借款——应计利息”账户。

（3）归还长期借款。长期借款到期偿还本金时，应按归还的金额，企业应借记“长期借款——本金”账户，贷记“银行存款”账户。按归还的利息，借记“应付利息”或“长期借款——应计利息”账户，贷记“银行存款”账户。

【例5-7】阳光公司为增值税一般纳税人，于2022年11月30日从银行借入资金4 000 000元，借款期限为3年，年利率为8.4%（到期一次还本付息，不计复利），所借款项已存入银行。阳光公司用该借款于当日购买不需安装的生产用设备一台。

（1）取得借款时。

借：银行存款　4 000 000

　贷：长期借款——本金　4 000 000

（2）2022年12月31日计提长期借款利息。

借：财务费用　28 000

　贷：长期借款——应计利息　28 000

2022年12月31日计提的长期借款利息＝4 000 000 × 8.4% ÷ 12＝28 000（元）

2023年1月至2025年10月月末计提利息分录同上。

（3）2025年11月30日，企业偿还该笔银行借款本息。

借：长期借款——本金	4 000 000	
——应计利息	980 000	
财务费用	28 000	
贷：银行存款		5 008 000

任务三 固定资产业务的账务处理

固定资产业务的账务处理

任务导航

企业完成资金筹集之后，就进入生产准备环节，即动用筹集来的货币资金购买机器设备和材料物资以形成企业的生产能力的过程，主要包括固定资产的购置业务和材料的采购业务。资金筹集业务取得的货币资金在这一环节转化为储备资金。我们在这里首先介绍固定资产的相关概念及账务处理。

任务解析

一、固定资产的概念与特征

固定资产是指为生产商品、提供劳务或经营管理而持有的、使用寿命超过一个会计年度的有形资产，包括房屋、建筑物、机器、设备等。

固定资产同时具有以下特征：

（1）固定资产属于一种有形资产。这一特征将固定资产与无形资产区分开来。

（2）固定资产是为生产商品、提供劳务、出租或者经营管理而持有，其中出租是指以经营租赁方式出租的机器设备等，不像存货是为了对外出售。这一特征是固定资产区别于存货等流动资产的重要标志。

（3）固定资产的使用寿命超过一个会计年度。这一特征表明企业固定资产属于非流动资产，其给企业带来的收益期超过一年，能在一年以上的时间里为企业创造经济利益。

知识链接

企业应根据不同的管理需要和核算要求，采用不同的分类标准对固定资产进行分类，主要有以下几种分类方法。

1. 按经济用途分类

按固定资产的经济用途分类，可分为生产经营用固定资产和非生产经营用固定资产。

生产经营用固定资产，是指直接服务于企业生产、经营过程的各种固定资产，如生产经营用的房屋、建筑物、机器、设备、器具、工具等。

非生产经营用固定资产，是指不直接服务于生产、经营过程的各种固定资产，如职工宿舍等使用的房屋、设备和其他固定资产等。

2. 综合分类

按固定资产的经济用途和使用情况等综合分类，可把企业的固定资产划分为七大类：

（1）生产经营用固定资产。

（2）非生产经营用固定资产。

（3）租出固定资产（指在经营租赁方式下出租给外单位使用的固定资产）。

（4）不需用固定资产。

（5）未使用固定资产。

（6）土地（指过去已经估价单独入账的土地。因征地而支付的补偿费，应计入与土地有关的房屋、建筑物的价值内，不单独作为土地价值入账。企业取得的土地使用权，应作为无形资产管理，不作为固定资产管理）。

（7）租入固定资产（指企业除短期租赁和低价值资产租赁租入的固定资产，该资产在租赁期内，应作为使用权资产进行核算和管理）。

由于企业的经营性质、经营规模不同，对固定资产的分类不可能完全一致。在实际工作中，企业大多采用综合分类的方法作为编制固定资产目录、进行固定资产核算的依据。

二、固定资产的成本

企业可以通过外购、自行建造、投资者投入、非货币性资产交换、债务重组、企业合并等方式取得固定资产。

外购的固定资产应按其取得时的实际成本作为入账的价值，取得时的成本包括买价、相关税费、为使固定资产达到预定可使用状态前所必要的可归属于该项资产的运输费、装卸费、安装费和专业人员的服务费等。其中，相关税费不包括按照现行增值税制度规定，可以从销项税中抵扣的增值税进项税额。

三、固定资产业务的账户设置

企业通常设置以下账户对固定资产业务进行会计核算。

1. “在建工程”账户

“在建工程”账户属于资产类账户，用以核算企业基建、更新改造等在建工程发生的支出。该账户借方登记企业各项在建工程的实际支出，贷方登记工程达到预定可使用状态时转出的成本等。期末余额在借方，反映企业期末尚未达到预定可使用状态的在建工程的成本。

2. “工程物资”账户

“工程物资”账户属于资产类账户，用以核算企业为在建工程准备的各种物资的成本，也包括工程用材料、尚未安装的设备以及为生产准备的工器具等。

该账户借方登记企业购入工程物资的成本，贷方登记领用工程物资的成本。期末余额在借方，反映企业期末为在建工程准备的各种物资的成本。

3. “固定资产”账户

“固定资产”账户属于资产类账户，用以核算企业持有的固定资产原价。

该账户的借方登记固定资产原价的增加，贷方登记固定资产原价的减少。期末余额在借方，反映企业期末固定资产的原价。

该账户可按固定资产类别或项目进行明细核算。

4. “累计折旧”账户

“累计折旧”账户属于资产类的备抵调整账户，用以核算企业固定资产计提的累计折旧。

该账户贷方登记企业计提的固定资产折旧额，即累计折旧的增加额，借方登记因减少固定资产而转出的累计折旧。期末余额在贷方，反映期末固定资产的累计折旧额。

四、固定资产的折旧

（一）固定资产折旧概述

固定资产折旧是指在固定资产使用寿命内，按照确定的方法对应计折旧额进行系统分摊。其中，应计折旧额指应当计提折旧的固定资产的原价扣除其预计净残值后的金额。已计提减值准备的固定资产，还应当扣除已计提的固定资产减值准备累计金额。

1. 影响固定资产折旧的因素

（1）固定资产原价，是指固定资产的成本。

（2）预计净残值，是指假定固定资产预计使用寿命已满并处于使用寿命终了时的预期状态，企业目前从该项资产处置中获得的扣除预计处置费用后的金额。

（3）固定资产减值准备，是指固定资产已计提的固定资产减值准备累计金额。

（4）固定资产的预计使用寿命，是指企业使用固定资产的预计期间，或者该固定资产所能生产产品或提供劳务的预计数量。企业确定固定资产使用寿命时，应当考虑下列因素：该项资产预计生产能力或实物产量；该项资产预计有形损耗，如设备使用中发生磨损、房屋建筑物受到自然侵蚀等；该项资产预计无形损耗，如因新技术的出现而使现有的资产技术水平相对陈旧、市场需求变化使产品过时等；法律或者类似规定对该项资产使用的限制。

小贴士

企业应当根据固定资产的性质和使用情况，合理确定固定资产的使用寿命和预计净残值。固定资产的使用寿命、预计净残值一经确定，不得随意变更。但企业至少应当于每年年度终了，对固定资产的使用寿命、预计净残值和折旧方法进行复核。使用寿命预计数与原先估计数有差异的，应当调整固定资产使用寿命；预计净残值与原先估计数有差异的，应当调整预计净残值；与固定资产有关的经济利益预期实现方式有重大改变的，应当改变固定资产折旧方法。固定资产使用寿命、预计净残值和折旧方法的改变应当作为会计估计变更。

2. 计提固定资产折旧的范围

除以下情况外，企业应当对所有固定资产计提折旧：

（1）已提足折旧仍继续使用的固定资产。

（2）单独计价入账的土地。

在确定计提折旧的范围时，还应注意以下几点：

（1）固定资产应当按月计提折旧，当月增加的固定资产，当月不计提折旧，从下月起计提折旧；当月减少的固定资产，当月仍计提折旧，从下月起不计提折旧。

（2）固定资产提足折旧后，不论能否继续使用，均不再计提折旧；提前报废的固定资产，也不再补提折旧。所谓提足折旧，是指已经提足该项固定资产的应计折旧额。

（3）已达到预定可使用状态但尚未办理竣工决算的固定资产，应按估计价值确定其成本，并计提折旧；待办理竣工决算后，再按实际成本调整原来的暂估价值，但不需要调整原已计提的折旧额。

（二）固定资产的折旧方法

企业可选择的折旧方法包括年限平均法、工作量法、年数总和法、双倍余额递减法等。折旧方法一经确定，不得随意变更。企业应当根据固定资产的性质和使用情况，合理确定其折旧年限和净残值，作为计提折旧的依据。本书仅介绍年限平均法和工作量法的具体运用。

1. 年限平均法

年限平均法也称直线法，是指以固定资产预计使用年限为分摊标准，将固定资产的应提折旧总额均衡地分摊到固定资产预计使用寿命内，采用这种折旧方法，各年折旧额相等，不受固定资产使用频率或生产量多少的影响。年限平均法计算折旧公式如下：

年折旧率 =（1 − 预计净残值率）÷ 预计使用寿命（年）× 100%

月折旧率 = 年折旧率 ÷ 12

月折旧额 = 固定资产原值 × 月折旧率

【例5-8】阳光公司的一台机器设备的原价为200 000元，预计可使用5年，预计报废时的净残值率为4%。该设备的月折旧额计算如下：

年折旧率 =（1−4%）÷ 5 × 100% = 19.2%

月折旧率 = 19.2% ÷ 12 = 1.6%

月折旧额 = 200 000 × 1.6% = 3 200（元）

2. 工作量法

工作量法，是根据实际工作量计算每期应提折旧额的一种方法。计算公式如下：

单位工作量折旧额 =［固定资产原价 ×（1 - 预计净残值率）］÷ 预计总工作量

某项固定资产月折旧额 = 该项固定资产当月工作量 × 单位工作量折旧额

【例5-9】阳光公司的一辆运货卡车的原价为600 000元，预计总行驶里程为500 000千米，预计报废时的净残值率为5%，本月行驶4 000千米。该辆汽车的月折旧额计算如下：

单位里程折旧额=600 000 ×（1-5%）/500 000=1.14（元/千米）

本月折旧额=4 000 × 1.14=4 560（元）

五、固定资产的账务处理

（一）固定资产购入

1. 企业购入不需要安装的固定资产

企业应按支付的购买价款、使固定资产达到预定可使用状态前所发生的可归属于该项资产的运输费、装卸费和专业人员服务费等，作为固定资产成本，借记"固定资产"账户，按照可以抵扣的增值税进项税额，借记"应交税费——应交增值税（进项税额）"账户，按照实际支付的金额，贷记"银行存款"等账户。

【例5-10】阳光公司为增值税一般纳税人，2022年12月18日，公司从A公司购入一台不需要安装就可以投入使用的生产设备，买价100 000元，增值税税额为13 000元，杂费1 500元，全部款项已用银行存款支付。

借：固定资产	101 500	
应交税费——应交增值税（进项税额）	13 000	
贷：银行存款		114 500

2. 企业购入需要安装的固定资产

企业应在购入固定资产成本的基础上加上安装调试成本等，作为固定资产的成本，借记"在建工程"账户，按购入固定资产时可抵扣的增值税进项税额，借记"应交税费——应交增值税（进项税额）"账户，贷记"银行存款"等账户。

按照发生的安装调试成本，借记"在建工程"账户，按取得的外部单位提供的增值税专用发票上注明的增值税进项税额，借记"应交税费——应交增值税（进项税额）"账户，贷记"银行存款"等账户。

安装完毕达到预定可使用状态时，按其实际成本，由"在建工程"账户转入"固定资产"账户，借记"固定资产"账户，贷记"在建工程"账户。

【例5-11】阳光公司为增值税一般纳税人，用银行存款购入一台需要安装的设备，增值税专用发票上注明的设备价款为300 000元，增值税税额为39 000元，支付运输费15 000元，支付安装费35 000元。阳光公司应编制如下会计分录：

（1）购入进行安装时。

借：在建工程	315 000	

　　应交税费——应交增值税（进项税额）　　39 000
　　贷：银行存款　　354 000

（2）支付安装费用时。

借：在建工程　　35 000
　　贷：银行存款　　35 000

（3）设备安装完毕达到预定可使用状态时。

借：固定资产　　350 000
　　贷：在建工程　　350 000

3. 企业以一笔款项购入多项没有单独标价的固定资产

应将各项资产单独确认为固定资产，并按各项固定资产公允价值的比例对总成本进行分配，分别确定各项固定资产的成本。

【例5-12】阳光公司为增值税一般纳税人，公司一次购进了三台不同型号且具有不同生产能力的设备A、B、C，共支付款项100 000 000元，增值税税额13 000 000元，包装费750 000元，全部以银行存款转账支付；假定设备A、B、C均满足固定资产的定义及确认条件，公允价值分别为45 000 000元、38 500 000元、16 500 000元；不考虑其他相关税费。

（1）确定应计入固定资产成本的金额，包括购买价款、包装费，即：

100 000 000+750 000=100 750 000（元）

（2）确定设备A、B、C的价值分配比例：

设备A应分配的固定资产价值比例=45 000 000÷（45 000 000+38 500 000+16 500 000）=45%

设备B应分配的固定资产价值比例=38 500 000÷（45 000 000+38 500 000+16 500 000）=38.5%

设备C应分配的固定资产价值比例=16 500 000÷（45 000 000+38 500 000+16 500 000）=16.5%

（3）确定设备A、B、C各自的成本：

设备A的成本=100 750 000×45%=45 337 500（元）

设备B的成本=100 750 000×38.5%=38 788 750（元）

设备C的成本=100 750 000×16.5%=16 623 750（元）

（4）阳光公司应编制如下会计分录：

借：固定资产——设备A　　45 337 500
　　　　　　——设备B　　38 788 750
　　　　　　——设备C　　16 623 750
　　应交税费——应交增值税（进项税额）　　13 000 000
　　贷：银行存款　　113 750 000

（二）固定资产的折旧

固定资产应当按月计提折旧，计提的折旧应当计入“累计折旧”账户，并根据用途计入相关资产的成本或者当期损益。例如，企业自行建造固定资产过程中使用的固定资产，计提的折旧应计入在建工程成本；基本生产车间所使用的固定资产，计提的折旧应计入制造费用；管理部门所使用的固定资产，计提的折旧应计入管理费用；销售部门所使用的固定资产，计提的折旧应计入销售费用；经营租出的固定资产，计提的折旧应计入其他业务成本。企业计提固定资产折旧时，借记“制造费用”“销售费用”“管理费用”等账户，贷记“累计折旧”账户。

【例5-13】阳光公司为增值税一般纳税人，公司采用年限平均法对固定资产计提折旧。2022年10月份根据“固定资产折旧计算表”，确定的各车间及部门应分配的折旧额为：一车间500 000元，二车间400 000元。企业管理部门60 000元，销售部门20 000元。应编制如下会计分录：

借：制造费用——一车间	500 000	
——二车间	400 000	
管理费用	60 000	
销售费用	20 000	
贷：累计折旧		980 000

任务四 材料采购业务的账务处理

材料采购业务的账务处理

任务导航

材料采购是企业进行生产准备的重要过程，采购形成的原材料是企业存货的重要内容之一，也是企业流动资产的重要组成部分。材料采购工作完成的质量直接影响到后续的生产过程。材料采购的核算主要包括材料采购成本的计量、材料验收入库的核算以及材料采购过程中产生的短期债务的核算。

任务解析

一、材料的采购成本

购入原材料的采购成本一般包括：采购价款、相关税费、运输费、装卸费、保险费以及其他可归属于存货采购成本的费用。

其中采购价款是指企业购入的材料或商品的发票账单上列明的价款，但不包括按规定可以抵扣的增值税进项税额。

相关税费，是指企业购买存货缴纳的进口关税、消费税、资源税和不能抵扣的增值税进项税额以及相应的教育费附加等。

其他可归属于存货采购成本的费用是指采购成本中除以上各项以外的可归属于存货采购的费用，如采购过程中发生的仓储费、包装费、运输途中的合理损耗、入库前的挑选整理费用（包括挑选整理过程中发生的工、费支出和挑选整理过程中所发生的数量损耗，并扣除回收的下脚废料价值）等。

知识链接

存货，是指企业在日常活动中持有以备出售的产品或商品、处在生产过程中的在产品、在生产过程或提供劳务过程中储备的材料或物料等。企业持有存货的最终目的是销售，包含可供直接销售的商品和需要进一步加工后销售的原材料、在产品等，以及在生产经营管理过程中使用的包装物和低值易耗品等。

思考探究

固定资产与存货有什么区别？

二、材料采购业务的账户设置

1. “原材料”账户

“原材料”账户属于资产类账户，用以核算企业库存各种材料的收入、发出与结存情况，该账户借方登记已验收入库材料的实际成本或计划成本，贷方登记发出材料的实际成本或计划成本。期末余额在借方，反映企业库存材料的计划成本或实际成本。

该账户可按材料的保管地点（仓库）、材料的类别、品种和规格等进行明细核算。

2. “在途物资”账户

“在途物资”账户属于资产类账户，用以核算企业采用实际成本（或进价）进行材料、商品等物资的日常核算，货款已付尚未验收入库的在途物资的采购成本。

该账户借方登记购入材料、商品等物资的买价和采购费用（采购实际成本），贷方登记已验收入库材料、商品等物资应结转的实际采购成本。期末余额在借方，反映企业期末在途材料、商品等物资的采购成本。

该账户可按供应单位和物资品种进行明细核算。

3. “材料采购”账户

“材料采购”账户属于资产类账户，用以核算企业采用计划成本进行材料日常核算而购入材料的采购成本。

该账户借方登记企业采用计划成本进行核算时，采购材料的实际成本以及材料入库时结转的节约差异，贷方登记入库材料的计划成本以及材料入库时结转的超支差异。期末余额在借方，反映企业在途材料的实际采购成本。

4. “材料成本差异”账户

“材料成本差异”账户属于资产类账户，用以核算企业采用计划成本进行日常核算的材料计划成本与实际成本的差额。

该账户借方登记入库材料形成的超支差异以及发出材料应负担的节约差异，贷方登记入库材料形成的节约差异以及发出材料应负担的超支差异。期末余额在借方，反映企业库存材料等的实际成本大于计划成本的差异；期末余额在贷方，反映企业库存材料等的实际成本小于计划成本的差异。

小企业可以在“原材料”“周转材料”等账户下设置“成本差异”账户，进行明细核算。

5. “应付账款”账户

“应付账款”账户属于负债类账户，用以核算企业因购买材料、商品和接受劳务等经营活动应支付的款项。

该账户贷方登记企业因购入材料、商品和接受劳务等尚未支付的款项，借方登记偿还的应付账款。期末余额一般在贷方，反映企业期末应付账款尚未支付的余额；如果在借方，反映企业期末预付账款余额。

该账户可按债权人进行明细核算。

6. “应付票据”账户

“应付票据”账户属于负债类账户，用以核算企业购买材料、商品和接受劳务等开出、承兑的商业汇票，包括银行承兑汇票和商业承兑汇票。

该账户贷方登记企业开出、承兑的商业汇票，借方登记企业已经支付或者到期无力支付的商业汇票。期末余额在贷方，反映企业尚未到期的商业汇票的票面金额。

该账户可按债权人进行明细核算。

7. “预付账款”账户

“预付账款”账户属于资产类账户，用以核算企业按照合同规定预付的款项。预付款项情况不多的，也可以不设置该账户，将预付的款项直接计入“应付账款”账户。

该账户的借方登记企业因购货等业务预付的款项及补付的款项，贷方登记企业收到货物后根据有关发票账单计入“原材料”等账户的金额以及收回多付款项的金额。期末余额在借方，反映企业实际预付的款项；期末余额在贷方，反映企业尚需补付的款项。

该账户可按供货单位进行明细核算。

8. “应交税费”账户

“应交税费”账户属于负债类账户，核算企业按照税法规定应缴纳的各种税费，包括增值税、消费税、企业所得税、资源税、土地增值税、城市维护建设税、房产税、城镇土地使用税、车船税、教育费附加、耕地占用税、环境保护税、契税、车辆购置税等。

该账户贷方登记各种应交未交税费的增加额，借方登记实际缴纳的各种税费。期末余额在贷方，反映企业尚未缴纳的税费；期末余额在借方，反映企业多交或尚未抵扣的税费。

该账户可按应交的税费项目进行明细核算。

三、材料采购业务的账务处理

材料的日常收发结存可以采用实际成本核算，也可以采用计划成本核算。

（一）实际成本法核算的账务处理

实际成本法是指材料收发及结存、无论总分类核算还是明细分类核算，均按实际成本计价。

在实际成本法下，使用的会计账户主要有“原材料”“在途物资”“应付账款”等。企业外购材料时，按材料是否验收入库分为以下四种情况。

1. 材料已验收入库，货款已经支付

如果货款已经支付，发票账单已到，材料已验收入库，按支付的实际金额，借记“原材料”“应交税费——应交增值税（进项税额）”等账户，贷记“银行存款”等账户。

【例5-14】阳光公司为增值税一般纳税企业。公司购入A材料一批，增值税专用发票上注明的货款为40 000元，增值税税额5 200元，对方代垫包装费1 500元，全部款项已用转账支票付讫，材料已验收入库。阳光公司采用实际成本法核算，应编制如下会计分录：

借：原材料——A材料	41 500	
应交税费——应交增值税（进项税额）	5 200	
贷：银行存款		46 700

2. 材料尚未送达或者尚未验收入库，货款已经支付

货款已经支付，发票账单已到，但材料尚未验收入库，按支付的金额，借记“在途物资”“应交税费——应交增值税（进项税额）”等账户，贷记“银行存款”等账户；待验收入库时，再按验收入库的材料的金额从“在途物资”账户转入“原材料”账户。

对于可以抵扣的增值税进项税额，一般纳税人企业应根据收到的增值税专用发票上注明的增值税额，借记“应交税费——应交增值税（进项税额）”账户。

【例5-15】阳光公司为增值税一般纳税人，2022年4月12日，公司从甲公司购入A材料一批，专用发票上记载货款60 000元，增值税税额7 800元，乙企业代垫运杂费200元，全部欠款已用转账支票付讫，材料尚未验收入库。阳光公司采用实际成本法核算，会计分录如下：

借：在途物资——A材料	60 200	
应交税费——应交增值税（进项税额）	7 800	
贷：银行存款		68 000

几天后，上述A材料已收到，并验收入库。

借：原材料	60 200	
贷：在途物资——A材料		60 200

3. 材料已经验收入库，货款尚未支付

如果货款尚未支付，材料已经验收入库，按相关发票凭证上应付的金额，借记“原材料”“应交税费——应交增值税（进项税额）”等账户，贷记“应付账款”“应付票据”等账户。

如果货款尚未支付，材料已经验收入库，但月末仍未收到相关发票凭证，按照暂估价

入账，即借记“原材料”账户，贷记“应付账款——暂估应付账款”账户。下月初用红字冲销原暂估入账金额，收到相关发票账单后再编制会计分录。

【例5-16】阳光公司为增值税一般纳税人，采用委托收款结算方式购入B材料一批，材料已验收入库，月末发票账单尚未收到也无法确定其实际成本，暂估价值为30 000元。阳光公司采用实际成本法核算，应编制如下会计分录：

借：原材料——B材料	30 000	
贷：应付账款——暂估应付账款		30 000

下月月初用红字冲销原暂估入账金额：

借：原材料——B材料	30 000	
贷：应付账款——暂估应付账款		30 000

上述购入的B材料于次月收到发票账单，增值税专用发票上记载的货款为31 000元，增值税税额4 030元，对方代垫保险费2 000元，已用银行存款付讫。公司应编制如下会计分录：

借：原材料——B材料	33 000	
应交税费——应交增值税（进项税额）	4 030	
贷：银行存款		37 030

4. 货款已经预付，材料尚未验收入库

企业根据购货合同的规定向供应单位预付款项时，借记“预付账款”账户，贷记“银行存款”账户；企业收到所购物资，按应计入购入物资成本的金额，借记“原材料”等账户，按可抵扣的增值税进项税额，借记“应交税费——应交增值税（进项税额）”等账户，贷记“预付账款”账户。

当预付价款小于采购货物所需支付的款项时，应将不足部分补付，借记“预付账款”账户，贷记“银行存款”等账户；当预付价款大于采购货物所需交付的款项时，对收回的多余款项，应借记“银行存款”等账户，贷记“预付账款”账户。

【例5-17】阳光公司为增值税一般纳税人，公司向乙公司采购材料5 000千克，每千克单价10元，所需支付的货款为50 000元。按照合同规定向乙公司预付货款的50%，验收货物后补付其余款项。阳光公司应编制如下会计分录：

借：预付账款——乙公司	25 000	
贷：银行存款		25 000

收到乙公司发来的5 000千克材料，验收无误，增值税专用发票记载的货款为50 000元，增值税税额为6 500元。阳光公司以银行存款补付所欠款项31 500元，应编制如下会计分录：

借：原材料	50 000	
应交税费——应交增值税（进项税额）	6 500	
贷：预付账款——乙公司		56 500

阳光公司补付货款。

借：预付账款——乙公司	31 500	
贷：银行存款		31 500

（二）计划成本法核算的账务处理

计划成本法是指企业存货的收入、发出和结存均按预先制定的计划成本计价，同时另设“材料成本差异”账户，作为计划成本和实际成本联系的纽带，用来登记实际成本和计划成本的差额。

在计划成本法下企业应设置的会计账户有“原材料”“材料采购”“材料成本差异”等。企业外购材料时，按材料是否验收入库分为以下三种情况。

1. 材料已验收入库，货款已经支付

如果货款已经支付，发票账单已到，材料已验收入库，按支付的实际金额，借记“材料采购”账户，贷记“银行存款”账户；按计划成本金额，借记“原材料”账户，贷记“材料采购”账户；按计划成本与实际成本之间的差额，借记（或贷记）“材料采购”账户，贷记（或借记）“材料成本差异”账户。

【例5-18】阳光公司为增值税一般纳税人，2022年1月8日，公司购入A材料一批，货款200 000元，增值税税额26 000元，发票账单已收到，计划成本为220 000元，材料已验收入库，全部款项以银行存款支付。阳光公司采用计划成本核算，相关的会计分录如下：

借：材料采购——A材料　　200 000
　　应交税费——应交增值税（进项税额）　　26 000
　贷：银行存款　　226 000
借：原材料——A材料　　220 000
　贷：材料采购——A材料　　200 000
　　　材料成本差异——A材料　　20 000

2. 材料尚未验收入库，货款已经支付

如果相关发票凭证已到，但材料尚未验收入库，按支付或应付的实际金额，借记“材料采购”账户，贷记“银行存款”账户；待验收入库时再作后续分录。

对于可以抵扣的增值税进项税额，一般纳税人企业应根据收到的增值税专用发票上注明的增值税税额，借记“应交税费——应交增值税（进项税额）”账户。

【例5-19】阳光公司为增值税一般纳税人，公司采用支票支付方式购入M材料一批，专用发票上记载的货款为50万元，采购费用1万元，增值税税额6.5万元，发票账单已收到，计划成本48万元，材料尚未验收入库。阳光公司采用计划成本核算，相关的会计分录如下：

借：材料采购——M材料　　510 000
　　应交税费——应交增值税（进项税额）　　65 000
　贷：银行存款　　575 000

3. 材料已经验收入库，货款尚未支付

如果货款尚未支付，材料已验收入库，按照相关发票凭证上的金额，借记“材料采购”账户，贷记“应付账款”“应付票据”等账户；按计划成本金额，借记“原材料”账户，贷记“材料采购”账户；按计划成本与实际成本之间的差额，借记（或贷记）“材料采购”账户，贷记（或借记）“材料成本差异”账户。

如果材料已经验收入库，货款尚未支付，月末仍未收到相关发票凭证，按照计划成本暂估入账，即借记“原材料”账户，贷记“应付账款”等账户。下月月初用红字予以冲回，收到账单后编制会计分录。

任务五 生产业务的账务处理

生产业务

任务导航

生产业务是企业的核心经济业务。在这个过程中，生产人员运用机器设备等劳动资料，对原材料等劳动对象进行加工，生产出市场所需的产品。因此，企业产品的生产过程同时也是生产资料的耗费过程。企业在生产过程中发生的各项生产费用，是企业为获得收入而预先垫支并需要得到补偿的资金耗费。这些费用最终都要归集、分配给特定的产品，形成产品的成本。

产品成本的核算是指把一定时期内企业生产过程中所发生的费用，按其性质和发生地点，分类归集、汇总、核算，计算出该时期内生产费用发生总额，并按适当方法分别计算出各种产品的实际成本和单位成本等。

任务解析

一、产品成本的构成

产品成本是为生产某种产品而发生的各种耗费的总和。按其经济用途和生产要素内容相结合的原则或成本性态等可设置为“直接材料”“燃料及动力”“直接人工”和“制造费用”等项目。

（一）直接材料

直接材料是指构成产品实体的原材料以及有助于产品形成的主要材料和辅助材料。

（二）燃料及动力

燃料及动力是指直接用于产品生产的外购和自制的燃料和动力。

（三）直接人工

直接人工是指直接从事产品生产的工人的职工薪酬，包括工资、津贴、补贴和劳务费等。

（四）制造费用

制造费用是指企业为生产产品和提供劳务而发生的各项间接费用。如车间管理人员的工资和福利费，车间厂房和机器设备的折旧费，车间管理用耗电费、用具摊销额等。间接费用无法直接计入产品成本，必须采用一定的方法由所生产的几种产品共同承担。

思考探究

产品成本与费用有什么区别？

产品成本是为生产某种产品而发生的各种耗费的总和，通常是企业存货的主要构成内容。

费用是企业在日常活动中发生的、会导致所有者权益减少的、与向所有者分配利润无关的经济利益的总流出。

产品成本着重按产品进行归集，一般以成本计算单或成本汇总表及产品入库单等为计算依据，不包括期间费用。费用着重于按会计期间进行归集，一般以生产过程中取得的各种凭证为计算依据。

二、生产业务的账户设置

1. “生产成本”账户

“生产成本”账户属于成本类账户，用以核算企业生产各种产品（产成品、自制半成品等）、自制材料、自制工具、自制设备等发生的各项生产成本。

该账户借方登记应计入产品生产成本的各项费用，包括直接计入产品生产成本的直接材料费、直接人工费和其他直接支出，以及期末按照一定的方法分配计入产品生产成本的制造费用；贷方登记完工入库产成品应结转的生产成本。期末余额在借方，反映企业期末尚未加工完成的在产品成本。

该账户可按基本生产成本和辅助生产成本进行明细分类核算，基本生产成本应当分别按照基本生产车间和成本核算对象（如产品的品种、类别、订单、批别、生产阶段等）设置明细账（或成本计算单），并按照规定的成本项目设置专栏。

2. “制造费用”账户

“制造费用”账户属于成本类账户，用以核算企业生产车间（部门）为生产产品和提供劳务而发生的各项间接费用。本账户核算企业生产车间（部门）为生产产品和提供劳务而发生的各项间接费用，以及虽然直接用于产品生产但管理上不要求或不便于单独核算的费用，包括：生产车间发生的机物料消耗、管理人员的工资、折旧费、办公费、水电费、季节性停工损失。

该账户借方登记生产车间（部门）平时发生的制造费用；贷方登记月末将制作费用分

配计入“生产成本”账户的金额。期末结转后，该账户一般无余额。

该账户可按不同的生产车间、部门和费用项目进行明细核算。期末，将共同负担的制造费用按照一定的标准分配计入各成本核算对象。

3.“库存商品”账户

“库存商品”账户属于资产类账户，用以核算企业库存的各种商品的实际成本（或进价）或计划成本（或售价）。包括：库存的外购商品、自制商品、存放在门市部准备出售的商品、发出展览的商品以及存放在仓库或寄存在外库的商品等，但不包括委托外单位加工的商品和已办妥销售手续而购买单位在月末尚未提货的库存商品。

该账户的借方登记企业入库商品的实际成本（或进价）或计划成本（或售价），贷方登记出库商品的实际成本（或进价）或计划成本（或售价），期末余额在借方，反映企业结存商品的实际成本（或进价）或计划成本（或售价）。

该账户可按库存商品的种类、品种和规格等进行明细核算。

4.“应付职工薪酬”账户

“应付职工薪酬”账户属于负债类账户，用以核算应付职工薪酬的提取、结算、使用等情况。

该账户的贷方登记已分配计入有关成本费用项目的职工薪酬的数额，借方登记实际发放职工薪酬的数额，包括扣还的款项等；该账户期末贷方余额，反映企业应付未付的职工薪酬。

该账户可按“工资”“职工福利”“社会保险费”“住房公积金”“工会经费”“职工教育经费”“非货币性福利”“辞退福利”“利润分享计划”“设定提存计划”“设定收益计划”等进行明细核算。

知识链接

职工薪酬，是指企业为获得职工提供的服务而给予各种形式的报酬或补偿。

职工薪酬包括短期薪酬、离职后福利、辞退福利和其他长期职工福利。企业提供给职工配偶、子女、受赡养人、已故员工遗嘱及其他受益人等的福利，也属于职工薪酬。

三、生产业务的账务处理

（一）材料费用的归集与分配

在确定材料费用时，应根据领料凭证区分车间、部门和不同用途后，按照确定的结果将发出材料的成本借记“生产成本”“制造费用”“管理费用”等账户，贷记“原材料”等账户。

对于直接用于某种产品生产的材料费用，应直接计入该产品生产成本明细账中的直接材料费用项目；对于由多种产品共同耗用、应由这些产品共同负担的材料费用，应选择适当的标准在这些产品之间进行分配，按分担的金额计入相应的成本计算对象（生产产品的品种、类别等）；对于为提供生产条件等间接消耗的各种材料费用，应先通过“制造费用”账户进行归集，期末再同其他间接费用一起按照一定的标准分配计入有关产品成本；对于行政管理部门领用的材料费用，应计入“管理费用”账户。

应用举例

【例5-20】阳光公司生产甲、乙两种产品，生产过程中主要耗费A、B两种材料，2022年3月31日，该公司的“发料成本分配表”如表5-1所示。

表5-1　　**发料成本分配表**　　单位：元

项目	A材料			B材料			合计
	数量	单价	金额	数量	单价	金额	
基本生产车间——甲产品	7 000	5	35 000	2 500	6	15 000	50 000
基本生产车间——乙产品	3 000	5	15 000	1 500	6	9 000	24 000
车间一般耗用	1 000	5	5 000	500	6	3 000	8 000
行政管理部门领用	500	5	2 500	300	6	1 800	4 300
合计	11 500	5	57 500	4 800	6	28 800	86 300

根据上述资料，编制如下会计分录：

借：生产成本——基本生产成本——甲产品　　50 000
　　　　　　　　　　　　　——乙产品　　24 000
　　制造费用　　8 000
　　管理费用　　4 300
　贷：原材料——A材料　　57 500
　　　　　　——B材料　　28 800

（二）职工薪酬的归集与分配

职工薪酬分为短期职工薪酬和长期职工薪酬。

1. 短期职工薪酬

短期职工薪酬，是指企业在职工提供相关服务的年度报告期间结束后12个月内需要全部予以支付的职工薪酬，因解除与职工的劳动关系给予的补偿除外。

短期薪酬具体包括：职工工资、奖金、津贴和补贴，职工福利费，医疗保险费、工伤保险费等社会保险费，住房公积金，工会经费和职工教育经费，短期带薪缺勤，短期利润分享计划以及其他短期薪酬。

对于短期薪酬，企业应当在职工为其提供服务的会计期间，按实际发生额确认为负债，并计入当期损益。企业应当根据职工提供服务的受益对象，分下列情况处理：

（1）生产部门人员的职工薪酬，借记“生产成本”“制造费用”等账户，贷记“应付职工薪酬”账户。

（2）管理部门人员的职工薪酬，借记“管理费用”账户，贷记“应付职工薪酬”账户。

（3）专设销售机构销售人员的职工薪酬，借记“销售费用”账户，贷记“应付职工薪酬”账户。

（4）应由在建工程、研发支出负担的职工薪酬，借记“在建工程”“研发支出”账户，贷记“应付职工薪酬”账户。

2. 长期职工薪酬

离职后福利，是指企业为获得职工提供的服务而在职工退休或与企业解除劳动关系后，提供的各种形式的报酬和福利，短期薪酬和辞退福利除外。

辞退福利，是指企业在职工劳动合同到期之前解除与职工的劳动关系，或者为鼓励职工自愿接受裁减而给予职工的补偿。

其他长期职工福利，是指除短期薪酬、离职后福利、辞退福利之外所有的职工薪酬，包括长期带薪缺勤、长期残疾福利、长期利润分享计划等。

【例5-21】2022年1月，阳光公司发生应付工资185 000元，根据本月份“工资费用分配表”，车间生产工人工资150 000元，车间管理人员工资20 000元，行政管理人员工资15 000元。1月31日，阳光公司通过银行转账发放了本月工资。相关的会计分录如下：

计提工资时：

借：生产成本　　150 000

　　制造费用　　20 000

　　管理费用　　15 000

　贷：应付职工薪酬——工资　　185 000

发放工资时：

借：应付职工薪酬——工资　　185 000

　贷：银行存款　　185 000

【例5-22】按照上述资料，按照14%的比例计提职工福利，其数额如下：

车间生产工人福利21 000元

车间管理人员福利2 800元

行政管理人员福利2 100元

相关的会计分录如下：

借：生产成本　　21 000

　　制造费用　　2 800

　　管理费用　　2 100

　贷：应付职工薪酬——福利费　　25 900

（三）制造费用的归集与分配

企业发生的制造费用，应当按照合理的分配标准按月分配计入各成本核算对象的生产成本。企业可以采取的分配标准包括机器工时、人工工时、计划分配率等。

企业发生制造费用时，借记“制造费用”账户，贷记“累计折旧”“银行存款”“应付职工薪酬”等账户；结转或分摊时，借记“生产成本”等账户，贷记“制造费用”账户。

【例5-23】月末，阳光公司归集本月的制造费用，本月生产A产品耗用机器工时120小时，生产B产品耗用机器工时180小时。本月发生制造费用12万元。该企业按机器工时比例分配制造费用。

制造费用分配率＝制造费用总额/机器运转总时数=12/（120＋180）=0.04（万元/工时）

A产品应负担的制造费用＝0.04×120＝4.8（万元）

B产品应负担的制造费用＝0.04×180＝7.2（万元）

结转制造费用的会计分录：

借：生产成本——A产品　　48 000

　　　　　　——B产品　　72 000

　贷：制造费用　　120 000

（四）完工产品生产成本的计算与结转

产品生产成本计算是指将企业生产过程中为制造产品所发生的各种费用按照成本计算对象进行归集和分配，以便计算各种产品的总成本和单位成本。有关产品成本信息是进行库存商品计价和确定销售成本的依据，产品生产成本计算是会计核算的一项重要内容。

企业应设置产品生产成本明细账，用来归集应计入各种产品的生产费用。通过对材料费用、职工薪酬和制造费用的归集和分配，企业各月生产产品所发生的生产费用已计入“生产成本”账户中。

如果月末各种产品全部完工，该种产品生产成本明细账所归集的费用总额，就是该种完工产品的总成本，用完工产品总成本除以该种产品的完工总产量即可计算出该种产品的单位成本。如果月末某种产品全部未完工，该种产品生产成本明细账所归集的费用总额就是该种产品在产品的总成本。

如果月末某种产品一部分完工，一部分未完工，这时归集在产品成本明细账中的费用总额还要采取适当的分配方法在完工产品和在产品之间进行分配，然后才能计算出完工产品的总成本和单位成本。完工产品成本的基本计算公式为：

完工产品生产成本＝期初在产品成本＋本期发生的生产费用－期末在产品成本

当产品生产完成并验收入库时，借记“库存商品”账户，贷记“生产成本”账户。

【例5-24】假设阳光公司本月A、B两种产品的月初、月末在产品成本资料分别如表5-2、表5-3所示。A产品本期发生的总费用为100 000元，B产品本期发生的总费用为120 000元。

表5-2　　期初在产品资料　　单位：元

产品名称	直接材料	直接人工	制造费用	合计
A	14 000	4 000	3 200	21 200
B	6 000	3 000	1 200	10 200
合计	20 000	7 000	4 400	31 400

表5-3 期末在产品资料 单位：元

产品名称	直接材料	直接人工	制造费用	合计
A	17 000	5 200	6 200	28 400
B	7 000	4 800	2 200	14 000
合计	24 000	10 000	8 400	42 400

产品成本计算过程如下：

A产品完工产品成本=21 200+100 000−28 400=92 800（元）

B产品完工产品成本=10 200+120 000−14 000=116 200（元）

则相应的会计分录如下：

借：库存商品——A产品　　92 800
　　　　　　——B产品　　116 200
　贷：生产成本——A产品　　92 800
　　　　　　　——B产品　　116 200

任务六 销售业务的账务处理

销售业务

任务导航

销售过程是制造企业经营周期的最后阶段，也是营业收入的实现过程。在销售过程中，企业从事对外销售产品或提供劳务等主营业务，按照双方约定的价格向购货单位办理价款结算，并确认主营业务收入，同时交付相应的产品或劳务，结转产品或劳务成本；企业在取得主营业务收入的同时，应按国家税法计算并结转税金及附加。此外，企业还可能发生除产品销售以外的其他销售业务，所获收入和所发生的成本分别称为其他业务收入和其他业务成本。

任务解析

一、一般商品销售收入的确认和计量

企业一般商品销售属于在某一时点履行的履约义务。对于在某一时点履行的履约义

务，企业应当在客户取得相关商品控制权时确认收入。

小贴士

在判断控制权是否转移时，企业应当综合考虑下列迹象：

1. 企业对该商品享有现时收款权利，即客户对该商品负有现时付款义务。例如，阳光公司与客户签订销售商品合同，约定客户有权定价并且在收到商品无误后10日内付款。在客户收到阳光公司开具的发票、商品验收入库后，客户能够自主确定商品的销售价格或商品的使用情况，此时阳光公司拥有收款权利，客户有现时付款义务。

2. 企业已将商品的法定所有权转移给客户，即客户已拥有该商品的法定所有权。例如，房地产企业向客户销售商品房，在客户付款后取得房屋产权证时，表明企业已将房屋的法定所有权转移给客户。

3. 企业已将商品实物转移给客户，即客户已拥有该商品实物。例如，企业与客户签订交款提货合同，在企业销售商品并送货到客户指定地点，客户验收合格并付款，表明企业已将商品实物转移给客户，即客户已拥有该商品实物。

4. 企业已将商品所有权的主要风险和报酬转移给客户，即客户已取得该商品所有权的主要风险和报酬。例如，房地产公司向客户销售商品房办理产权转移手续后该商品房价格上涨或下跌带来的利益或损失全部属于客户，表明客户已取得该商品房所有权的主要风险和报酬。

5. 客户已接受该商品。例如，企业向客户销售为其定制生产的节能设备，客户收到并验收合格后办理入库手续，表明客户已接受该商品。

6. 其他表明客户已取得商品控制权的迹象。

二、销售业务的账户设置

1. “主营业务收入”账户

“主营业务收入”账户属于损益类账户，用以核算企业确认的销售商品、提供劳务等主营业务中获取的收入。

该账户贷方登记企业主营业务收入的增加，借方登记期末转入“本年利润”账户的主营业务收入，结转后，该账户应无余额。

该账户应按照主营业务的种类设置明细账户，进行明细分类核算。

2. “其他业务收入”账户

“其他业务收入”账户属于损益类账户，用以核算企业确认的除主营业务活动以外的其他经营活动实现的收入，包括：出租固定资产、出租无形资产、出租包装物和商品、销售材料。

该账户贷方登记其他业务收入的增加，借方登记期末转入“本年利润”账户的其他业务收入，结转后，该账户应无余额。

该账户可按其他业务的种类设置明细账户，进行明细分类核算。

3. “应收账款”账户

“应收账款”账户属于资产类账户，用以核算企业因销售商品、提供劳务等经营活动应收取的款项。

该账户借方登记由于销售商品以及提供劳务等发生的应收账款，包括应收取的价款、增值税和代垫款等；贷方登记已经收回的应收账款及确认的坏账损失。期末余额通常在借方，反映企业尚未收回的应收账款；期末余额如果在贷方，反映企业预收的账款。

该账户应按不同的债务人进行明细分类核算。

4. “应收票据”账户

“应收票据”账户属于资产类账户，用以核算企业因销售商品、提供劳务等而收到的商业汇票。

该账户借方登记企业取得的应收票据的面值，贷方登记票据到期收回的应收票据的票面金额；期末余额在借方，反映企业持有的商业汇票的票面金额。

该账户可按开出、承兑商业汇票的单位进行明细核算。

5. “预收账款”账户

“预收账款”账户属于负债类账户，用以核算企业按照合同规定预收的款项。预收账款情况不多的，也可以不设置本账户，将预收的款项直接计入“应收账款”账户。

该账户贷方登记企业向购货单位预收的款项等，借方登记销售实现时按现实收入转销的预收款项等。期末余额在贷方，反映企业预收的款项；期末余额在借方，反映企业尚未转销的款项。

该账户按购货单位进行明细核算。

6. “主营业务成本”账户

“主营业务成本”账户属于损益类账户，用以核算企业销售商品、提供劳务等主营业务收入时应结转的成本。

该账户借方登记主营业务实际发生的成本，贷方登记期末转入“本年利润”账户的主营业务成本。期末结转后该账户应无余额。

该账户按主营业务的种类设置明细账户，进行明细分类核算。

7. “其他业务成本”账户

“其他业务成本”账户属于损益类账户，用以核算企业确认的除主营业务活动以外的其他经营活动所发生的支出，包括销售材料的成本、出租固定资产的折旧额、出租无形资产的摊销额、出租包装物的成本或摊销额等。

该账户借方登记其他业务的支出额，贷方登记期末转入“本年利润”账户的其他业务支出额。期末结转后，该账户无余额。

该账户可按其他业务的种类设置明细账户，进行明细分类核算。

8. “税金及附加”账户

“税金及附加”账户属于损益类账户，用以核算企业经营活动发生的消费税、城市维护建设税、教育费附加、资源税、房产税、环境保护税、城镇土地使用税、车船税和印花税等相关税费。

该账户借方登记企业应按规定计算确定的与经营活动相关的税费，贷方登记期末转入“本年利润”账户的与经营活动相关的税费。期末结转后，该账户无余额。

三、销售业务的账务处理

（一）主营业务收入的账务处理

企业销售商品或提供劳务实现的收入，应按实际收到、应收或预收的金额，借记“银行存款”“应收账款”“应收票据”“预收账款”等账户，按实现的收入，贷记“主营业务收入”账户，按应交的增值税，贷记“应交税费——应交增值税（销项税额）”账户。

【例5-25】阳光公司为增值税一般纳税人，2022年12月5日，公司向甲公司开出增值税发票，销售A产品60件，销售单价3 500元；销售B产品30件，销售单价5 500元；增值税税率13%；货已发出，货款已收存入建设银行。阳光公司根据增值税发票记账联作如下分录：

借：银行存款　423 750
　贷：主营业务收入——A产品　210 000
　　主营业务收入——B产品　165 000
　　应交税费——应交增值税（销项税额）　48 750

【例5-26】阳光公司为增值税一般纳税人，2022年3月20日，公司采用委托收款结算方式向丙公司销售一批商品，开出的增值税专用发票上注明售价为700 000元，增值税税额为91 000元；商品已经发出，并已向银行办妥托收手续，甲公司以银行存款代垫运杂费3 000元；该批商品的成本为490 000元。公司应编制如下会计分录：

借：应收账款　794 000
　贷：主营业务收入　700 000
　　应交税费——应交增值税（销项税额）　91 000
　　银行存款　3 000

【例5-27】沿用【例5-26】，如果阳光公司采用商业汇票结算方式向丙公司销售商品，收到丙公司寄来一张3个月期限的商业承兑汇票，票面金额为791 000元，则公司应编制如下会计分录：

借：应收票据　791 000
　应收账款　3 000
　贷：主营业务收入　700 000
　　应交税费——应交增值税（销项税额）　91 000
　　银行存款　3 000

【例5-28】阳光公司为增值税一般纳税人，2022年7月31日按购货合同预收天航公司货款30 000元，存入银行。8月28日，甲公司按合同规定向天航公司发出商品一批，不含税的价款为60 000元，增值税7 800元，并用银行存款为对方代垫运杂费300元，共计68 100元。天航公司验收货物后补付了剩余货款。公司应编制如下会计分录：

（1）7月31日收到天航公司预付的货款时：

借：银行存款　30 000
　贷：预收账款——天航公司　30 000

（2）8月28日向天航公司发出货物时：

借：预收账款——天航公司　68 100

贷：主营业务收入　　60 000
　　应交税费——应交增值税（销项税额）　　7 800
　　银行存款　　300

（3）收到天航公司补付的货款时：

借：银行存款　　38 100
　贷：预收账款——天航公司　　38 100

（二）主营业务成本的账务处理

企业销售商品或提供劳务按规定确认收入的同时，应计算、结转与收入相关的成本，通常是在期（月）末进行。企业应根据本期（月）销售各种商品、提供各种劳务等实际成本，计算应结转的主营业务成本，借记“主营业务成本”账户，贷记“库存商品”“劳务成本”等账户。

【例5-29】2022年12月，阳光公司本月共销售A产品450件，假定A产品的加权平均单价为1 940元；销售B产品150件，B产品的加权平均单价为3 700元。请计算并结转已销产品的销售成本。

本月已销A产品的销售成本=450×1 940＝873 000（元）

本月已销B产品的销售成本=150×3 700＝555 000（元）

借：主营业务成本　　1 428 000
　贷：库存商品——A产品　　873 000
　　　　　　——B产品　　555 000

（三）其他业务收入与成本的账务处理

主营业务和其他业务的划分并不是绝对的，一个企业的主营业务可能是另一个企业的其他业务，即使在同一个企业，不同期间的主营业务和其他业务的内容也不是固定不变的。

当企业出售原材料、出租固定资产、出租无形资产等按照已收或应收的款项发生其他业务收入时，借记“银行存款”“其他应收款”等账户，按确定的收入金额，贷记“其他业务收入”账户，同时确认有关税金。在确认其他业务收入的同一会计期间，企业应根据发生或结转的其他业务成本，借记“其他业务成本”账户，贷记“原材料”“周转材料”“累计折旧”“累计摊销”“应付职工薪酬”等账户。

【例5-30】2022年2月10日，阳光公司向大河公司销售多余A材料，开具的增值税专用发票上注明的售价为10 000元，增值税税额为1 300元，款项已由银行收妥。该批材料的实际成本为7 000元。相关会计分录如下：

（1）实现销售时：

借：银行存款　　11 300
　贷：其他业务收入　　10 000
　　　应交税费——应交增值税（销项税额）　　1 300

（2）结转已销材料的实际成本

借：其他业务成本　　7 000

　贷：原材料——A材料　　7 000

（四）税金及附加的账务处理

税金及附加是指企业经营活动应负担的相关税费，包括消费税、城市维护建设税、教育费附加、资源税、房产税、环境保护税、城镇土地使用税、车船税和印花税等税费。

企业按规定计算确定的消费税、城市维护建设税、教育费附加、资源税、房产税、环境保护税、城镇土地使用税、车船税和印花税等税费，借记“税金及附加”账户，贷记“应交税费”等账户。期末，应将“税金及附加”账户余额结转入“本年利润”账户，结转后，“税金及附加”账户无余额。

值得注意的是企业缴纳的印花税，不会发生应付未付税款的情况，不需要预计应纳税金额，同时也不存在与税务机关结算或者清算的问题。因此，企业缴纳的印花税不通过“应交税费”账户核算，应直接借记“税金及附加”账户，贷记“银行存款”账户。

【例5-31】2022年3月12日，阳光公司经计算，本月销售A、B产品应缴纳的城建税8 330元，教育费附加3 570元，另外B产品应缴纳资源税4 500元。具体会计分录如下：

借：税金及附加　　16 400

　贷：应交税费——应交城建税　　8 330

　　　　　　——应交教育费附加　　3 570

　　　　　　——应交资源税　　4 500

任务七　期间费用的账务处理

期间费用

任务导航

期间费用是指企业日常活动发生的不能计入特定核算对象的成本中，而应计入发生当期损益的费用。期间费用是企业日常活动中所发生的经济利益的流出。由于期间费用是为组织和管理企业整个经营活动所发生的费用，与可以确定一定成本核算对象的材料或商品采购、产成品生产等支出没有直接关系，难以判定其所归属的核算对象，因而期间费用不能计入有关核算对象的成本，而是直接计入当期损益。期间费用包括销售费用、管理费用和财务费用。

任务解析

一、期间费用的分类

（一）销售费用

销售费用是指企业销售商品和材料、提供服务的过程中发生的各种费用。销售费用包括企业在销售过程中发生的广告费、展览费、保险费、包装费、商品的维修费、预计产品质量保证损失、运输费、装卸费等，以及为销售本企业的商品而专设销售机构的职工薪酬、业务费、折旧费等经营费用。企业发生的与专设销售机构相关的固定资产修理费等后续支出也属于销售费用。销售费用是与企业销售商品活动有关的费用，但不包括销售商品本身的成本，该成本属于主营业务成本。

（二）财务费用

财务费用是指企业为筹集生产经营所需资金等而发生的筹资费用。财务费用包括利息支出（减利息收入）、汇兑损益以及相关的手续费等。

（三）管理费用

管理费用是指企业为组织和管理企业生产经营活动所发生的各种费用。管理费用包括企业在筹建期间发生的开办费、董事会和行政管理部门在企业的经营管理中发生的或者应由企业统一负担的公司经费（包括行政管理部门职工薪酬、物料消耗、低值易耗品摊销、办公费和差旅费等）、行政管理部门负担的工会经费、董事会费（包括董事会成员的津贴、会议费和差旅费等）、聘请中介机构费、咨询费（含顾问费）、诉讼费、业务招待费、技术转让费、研究费用等，以及行政管理部门的固定资产修理费及后续支出等。

小贴士

费用应按权责发生制确认，凡应属于本期发生的费用，不论其款项是否支付，均确认为本期费用；反之，不属于本期发生的费用，即使其款项已在本期支付，也不确认为本期费用。

期间费用包含以下两种情况：一是企业发生的不符合或者不再符合资产确认条件的支出，应当在发生时确认为费用，计入当期损益。二是企业发生的交易或者事项导致其承担了一项负债，而又不确认为一项资产的，应当在发生时确认为费用计入当期损益。

二、期间业务的账户设置

1.“销售费用”账户

“销售费用”账户属于损益类账户，用以核算企业发生的各项销售费用。

该账户借方登记发生的各项销售费用，贷方登记期末转入“本年利润”账户的销售费用额。期末结转后，该账户无余额。

该账户可按费用项目设置明细账户，进行明细分类核算。

2. “财务费用”账户

“财务费用”账户属于损益类账户，用以核算企业为筹集生产经营所需资金等而发生的筹资费用，包括利息支出（减利息收入）、汇兑损益以及相关的手续费等。

该账户借方登记手续费、利息费用等的增加额，贷方登记应冲减财务费用的利息收入以及期末转入“本年利润”账户的财务费用等。期末结转后，该账户无余额。

该账户可按费用项目进行明细核算。

3. “管理费用”账户

“管理费用”账户属于损益类账户，用以核算企业为组织和管理企业生产经营所发生的管理费用。

该账户借方登记发生的各项管理费用，贷方登记期末转入“本年利润”账户的管理费用。期末结转后，该账户无余额。

该账户可按费用项目设置明细账户，进行明细分类核算。

三、期间业务的账务处理

（一）销售费用的账务处理

企业在销售商品过程中发生的包装费、保险费、展览费和广告费、商品维修费、预计产品质量保证损失、运输费、装卸费等费用，借记“销售费用”账户，贷记“库存现金”“银行存款”等账户；企业发生的为销售本企业商品而专设的销售机构的职工薪酬、业务费、折旧费、修理费等经营费用，借记“销售费用”账户，贷记“应付职工薪酬”“银行存款”“累计折旧”等账户。期末，应将“销售费用”账户余额转入“本年利润”账户，借记“本年利润”账户，贷记“销售费用”账户。

【例5-32】2022年2月6日，阳光公司开出转账支票，向天天传媒公司支付产品广告费75 000元，并取回广告发票。

借：销售费用——广告费　　75 000
　贷：银行存款　　75 000

【例5-33】阳光公司销售部2022年8月份共发生费用220 000元，其中：销售人员薪酬100 000元，销售部专用办公设备折旧费50 000元，业务费70 000元（用银行存款支付），该公司应编制如下会计分录：

借：销售费用　　220 000
　贷：应付职工薪酬　　100 000
　　　累计折旧　　50 000
　　　银行存款　　70 000

（二）财务费用的账务处理

企业发生的各项财务费用，借记“财务费用”账户，贷记“银行存款”“应收账款”等账户；企业发生的应冲减财务费用的利息收入、汇兑差额，借记“银行存款”“应付账款”等账户，贷记“财务费用”账户。期末，应将“财务费用”账户余额转入“本年利润”账户，借记“本年利润”账户，贷记“财务费用”账户。

【例5-34】阳光公司2022年4月30日用银行存款支付本月负担的短期借款利息12 000元。该公司应编制如下会计分录：

借：财务费用——利息支出	12 000	
贷：银行存款		12 000

【例5-35】阳光公司2022年9月2日用银行存款支付银行手续费200元。该公司应编制如下会计分录：

借：财务费用——手续费	200	
贷：银行存款		200

【例5-36】2022年7月7日，阳光公司收到存款利息收入20 000元。该公司应编制如下会计分录：

借：银行存款	20 000	
贷：财务费用——利息收入		20 000

（三）管理费用的账务处理

企业在筹建期间发生的开办费，包括人员工资、办公费、培训费、差旅费、印刷费、注册登记费等，借记“管理费用”账户，贷记“银行存款”等账户。

企业行政管理部门人员的职工薪酬，借记“管理费用”账户，贷记“应付职工薪酬”账户。企业行政管理部门计提的固定资产折旧，借记“管理费用”账户，贷记“累计折旧”账户。企业行政管理部门发生的办公费、水电费、差旅费等以及企业发生的业务招待费、咨询费、研究费用等其他费用，借记“管理费用”账户，贷记“银行存款”“研发支出”等账户。

期末，应将“管理费用”账户余额转入“本年利润”账户，借记“本年利润”账户，贷记“管理费用”账户。

【例5-37】阳光公司行政部2022年9月份共发生费用224 000元，其中：行政人员薪酬150 000元，行政部专用办公设备折旧费45 000元，报销行政人员差旅费21 000元（假定报销人员均未预借差旅费），其他办公、水电费8 000元（均用银行存款支付）。该公司应编制如下会计分录：

借：管理费用	224 000	
贷：应付职工薪酬		150 000
累计折旧		45 000
库存现金		21 000
银行存款		8 000

任务八 利润形成与分配业务的账务处理

任务导航

利润综合反映了企业在一定会计期间的经营业绩和获利能力，反映企业的投入产出效率和经济效益。因此，获取利润就成为企业生产经营的主要目的之一。一个企业的获利与否，不仅关系到企业的稳定发展和职工生活水平的提高，而且也会影响到整个国民经济的发展，所以企业必须采取一切合法措施，增强企业的获利能力。

企业获取的利润在按国家规定缴纳所得税后，还要按照规定在各有关方面之间进行合理的分配，利润分配的过程和结果不仅关系到每个股东的权益是否得到保障，而且还关系到企业的未来发展问题。

任务解析

一、利润形成的账务处理

（一）利润的形成

利润是企业一定会计期间的经营成果。利润包括收入减去费用后的净额、直接计入当期利润的利得和损失等。利润由营业利润、利润总额和净利润三个层次构成。

1. 营业利润

营业利润这一指标能够比较恰当地反映企业管理者的经营业绩，其计算公式如下：

营业利润=营业收入-营业成本-税金及附加-销售费用-管理费用-研发费用-财务费用+其他收益+投资收益（-投资损失）+净敞口套期收益（-净敞口套期损失）+公允价值变动收益（-公允价值变动损失）-信用减值损失-资产减值损失+资产处置收益（-资产处置损失）

其中：

营业收入是指企业经营业务所确认的收入总额，包括主营业务收入和其他业务收入。

营业成本是指企业经营业务所发生的实际成本总额，包括主营业务成本和其他业务成本。

研发费用是指企业计入管理费用的进行研究与开发过程中发生的费用化支出，以及计入管理费用的自行开发无形资产的摊销。

其他收益主要是指与企业日常活动相关，除冲减相关成本费用以外的政府补助，以及其他应计入其他收益的内容。

投资收益（或损失）是指企业以各种方式对外投资所取得的收益（或损失）。

公允价值变动收益（或损失）是指企业交易性金融资产等公允价值变动形成的应计入当期损益的利得（或损失）。

信用减值损失是指企业计提金融资产信用减值准备所确认的信用损失。

资产处置收益（或损失）是指企业出售划分为持有待售的非流动资产（金融工具、长期股权投资和投资性房地产除外）或处置组（子公司和业务除外）时确认的处置利得或损失，以及处置未划分为持有待售的固定资产、在建工程、生产性生物资产及无形资产而产生的处置利得或损失，还包括非货币性资产交换中换出非流动资产产生的利得或损失。

2. 利润总额

利润总额=营业利润+营业外收入–营业外支出

其中：

营业外收入是指企业发生的与其日常活动无直接关系的各项利得。

营业外支出是指企业发生的与其日常活动无直接关系的各项损失。

3. 净利润

净利润=利润总额–所得税费用

其中，所得税费用是指企业确认的应从当期利润总额中扣除的所得税费用。

【例5–38】某企业2022年2月主营业务收入为100万元，主营业务成本为80万元，管理费用为5万元，资产减值损失为2万元，投资收益为10万元。假定不考虑其他因素，该企业当月的营业利润为（　）万元。

A．13　　B．15　　C．18　　D．23

【答案】D

【解析】该企业当月的营业利润=100－80－5－2＋10＝23（万元）。

（二）账户设置

企业通常设置以下账户对利润形成业务进行会计核算。

1. “本年利润”账户

“本年利润”账户属于所有者权益类账户，用以核算企业当期实现的净利润（或发生的净亏损）。企业期（月）末结转利润时，应将各损益类账户的金额转入本账户，结平各损益类账户。

该账户贷方登记企业期（月）末转入的“主营业务收入”“其他业务收入”“营业外收入”“其他收益”账户的余额以及“投资收益”“公允价值变动损益”“资产处置损益”账户的净收益；借方登记企业期（月）末转入的“主营业务成本”“其他业务成本”“税金及附加”“管理费用”“财务费用”“销售费用”“信用减值损失”“资产减值损失”“营业外支出”和“所得税费用”等账户的余额以及“投资收益”“公允价值变动损益”“资产处置损益”账户的净损失。上述结转完成后，余额如在贷方，即为当期实现的净利润；余额如在借方，即为当期发生的净亏损。

年度终了，应将本年收入和支出相抵后结出的本年实现的净利润（或发生的净亏损），转入“利润分配——未分配利润”账户贷方（或借方），结转后本账户无余额。

2.“投资收益”账户

“投资收益”账户属于损益类账户，用以核算企业确认的投资收益或投资损失。

该账户贷方登记实现的投资收益和期末转入“本年利润”账户的投资净损失；借方登记发生的投资损失和期末转入“本年利润”账户的投资净收益。期末结转后，该账户无余额。

该账户可按投资项目设置明细账户，进行明细分类核算。

3.“营业外收入”账户

“营业外收入”账户属于损益类账户，用以核算企业确认的与其日常活动无直接关系的各项利得，主要包括非流动资产毁损报废收益、与企业日常活动无关的政府补助、盘盈利得、捐赠利得等。

该账户贷方登记营业外收入的实现，即营业外收入的增加额；借方登记会计期末转入“本年利润”账户的营业外收入额。期末结转后，该账户无余额。

该账户可按营业外收入项目设置明细账户，进行明细分类核算。

4.“营业外支出”账户

“营业外支出”账户属于损益类账户，用以核算企业确认的与其日常活动无直接关系的各项损失，包括非流动资产毁损报废损失、捐赠支出、非常损失、盘亏损失、罚款支出等。

该账户借方登记营业外支出的发生，即营业外支出的增加额；贷方登记期末转入“本年利润”账户的营业外支出额。期末结转后，该账户无余额。

该账户可按支出项目设置明细账户，进行明细分类核算。

5.“所得税费用”账户

“所得税费用”账户属于损益类账户，所得税费用包括当期所得税和递延所得税两部分，其中，当期所得税是指当期应交所得税；递延所得税包括递延所得税资产和递延所得税负债。

该账户借方登记企业实际缴纳的所得税；贷方登记企业期末转入“本年利润”账户的所得税。期末结转后，该账户无余额。

知识链接

递延所得税资产，是指以未来期间很可能取得用来抵扣可抵扣暂时性差异的应纳税所得额为限确认的一项资产。

递延所得税负债，是指根据应纳税暂时性差异计算的未来期间应付所得税的金额。

（三）账务处理

会计期末结转各项收入时，企业应将“主营业务收入”“其他业务收入”“营业外收入”和“其他收益”等账户的余额分别转入“本年利润”账户的贷方，将“主营业务成本”“其他业务成本”“税金及附加”“销售费用”“管理费用”“财务费用”“信用减值损失”“资产减值损失”“营业外支出”和“所得税费用”等账户的余额分别转入“本年利润”账户的借方。企业还应将“投资收益”“公允价值变动损益”“资产处置损益”账户的净收益转入“本年利润”账户的贷方，将“投资收益”“公允价值变动损益”“资产处置损益”账户的净损失转入“本年利润”账户的借方。

【例5-39】2022年12月24日，因为某供货单位违反合同规定，阳光公司收到一笔罚款收入8 000元，款已存入银行。

借：银行存款　　8 000

　贷：营业外收入——罚款收入　　8 000

【例5-40】2022年12月25日，阳光公司以银行存款向税务部门缴纳滞纳金2 000元。会计分录如下：

借：营业外支出　　2 000

　贷：银行存款　　2 000

【例5-41】阳光公司2022年有关损益类账户的年末余额如下：

单位：元

账户名称	借或贷	结账前余额
主营业务收入	贷	6 000 000
其他业务收入	贷	700 000
公允价值变动损益	贷	150 000
投资收益	贷	600 000
营业外收入	贷	50 000
主营业务成本	借	4 000 000
其他业务成本	借	400 000
税金及附加	借	80 000
销售费用	借	500 000
管理费用	借	770 000
财务费用	借	200 000
资产减值损失	借	100 000
营业外支出	借	250 000

阳光公司2022年年末结转本年利润应编制如下会计分录：

将各损益类账户年末余额结转入“本年利润”账户：

（1）结转各项收入、利得类账户：

借：主营业务收入　　6 000 000

其他业务收入 700 000

公允价值变动损益 150 000

投资收益 600 000

营业外收入 50 000

贷：本年利润 7 500 000

（2）结转各项费用、损失类账户：

借：本年利润 6 300 000

贷：主营业务成本 4 000 000

其他业务成本 400 000

税金及附加 80 000

销售费用 500 000

管理费用 770 000

财务费用 200 000

资产减值损失 100 000

营业外支出 250 000

【例5-42】承【例5-41】2022年12月31日，根据前例的资料，计算阳光公司12月份的营业利润和利润总额；假定利润总额与应纳税所得额一致，请计算和结转本月的所得税费用，并求出净利润。阳光公司适用的企业所得税税率为25%。

12月份的利润总额=7 500 000－6 300 000＝1 200 000（元）

12月份应交的企业所得税税额=1 200 000×25%＝300 000（元）

12月份的企业净利润=1 200 000－300 00＝900 000（元）

根据以上计算结果，编制如下会计分录：

借：所得税费用 300 000

贷：应交税费——应交所得税 300 000

同时将所得税费用结转到“本年利润”账户：

借：本年利润 300 000

贷：所得税费用 300 000

二、利润分配的账务处理

利润分配是指企业根据国家有关规定和企业章程、投资者协议等，对企业当年可供分配利润指定其特定用途和分配给投资者的行为。利润分配的过程和结果不仅关系到每个股东的合法权益是否得到保障，而且还关系到企业的未来发展。

（一）利润的分配顺序

企业向投资者分配利润，应按一定的顺序进行。按照我国《公司法》的有关规定，利润分配应按下列顺序进行。

1. 计算可供分配的利润

企业在利润分配前，应根据本年净利润（或亏损）与年初未分配利润（或亏损）、其他转入的金额（如盈余公积弥补的亏损）等项目，计算可供分配的利润，即：

可供分配的利润=当年实现的净利润（或亏损）+年初未分配利润（或-年初未弥补亏损）+其他转入的金额

如果可供分配的利润为负数（即累计亏损），则不能进行后续分配；如果可供分配利润为正数（即累计盈利），则可进行后续分配。

2. 提取法定盈余公积

按照《公司法》的有关规定，公司制企业应当按照当年净利润（抵减年初累计亏损后）的10%提取法定盈余公积，非公司制企业法定盈余公积的提取比例可超过净利润的10%，提取的法定盈余公积累计额超过注册资本50%以上的，可以不再提取。

3. 提取任意盈余公积

公司提取法定盈余公积后，经股东会或者股东大会决议，还可以从净利润中提取任意盈余公积。

4. 向投资者分配利润（或股利）

企业可供分配的利润扣除提取的盈余公积后，形成可供投资者分配的利润，即：

可供投资者分配的利润=可供分配的利润-提取的盈余公积

企业可采用现金股利、股票股利和财产股利等形式向投资者分配利润（或股利）。

思考探究

可供分配利润和未分配利润有什么区别？

可供分配利润=当年实现的净利润+年初未分配利润（或-年初未弥补亏损）+其他转入，未分配利润=期初的未分配利润+本期实现的净利润-本期提取的盈余公积-本期向投资者分配的利润。如果不存在其他转入的情况下，未分配利润=可供分配利润-本期提取的盈余公积-本期向投资者分配的利润。

（二）账户设置

企业通常设置以下账户对利润分配业务进行会计核算。

1. “利润分配”账户

“利润分配”账户属于所有者权益类账户，用以核算企业利润的分配（或亏损的弥补）和历年分配（或弥补）后的余额。

该账户借方登记实际分配的利润额，包括提取的盈余公积和分配给投资者的利润，以及年末从“本年利润”账户转入的全年发生的净亏损；贷方登记用盈余公积弥补的亏损额等其他转入数，以及年末从“本年利润”账户转入的全年实现的净利润。年末，应将“利润分配”账户下的其他明细账户的余额转入“未分配利润”明细账户，结转后，除“未分配利润”明细账户可能有余额外，其他各个明细账户均无余额。“未分配利润”明细账户的贷方余额为历年累积的未分配利润（即可供以后年度分配的利润），借方余额为历年累积的未弥补亏损（即留待以后年度弥补的亏损）。

该账户应当分别按"提取法定盈余公积""提取任意盈余公积""应付现金股利或利润""盈余公积补亏"和"未分配利润"等明细账户进行核算。

2."盈余公积"账户

"盈余公积"账户属于所有者权益类账户，用以核算企业从净利润中提取的盈余公积。

该账户贷方登记按规定提取的盈余公积，即盈余公积的增加额；借方登记用盈余公积补亏和转增资本的实际金额，即盈余公积的减少额。期末余额在贷方，反映企业结余的盈余公积。

该账户应当分别"法定盈余公积""任意盈余公积"进行明细核算。

3."应付股利"账户

"应付股利"账户属于负债类账户，用以核算企业确定或宣告发放但尚未支付的现金股利和利润。

该账户贷方登记应付给投资者股利或利润的增加额；借方登记实际支付给投资者的股利或利润，即应付股利的减少额。期末余额在贷方，反映企业应付未付的现金股利或利润。

该账户可按投资者进行明细核算。

（三）账务处理

1. 净利润转入利润分配

会计期末，企业应将"本年利润"账户的余额转入"利润分配——未分配利润"账户，若为净利润，则借记"本年利润"账户，贷记"利润分配——未分配利润"账户，如为净亏损，则作相反会计分录。结转后，"本年利润"账户应无余额。

2. 提取盈余公积

企业提取的法定盈余公积，借记"利润分配——提取法定盈余公积"账户，贷记"盈余公积——法定盈余公积"账户；提取的任意盈余公积，借记"利润分配——提取任意盈余公积"账户，贷记"盈余公积——任意盈余公积"账户。

3. 向投资者分配利润或股利

企业根据股东大会或类似机构审议批准的利润分配方案，按应支付的现金股利或利润，借记"利润分配——应付现金股利或利润"账户，贷记"应付股利"等账户。

董事会或类似机构通过的利润分配方案中拟分配的现金股利或利润，不作账务处理，但应在附注中披露。

4. 盈余公积补亏

企业发生的亏损，除用当年实现的净利润弥补外，还可使用累积的盈余公积弥补。以盈余公积弥补亏损时，借记"盈余公积"账户，贷记"利润分配——盈余公积补亏"账户。

5. 企业未分配利润的形成

年度终了，企业应将“利润分配”账户所属其他明细账户的余额转入该账户“未分配利润”明细账户，即借记“利润分配——未分配利润”“利润分配——盈余公积补亏”等账户，贷记“利润分配——提取法定盈余公积”“利润分配——提取任意盈余公积”“利润分配——应付现金股利或利润”等账户。

结转后，“利润分配”账户中除“未分配利润”明细账户外，所属其他明细账户无余额。“未分配利润”明细账户的贷方余额表示累积未分配的利润，该账户如果出现借方余额，则表示累积未弥补的亏损。

【例5-43】阳光公司2022年年初未分配利润为100万元，本年实现净利润500万元，本年提取法定盈余公积50万元，提取任意盈余公积25万元，宣告发放现金股利110万元。假设不考虑其他因素。公司应编制如下会计分录：

（1）结转本年实现的净利润时：

借：本年利润	5 000 000	
贷：利润分配——未分配利润		5 000 000

（2）分配当年实现的净利润时：

借：利润分配——提取法定盈余公积	500 000	
——提取任意盈余公积	250 000	
——应付现金股利或利润	1 100 000	
贷：盈余公积——法定盈余公积		500 000
——任意盈余公积		250 000
应付股利		1 100 000

（3）结转全年利润分配额时：

借：利润分配——未分配利润	1 850 000	
贷：利润分配——提取法定盈余公积		500 000
——提取任意盈余公积		250 000
——应付现金股利或利润		1 100 000

【例5-44】阳光公司经股东大会决议，当年亏损50万元用以前年度提取的盈余公积弥补。假定不考虑其他因素，公司应编制如下会计分录：

借：盈余公积	500 000	
贷：利润分配——盈余公积补亏		500 000

推荐阅读

1. 全国人大颁布的《中华人民共和国公司法》
2. 财政部发布的《企业会计准则——基本准则》
3. 财政部发布的《企业会计准则——应用指南》

项目小结

- 借贷记账法下主要经济业务的账务处理
  - 企业的主要经济业务
  - 资金筹集业务的账务处理
    - 所有者权益筹资业务
    - 负债筹资业务
  - 固定资产业务的账务处理
    - 固定资产的概念与特征
    - 固定资产的成本
    - 固定资产业务的账户设置
    - 固定资产的折旧
    - 固定资产的账务处理
  - 材料采购业务的账务处理
    - 材料的采购成本
    - 材料采购业务的账户设置
    - 材料采购业务的账务处理
  - 生产业务的账务处理
    - 产品成本的构成
    - 生产业务的账户设置
    - 生产业务的账务处理
  - 销售业务的账务处理
    - 一般商品销售收入的确认和计量
    - 销售业务的账户设置
    - 销售业务的账务处理
  - 期间费用的账务处理
    - 期间费用的分类
    - 期间业务的账户设置
    - 期间业务的账务处理
  - 利润形成与分配业务的账务处理
    - 利润形成的账务处理
    - 利润分配的账务处理

项目六

会计凭证

德育微课堂

没有零头的维修发票

“组长，这有一张8 000元的公务用车维修发票，没有支出明细。”前不久，某省某县委第二巡察组在巡察某单位时，负责查阅会计凭证的小蒲疑惑地说道。

一般车辆维修都会有零头，为什么这张发票金额这么整，这背后有没有什么“隐情”？“再仔细看一下，是哪家修理厂，是不是公务用车，报销人是谁?”第二巡察组组长杨某敏锐地察觉到这张发票可能有问题。

巡察组同志发现，维修款并不是打到修理厂，而是直接打到该局副局长王某的个人账户。单位公务用车维修，账款不打到修理厂，怎么打到领导个人账户了？

“你们先找驾驶员核实一下，该单位的公务用车平时都到哪些修理厂维修，这家修理厂是否符合资质，账款是怎么结算的，有没有领导或驾驶员先垫付的情况。再对这家修理厂走访核实，看有没有这辆车维修的相关记录，这张发票是不是从该修理厂开具的……”巡察组组长杨某立即安排相关人员对疑点逐一核实。

“以前王某经常到我家修车、买保险，我们很早就认识了。”在被问起是否认识王某时，维修厂负责人彭某说。

经查，这家修理厂不在公务用车维修之列，账款结算也是通过公对公的方式，不存在私人垫付的情况，车辆维修都是由驾驶员负责……“我们修理厂一般不维修公务用车，都是私人来修得多，在我们这里维修的每辆车都有明细，开单都是通过电脑开具的。这辆车是否在这里修过，我没什么印象，但发票确实是我家开的。”彭某告诉巡察组的同志。

通过调查核实，真相浮出水面，原来是该局副局长王某为了冲销个人出差支出而虚开了发票。在证据面前，王某从试图狡辩到清醒认识自己的错误，最终也为自己的行为吞下苦果，受到纪律处分，并退回违规报销的8 000元。

（内容改编自中共中央纪律检查委员会网站）

学习目标

1. 知识目标

（1）理解会计凭证的概念及其分类。

（2）了解原始凭证的概念及其分类。

（3）理解原始凭证的内容。

（4）理解记账凭证的概念及其分类。

（5）理解记账凭证的内容。

（6）了解原始凭证和记账凭证之间的关系。

（7）理解会计凭证传递的要求。

（8）理解会计凭证保管的要求。

2. 技能目标

（1）能够正确填制并审核原始凭证。

（2）能够正确填制并审核记账凭证。

3. 素质目标

（1）培养严谨细致、客观公正的职业素养。

（2）培养坚持准则、不做假账的职业道德。

情境案例

阳光公司2022年12月20日收到了客户给的银行进账单回单，会计李明拿到进账单回单后，填写记账凭证。

思考探究

1. 进账单属于原始凭证吗？

2. 记账凭证应该如何填制？

任务一 原始凭证

原始凭证

任务导航

企业在日常经营过程中随着业务的发生会有很多单据，这些单据是原始凭证吗？如何填制与审核原始凭证？由于原始凭证的内容不同，格式各异，种类繁多，对应关系也不直观，如果直接根据原始凭证记账，容易发生差错，也不便于查账。根据审核无误的原始凭证或汇总原始凭证编制记账凭证，在记账凭证摘要中说明经济业务的内容，确定应借、应贷的账户名称和金额，并将原始凭证作为附件，然后根据记账凭证登记账簿，这样可以减少记账错误，便于核对和查账，保障记账工作的质量。

任务解析

一、会计凭证的概念与作用

（一）会计凭证的概念

会计凭证是记录经济业务发生或者完成情况的书面证明，也是据以登记账簿的依据。通过填制或取得会计凭证，可以明确经济责任。在会计核算工作中，处理任何一项经济业务都必须有会计凭证，不能凭空记账，只有这样才能保证会计核算的真实与客观。

会计凭证概述

会计管理工作要求会计核算提供真实的会计资料，强调记录的经济业务必须有根有据。任何企业、事业和行政单位，为了有效地反映和监督其经济业务的发生和完成情况，确保会计信息的真实、准确、完整、合理、合法，每发生一笔经济业务，都必须由执行或完成该项经济业务的有关人员取得或填制会计凭证，以书面形式记录和证明所发生经济业务的性质、内容、数量、金额等，并在凭证上签名或盖章，以对经济业务的合法性和凭证的真实性、可靠性负责。例如，购买商品、材料由供货方开出发票；支出款项由收款方开出收据；接收商品、材料入库要有收货单；发出商品要有发货单；发出材料要有领料单等。这些发票、收据、收据单、发货单、领料单都是会计凭证。所有会计凭证都必须认真填制，同时还得经过有关人员的严格审核，只有审核无误的会计凭证才能作为经济业务发生或完成的证明，才能作为登记账簿的依据。

（二）会计凭证的作用

会计凭证的作用主要体现在以下三个方面。

1. 记录经济业务，提供记账依据

企业发生的每一项经济业务，都要由经办人员按照规定的程序和要求，必须及时取得或填制会计凭证，如实写明经济业务的内容、发生或完成的时间，确定应记入的账户名称、方向和金额，通过会计凭证的填制，可以将日常发生的大量经济业务真实地记录下来，及时地反映各项经济业务的发生和完成情况，为经营管理者提供有用的会计信息。根据审核无误的会计凭证登记入账，为登记账簿提供可靠的依据。

2. 明确经济责任，强化内部控制

在会计凭证中，列明了经济业务发生的日期、内容、数量、金额以及有关经办人员的签名盖章等。有相关单位和人员在凭证上签名盖章，这样能促使经办人员严格按照规章制度办事，在其职权范围内各负其责、相互监督，从而加强他们的责任感。一旦出现问题，便于分清责任，及时采取措施，有利于岗位责任制的落实，强化了经济管理的岗位责任制。一旦发生了差错和纠纷，也可以借助会计凭证进行正确的裁决，还可以及时发现经营管理中的薄弱环节，总结经验教训，以便采取措施，改进工作。

3. 监督经济活动，控制经济运行

经济业务是否合法合理，是否客观真实，在记账前都必须经过财会部门审核。通过审核会计凭证，可以充分有效地发挥会计监督作用，检查每笔经济业务是否符合有关政策、法令、制度、计划和预算的规定，有无铺张浪费和违纪行为，从而促进各单位和经办人树立遵纪守法的观念，促使各单位建立健全各项规章制度，确保财产安全完整。出现问题，也能及时发现，从而积极采取措施予以纠正，对经济活动进行事前、事中、事后控制，保证经济活动健康运行。

二、会计凭证的种类

会计凭证按照填制程序和用途不同，分为原始凭证和记账凭证两类。

（一）原始凭证

原始凭证，又称单据，是在经济业务发生或完成时由相关人员取得或填制的，用以记录或证明经济业务发生或完成情况并明确有关经济责任的一种原始凭据。原始凭证是证明经济业务发生的初始文件，具有较强的法律效力，是填制记账凭证和登记账簿的原始依据。

（二）记账凭证

记账凭证，又称记账凭单，是会计人员根据审核无误的原始凭证或汇总原始凭证，按照经济业务的内容进行归类、整理，并据以确定会计分录后所填制的会计凭证，是登记会计账簿的直接依据。

原始凭证和记账凭证都称为会计凭证，但就其性质来讲，却截然不同。原始凭证和记账凭证的主要区别有：

（1）原始凭证一般由业务经办人员填制，而记账凭证一律由会计人员填制。

（2）原始凭证是根据发生或完成的经济业务填制，而记账凭证则是根据审核后的原始凭证填制。

（3）原始凭证仅用以记录、证明经济业务已经发生或完成，而记账凭证则要依据会计科目对已经发生或完成的经济业务进行归类、整理编制。

（4）原始凭证是记账凭证的附件和填制记账凭证的依据，而记账凭证则是登记账簿的依据。

小贴士

由于原始凭证的内容不同，格式各异，种类繁多，对应关系也不直观，如果直接根据原始凭证记账，容易发生差错，也不便于查账。因此，应先根据原始凭证或汇总原始凭证编制记账凭证，在记账凭证摘要中说明经济业务的内容、确定应借、应贷的账户名称和金额，并将原始凭证作为附件，然后根据记账凭证登记账簿。这样可以减少记账错误，便于核对和查账，保障记账工作的质量。

三、原始凭证的种类

原始凭证可以按照取得来源、格式、填制的手续和内容进行分类，如表6–1所示。

表6–1 原始凭证的分类

原始凭证	按来源不同	自制原始凭证
		外来原始凭证
	按格式不同	通用凭证
		专用凭证
	按填制手续及内容不同	一次凭证
		累计凭证
		汇总凭证

（一）按取得的来源分类

原始凭证按取得的来源不同，分为自制原始凭证和外来原始凭证。

1. 自制原始凭证

自制原始凭证是在执行和完成某项经济业务时自行填制的，仅供本单位内部使用的原始凭证，如收料单、领料单、限额领料单、产品入库单、产品出库单、借款单、工资发放明细表、折旧计算表、差旅费报销单等都是自制原始凭证。部分自制原始凭证格式如表6–2、表6–3所示。

表6–2 领料单

领料部门： 年 月 日 领料编号：

领料用途： 发料仓库：

材料编号	材料名称及规格	计量单位	数量		单价	金额
			请领	实领		
备注					合计	

发料人： 审批人： 领料人： 记账：

表6–3 产品入库单

凭证编号：

交库单位： 年 月 日 收料仓库：

产品编号	产品名称	规格	计量单位	交付数量	检验结果		实收数量	单价	金额
					合格	不合格			
备注							合计		

思考探究

请问还有哪些自制原始凭证？

2. 外来原始凭证

外来原始凭证是在经济业务发生或完成时，从外部单位或个人处直接取得的原始凭证，如购买材料取得的增值税专用发票、非增值税及小规模纳税人的发票、铁路运输部门的火车票、职工出差取得的飞机票或船票、由银行转来的各种结算凭证、对外支付款项时取得的收据等都是外来原始凭证。部分外来原始凭证格式如表6–4所示。

表6-4　　北京增值税专用发票　　№ 00858247

开票日期:

<table>
<tr><td>购买方</td><td colspan="5">名　　称:
纳税人识别号:
地 址、电 话:
开户行及账号:</td><td>密码区</td><td colspan="3"></td></tr>
<tr><td colspan="2">货物或应税劳务、服务名称

合计</td><td>规格型号</td><td>单位</td><td>数　量</td><td>单　价</td><td colspan="2">金　额</td><td>税率</td><td>税　额</td></tr>
<tr><td colspan="2">价税合计（大写）</td><td colspan="8">（小写）</td></tr>
<tr><td>销售方</td><td colspan="5">名　　称:
纳税人识别号:
地 址、电 话:
开户行及账号:</td><td>备注</td><td colspan="3"></td></tr>
</table>

收款人:　　复核:　　开票人:　　销售方:（章）

思考探究

请问进账单属于外来原始凭证吗?

（二）按格式分类

原始凭证按格式不同分类，可以分为通用凭证和专用凭证两种。

1. 通用凭证

通用凭证是指由有关部门统一印制，在一定范围内使用的具有统一格式和使用方法的原始凭证。

常见的通用凭证有全国通用的增值税专用发票、银行转账结算凭证等。通用凭证的适用范围，可以是某一地区、某一行业，也可能是全国通用，如全国统一的异地结算银行凭证、部门统一规定的发票、地区统一的汽车票等。这种凭证，格式标准，内容规范，便于比较；相应的主管部门统一管理并负责印制，有利于防止凭证的随意使用。

2. 专用凭证

专用凭证是指由单位自行印制，仅在本单位内部使用的原始凭证。常见的专用凭证有收料单、领料单、工资费用分配表、折旧计算表等。

（三）按填制手续及内容分类

原始凭证按填制手续及内容不同，可以分为一次凭证、累计凭证和汇总凭证。

1. 一次凭证

一次凭证是指一次填制完成、只记录一笔经济业务的原始凭证。一次凭证是一次有效的凭证。

外来原始凭证一般均属一次凭证，自制原始凭证中大多数也是一次凭证。日常的原始凭证多属此类，如增值税专用发票、现金收据、收料单、入库单、借款单等。一次凭证能够清晰地反映经济业务活动情况，使用方便灵活，但数量较多，一次凭证只能使用一次，填制完毕，凭证手续也即完成。

2. 累计凭证

累计凭证是指在一定时间内多次记录发生的同类型经济业务且多次有效的原始凭证，其特点是在一张凭证内可以连续登记相同性质的经济业务，随时结出累计数和结余数，并按照费用限额进行费用控制，期末按实际发生额记账。

累计凭证是多次有效的原始凭证，其填制手续不是一次完成的，而是随着经济业务的发生而多次进行，把经常发生的同类经济业务登记在一张凭证上，直到期末求出总数以后才完成凭证的填制手续，一般是自制原始凭证，最具有代表性的累计凭证是“限额领料单”（表6-5）。累计原始凭证可以减少凭证张数，简化填制手续，同时也可以随时计算累计发生数，以便同计划或定额数量进行比较，反映业务执行或完成的工作总量，便于控制支出管理。

知识链接

限额领料单是为了成本控制、避免浪费而产生的，它同领料单的区别在于它多了一项“定额”。在领料时，仓库发料人员可以根据“定额”栏的数量来确定是否发料，如果要领的料累计已超过定额，仓库就不能发料。“限额领料单”是多次使用的累积领发料凭证。在有效期间内（一般为一个月），只要领用数量不超过限额就可以连续使用。

表6-5　　限额领料单

领料部门：　　　　年　月　日　　　　编号：

用途：

<table>
<tr><th rowspan="2">材料编号</th><th rowspan="2">名称规格</th><th rowspan="2">计量单位</th><th rowspan="2">计划投产量</th><th rowspan="2">单位消耗定额</th><th rowspan="2">领用限额</th><th colspan="3">实发</th></tr>
<tr><th>数量</th><th>单价</th><th>金额</th></tr>
<tr><td></td><td></td><td></td><td></td><td></td><td></td><td></td><td></td><td></td></tr>
<tr><td></td><td></td><td></td><td></td><td></td><td></td><td></td><td></td><td></td></tr>
<tr><td></td><td></td><td></td><td></td><td></td><td></td><td></td><td></td><td></td></tr>
<tr><td></td><td></td><td></td><td></td><td></td><td></td><td></td><td></td><td></td></tr>
<tr><td></td><td></td><td></td><td></td><td></td><td></td><td></td><td></td><td></td></tr>
<tr><td rowspan="2">日期</td><td colspan="3">领用</td><td colspan="3">退料</td><td colspan="2" rowspan="2">限额结余数量</td></tr>
<tr><td>数量</td><td>发料人</td><td>领料人</td><td>数量</td><td>收料人</td><td>退料人</td></tr>
<tr><td></td><td></td><td></td><td></td><td></td><td></td><td></td><td></td><td></td></tr>
<tr><td></td><td></td><td></td><td></td><td></td><td></td><td></td><td></td><td></td></tr>
<tr><td></td><td></td><td></td><td></td><td></td><td></td><td></td><td></td><td></td></tr>
<tr><td></td><td></td><td></td><td></td><td></td><td></td><td></td><td></td><td></td></tr>
</table>

生产计划部门：　　　　供销部门：　　　　仓库：

3. 汇总凭证

汇总凭证，是指对一定时期内反映经济业务内容相同的若干张原始凭证，按照一定标准综合填制的原始凭证。汇总原始凭证合并了同类型经济业务，简化了记账工作量，既可以提供经营管理所需的总量指标，又可以大大简化核算手续。

常用的汇总原始凭证有：发出材料汇总表、工资结算汇总表、销售日报表、差旅费报销单等。其中，发出材料汇总表格式如表6-6所示。

表6-6 发出材料汇总表

年 月 日

材料品种／领用部门	甲种材料		乙种材料		丙种材料		合计	
	数量	金额	数量	金额	数量	金额	数量	金额
合计								

会计主管： 复核： 制表：

知识链接

企业各职能部门需要领取材料时，应分别填制“领料单”，领料单一般为三联式，由仓库、领料部门与财务部门各执一份。为简化核算工作量，财务部门月底根据这些领料单编制“发出材料汇总表”，对这些材料发出业务一并进行相应会计处理。

四、原始凭证的基本内容

各种原始凭证，尽管名称和格式不同，但都应该具备一些共同的基本内容。这些基本内容就是每一张原始凭证所应该具备的要素。原始凭证必须具备以下基本内容：

（1）原始凭证的名称。原始凭证的名称表明原始凭证所记录经济业务内容的种类，反映原始凭证的用途，如“发货票”“入库单”“增值税专用发票”等。

（2）填制原始凭证的日期。一般应当是经济业务事项发生或完成的日期。

（3）填制单位名称或填制人姓名。

（4）有关人员（部门负责人、经办人员）签名或签章。

（5）接受原始凭证的单位名称。

（6）经济业务内容。

（7）数量、单价和金额。

实际工作中，有些原始凭证，不仅要满足会计工作的需要，还应满足其他管理工作的需要。因此，在有些凭证上，除具备上述内容外，还应具备其他一些项目，如与业务有关的经济合同、结算方式、费用预算等，以更加完整、清晰地反映经济业务。

中国工商银行 **进账单**（回单）

年　月　日

出票人	全　称		收款人	全　称	
	账　号			账　号	
	开户银行			开户银行	
人民币（大写）					千 百 十 万 千 百 十 元 角 分
票据种类					
票据张数					
单位主管　会计　复核　记账			收款人开户行盖章		

此联是开户银行交给持票人的回单

图6-1　进账单

五、原始凭证的填制要求

为了保证原始凭证能够正确、及时、清晰地反映经济业务的真实情况，也为了会计核算工作得以正常进行，原始凭证的填制必须符合下列要求。

1. 记录要真实

记录真实，就是要实事求是地填写经济业务、原始凭证填制的日期、业务内容、数量、金额等，确保凭证内容真实可靠，不得歪曲经济业务真相、弄虚作假，对于实物数量、质量和金额的计算，要准确无误，不得以匡算数或估计数填入，确保凭证所记录的内容真实可靠。

2. 内容要完整

原始凭证中应该填写的项目要逐项填写，不可缺漏和省略。年、月、日按照经济业务或者事项发生的实际日期填写；名称要齐全，不能简化；品名或用途要填写明确，不能含糊不清；有关人员的签章必须齐全。

3. 手续要完备

单位自制的原始凭证必须有经办业务的部门和人员签名盖章；对外开出的凭证必须加盖本单位的公章或财务专用章；从外部取得的原始凭证必须有填制单位公章或财务专用章；个人取得的原始凭证，必须有填制人员的签名盖章。

4. 书写要规范

原始凭证中的文字、数字的书写都要清晰、工整、规范，做到字迹端正、易于辨认，不草、不乱、不造字。复写的凭证要不串行、不串格，不模糊。大小写金额填写要符合规定，发生差错要按规定的方法更正，不得涂改或刮、挖、擦、改。原始凭证，如发票、支票，都有连续编号，应按编号连续使用，这类凭证如有填写错误，应予以作废并重填，并在填错的凭证上加盖“作废”戳记，与存根一起保存，不得任意销毁，大小写金额要一致。数字和货币符号的书写要符合下列要求：

（1）阿拉伯数字要逐个书写，不得连笔写。阿拉伯数字前面应该书写货币币种或者货币名称简写和币种符号。币种符号与阿拉伯数字之间不得留有空白。凡阿拉伯金额数字前写有货币币种符号的，数字后面不再写货币单位。特别是在要连写几个“0”时，也一定要单个地写，不能将几个“0”连在一起一笔写完。数字排列要整齐，数字之间的空格要均匀，不宜过大。此外，阿拉伯数字的书写还有高度的标准，一般要求数字的高度占凭证横格高度的1/2为宜。书写时还要注意紧靠横格底线，使上方能有一定的空位，以便需要进行更正时可以再次书写。

（2）所有以元为单位（其他货币种类为货币基本单位，下同）的阿拉伯数字，除表示单价等情况外，一律填写到角分；无角分的，角位和分位写“00”或者符号“—”；有角无分的，分位应当写“0”，不得用符号“—”代替。

（3）汉字大写数字金额如零、壹、贰、叁、肆、伍、陆、柒、捌、玖、拾、佰、仟、万、亿等，应一律用正楷或行书体填写，不得用○、一、二、三、四、五、六、七、八、九、十等简化字代替。不得任意自造简化字。大写金额数字到元或角为止的，在“元”或“角”之后应当写“整”或“正”字。有分的，不写“整”或“正”字。如小写金额为1 007.00，大写金额应写成“人民币壹仟零柒元整”。

（4）在发货票等须填写大写金额数字的原始凭证上，如果大写金额数字前未印有货币名称，应当加填货币名称，然后在其后紧接着填写大写金额数字，货币名称和金额数字之间不得留有空白。

（5）阿拉伯数字金额之间有“0”时，汉字大写金额应写“零”字；阿拉伯数字金额中间连续有几个“0”时，大写金额中可以只有一个“零”；阿拉伯数字金额元位为“0”或者数字中间连续有几个“0”，元位也是“0”，但角位不是“0”时，汉字大写金额可以只写一个“零”字，也可以不写“零”字。

5. 编号要连续

原始凭证要顺序连续或分类编号，如果凭证已预先印定编号，如发票、收据、支票，都有连续编号，应按编号连续使用，跳号的凭证要加盖“作废”戳记，连同存根一起保管，不得撕毁。

6. 不得涂改、刮擦、挖补

原始凭证有错误的，应当由出具单位重开或更正，更正处应加盖出具单位印章。原始凭证金额有错误的，应当由出具单位重开，不得在原始凭证上更正。

原始凭证不得涂改、刮擦、挖补，若填写错误，应采用规定的方法予以更正，对于重要的原始凭证，如支票以及各种结算凭证，一律不能涂改。对于预先印有编号的各种凭证，在填写错误后，要加盖“作废”戳记，并单独保管。

7. 填制要及时

所有业务的有关部门和人员，在经济业务实际发生或完成时，必须及时填写原始凭证，做到不拖延、不积压，不事后补填，并按规定的程序审核。在办理收款或付款后，应在有关原始凭证上加盖“收讫”或“付讫”的戳记，以避免重收重付。

思考探究

请问填制进账单（图6-1）应该要注意哪些事项？

六、原始凭证的审核

任何原始凭证都必须经过严格的审核后，才能作为记账的依据，这是保证会计核算真实、正确的基础。原始凭证的审核，是会计监督工作的一个重要环节。

1. 审核原始凭证的真实性

真实性的审核包括审核原始凭证本身是否真实以及原始凭证反映的经济业务事项是否真实两方面。即确定原始凭证是否虚假、是否存在伪造或者涂改等情况，防止以假冒的原始凭证记账；核实原始凭证所反映的经济业务是否发生过，是否反映了经济业务事项的本来面目等，具体包括凭证日期是否真实、业务内容是否真实、数据是否真实等内容的审核。外来原始凭证必须盖有填制单位的公章或填制人员的签名或者盖章；自制原始凭证必须有经办单位领导人及经办人员的签名或者盖章。

2. 审核原始凭证的合法性

审核原始凭证所反映的经济业务事项是否符合国家有关法律、法规、政策和国家统一会计制度的规定，是否符合有关审批权限和手续的规定，以及是否符合单位的有关规章制度，有无违法乱纪、弄虚作假等现象。

3. 审核原始凭证的合理性

审核原始凭证所记录的经济业务是否符合企业生产经营活动的需要，是否符合有关的计划和预算等。

4. 审核原始凭证的完整性

审核原始凭证的内容是否完整，手续是否齐备，应填项目是否齐全，填写方法、填写形式是否正确，有关签章是否具备等。

5. 审核原始凭证的正确性

审核原始凭证的摘要和数字是否填写清楚、正确，数量、单价、金额的计算有无错误，大写与小写金额是否相符。

6. 审核原始凭证的及时性

原始凭证的及时性是保证会计信息及时性的基础。为此，要求在经济业务发生或完成时及时填制有关原始凭证，及时进行凭证的传递。审核时应注意审查凭证的填制日期，尤其是支票、银行汇票、银行本票等时效性较强的原始凭证，更应仔细验证其签发日期。

经审核的原始凭证应根据不同情况处理：

第一，对于完全符合要求的原始凭证，应及时据以编制记账凭证。

第二，对于真实、合法、合理但内容不够完整、填写有错误的原始凭证，应予以退回，并要求有关经济业务事项的经办人员按国家统一会计制度的规定更正、补充，待内容补充完整、手续完备后，再予以办理。

第三，对于不真实、不合法的原始凭证，会计机构和会计人员有权不予接受，并应当报告单位负责人，要求查明原因，作出处理。

知识链接

鉴别真假发票的方法

最常见的原始凭证是发票，以下是常用的鉴别真假发票的方法。

1. 普通发票真伪鉴别方法

全国统一启用的新版发票的发票监制章形状为椭圆形，上环刻制“全国统一发票监制章”字样，下环刻制“国家税务局监制”或“地方税务局监制”字样，中间刻制监制税务机关所在地的全称或简称，字体为正楷，印色为大红色，在紫外线荧光灯下呈橘红色，套印在发票联的票头中央。发票联采用专用水印纸印制，在对光的情况下，肉眼能清晰地看到发票联水印纸上的水印图案为菱形，中间标有“SW”汉语拼音字母，发票联不加印底纹，用发票防伪鉴别仪器识别防伪油墨，看其是不是统一的防伪油墨。

2. 增值税专用发票真伪鉴别方法

在发票联和抵扣联印有防伪水印图案，即有两组各四个标准的税徽图案组成的环形，中间有正反“税”字的拼音字母“shui”。将专用发票的发票联和抵扣联背面对光检查，可以看到水印防伪图案，有红色荧光防伪标记。发票联和抵扣联中票头套印的全国统一发票监制章，采用红色荧光油墨印制，在紫外线灯发票鉴别仪照射下呈红色反应。在发票联和抵扣联的中间采用无色荧光油墨套印“国家税务总局监制”字样和左右两边各印有花纹图案，上述字样和图案肉眼看不到，用紫外线灯发票鉴别仪照呈红色荧光反应。用紫外线灯、发票鉴别仪鉴别无色和有色荧光防伪标志“SW”。

3. 对照审查发票法

对照审查法将用票单位发票的实际使用情况与《发票购领簿》及发票领用存的情况核对，审查私印发票、丢失发票、转借发票、虚开发票、代开发票、使用作废发票和超经营范围填开发票的问题。

4. 票面逻辑推理法

根据发票各个栏目所列的内容之间、发票与用票单位有关经济业务之间的关系进行分析审核，从中发现问题。发票所列各项内容之间，有其内在的逻辑关系和规律性，如果违背了这些规律，就说明发票存在问题。如增值税专用发票中购销双方的名称与税务登记号有着直接的对应关系；根据销售货物或劳务的名称可以确定适用税率；根据计量单价、数量、单位、金额、税率和税额之间的逻辑关系可以推断金额和税额的计算有无错误等。

5. 联系实务法

发票与企业的购销业务有着直接的联系，而购销业务与企业存货数量及货币资金（包括债权、债务）的增减变化有着一定的对应关系，利用这一逻辑关系就可以审查发票使用有无问题。取得发票的金额与存货、费用增加额，货币资金减少额，流动负债增加额呈同步变化趋势；填开发票的金额与存货减少额，货币资金或应收债权增加额呈同步变化趋势。如果企业取得和填开的发票与购销业务之间的关系违背了上述规律，在数量、金额上的逻辑关系不符，就有可能存在问题，需要进一步审查核实。

对于外单位提供的发票，本地税务机关在网上有发票查验，登录国税或者地税的网站，输入发票号码就会显示该发票由什么单位购买，根据提示核对发票的开票单位是否一致可以辨别。

任务二 记账凭证

记账凭证

任务导航

作为企业会计人员应如何根据审核以后的原始凭证填制记账凭证？填制记账凭证的要求有哪些？填制完的记账凭证应如何审核？填制记账凭证是一项重要的会计工作，为了便于登记账簿，保证账簿记录的正确性，必须严格按照要求填制记账凭证。

任务解析

一、记账凭证的种类

记账凭证又称记账凭单，是会计人员根据审核无误后的原始凭证按照经济业务事项的内容进行归类、整理，并据以确定会计分录而编制的会计凭证。

记账凭证按照用途可分为专用记账凭证和通用记账凭证；按照填列方式可分为单式记账凭证和复式记账凭证。具体如表6-7所示。

表6-7 记账凭证的种类

<table>
<tr><td rowspan="6">记账凭证</td><td rowspan="4">按用途不同</td><td rowspan="3">专用记账凭证</td><td>收款凭证</td></tr>
<tr><td>付款凭证</td></tr>
<tr><td>转账凭证</td></tr>
<tr><td colspan="2">通用记账凭证</td></tr>
<tr><td rowspan="2">按填列方式不同</td><td colspan="2">单式记账凭证</td></tr>
<tr><td colspan="2">复式记账凭证</td></tr>
</table>

（一）按凭证的用途分类

记账凭证按照用途的不同，可以分为专用记账凭证和通用记账凭证。

1. 专用记账凭证

专用记账凭证是指分类反映经济业务、记录某一类经济业务的记账凭证。按其反映的经济业务内容是否与现金、银行存款收付有关，可分为收款凭证、付款凭证和转账凭证。

（1）收款凭证。**收款凭证**是指专门用以记录现金和银行存款收款业务的记账凭证。收款凭证是根据现金收入和银行存款收入业务的原始凭证填制的，是出纳人员收讫款项的依据，也是登记总账、现金日记账和银行存款日记账以及有关明细账的依据，一般按现金和银行存款分别编制，即分为现金收款凭证与银行存款收款凭证。收款凭证格式如表6-8所示。

表6-8 **收款凭证**

借方科目________ 年 月 日 收字第____号

摘要	贷方科目		金额										记账
	总账科目	明细科目	千	百	十	万	千	百	十	元	角	分	
附件 张	合计												

会计主管： 记账： 出纳： 复核： 制单：

（2）付款凭证。**付款凭证**是指专门用以记录现金和银行存款付款业务的记账凭证。付款凭证是根据现金付出或银行存款付出业务的原始凭证填制的，是出纳人员支付款项的依据，也是登记总账、现金日记账和银行存款日记账以及有关明细账的依据，一般按现金和银行存款分别编制，即分为现金付款凭证和银行存款付款凭证。付款凭证格式如表6-9所示。

表6-9 **付款凭证**

贷方科目________ 年 月 日 付字第____号

摘要	借方科目		金额										记账
	总账科目	明细科目	千	百	十	万	千	百	十	元	角	分	
附件 张	合计												

会计主管： 记账： 出纳： 复核： 制单：

（3）转账凭证。**转账凭证**是指专门用以记录不涉及现金和银行存款收付款的经济业务的记账凭证。

在经济业务中，凡是不涉及现金和银行存款收付的业务，称之为转账业务，如计提固定资产折旧、车间领用原材料、期末结转成本等。转账凭证的格式如表6-10所示。

在会计实务中，对于现金和银行存款之间的收付款业务，为了避免记账重复，一般只编制付款凭证，不编制收款凭证。即对于提取现金的业务，编制银行存款付款凭证；向银行存入现金的业务，编制现金付款凭证。

表6-10　　　　转账凭证

年　月　日　　　　转字第____号

摘要	会计科目		记账	贷方金额	借方金额
	一级科目	二级或明细科目			
合计					

会计主管：　　记账：　　出纳：　　复核：　　制单：

2. 通用记账凭证

通用记账凭证是用以记录所有经济业务的凭证，只采用一种格式，采用通用记账凭证的经济单位，不再区分收款、付款和转账三类凭证，其格式与转账凭证基本相同，适合于规模不大、款项收付不多的中小企业。通用记账凭证格式如表6-11所示。

表6-11　　　　记账凭证

年　月　日　　　　记字第____号

摘要	会计科目		记账	贷方金额	借方金额
	一级科目	二级或明细科目			
合计					

会计主管：　　记账：　　出纳：　　复核：　　制单：

思考探究

对于规模小、收付款业务少的公司，请问用专用记账凭证还是通用记账凭证？

（二）按凭证的填列方式分类

记账凭证按填列方式不同，可分为单式记账凭证和复式记账凭证两种。

1. 单式记账凭证

单式记账凭证是在每张凭证上只填列经济业务事项所涉及的一个会计科目及其金额的记账凭证。填列借方科目的称借项凭证，填列贷方科目的称贷项凭证。某项经济业务涉及几个会计科目，就编制几张单式记账凭证，单式记账凭证格式和内容如表6-12、表6-13所示。

表6-12　　借项记账凭证

年　月　日　　　　凭证编号

摘要	一级科目	明细科目	账页	金额
合计				

会计主管：　　记账：　　复核：　　制单：

表6-13　　贷项记账凭证

年　月　日　　　　凭证编号

摘要	一级科目	明细科目	账页	金额
合计				

会计主管：　　记账：　　复核：　　制单：

单式记账凭证的优点是内容单一，便于记账工作的分工，也便于按科目汇总，并可加速凭证的传递。其缺点是凭证张数多，制证工作量大，内容分散，不便于查账，在一张凭证上不能完整地反映一笔经济业务的全貌，不便于检验会计分录的正确性，故需加强凭证的复核、装订和保管工作，因而一般只在经济业务较多，会计人员分工较细的情况下有选择地采用。

2. 复式记账凭证

复式记账凭证是将每一笔经济业务所涉及的全部借方和贷方的各个会计科目及发生额都集中填列在同一张记账凭证上反映的一种凭证。

如前面列举的收款凭证、付款凭证和转账凭证都是复式记账凭证。实际工作中，会计核算一般都采用复式记账凭证。复式记账凭证可以集中反映账户的对应关系，有利于了解经济业务的全貌，同时还可以减少凭证的数量，减轻编制记账凭证的工作量，便于检验会计分录的正确性，但不便于汇总计算每一会计科目的发生额和进行分工记账。

二、记账凭证的基本内容

记账凭证作为确定会计分录和登记账簿的直接依据，必须具备以下基本内容。

1. 填制凭证的日期

记账凭证是哪一天编制的，就写哪一天。填制记账凭证的日期与原始凭证的填制日期可能相同也可能不同。记账凭证应及时填制，但一般稍后于原始凭证的填制。

2. 凭证编号

记账凭证要根据经济业务发生的先后顺序按月连续编号，按编号顺序记账。企业既可以按照收款、付款、转账三类业务分收、付、转三类编号，也可细分为现收、现付、银收、银付、转账五类编号。

3. 经济业务摘要

要求清晰揭示经济业务的内容，同时简明扼要。

4. 会计科目及金额

应该注意计入的会计科目及其记账方向，以及该经济业务发生的金额是否正确。

5. 所附原始凭证张数

原始凭证是编制记账凭证的根据，缺少它就无从审核记账凭证的正确与否。

6. 相关人员签名或盖章

填制凭证人员、稽核人员、记账人员、会计机构负责人、会计主管人员的签名面或者盖章。收款凭证和付款凭证需要出纳人员签名或者盖章。

以自制的原始凭证或者原始凭证汇总表代替记账凭证的，也必须具备记账凭证应有的项目。

思考探究

假设你是情景案例中的会计李明，你知道如何根据收到的进账单填记账凭证吗？

三、记账凭证的填制要求

填制记账凭证是一项重要的会计工作，为了便于登记账簿，保证账簿记录的正确性，必须严格按照要求填制记账凭证。

（一）记账凭证填制的基本要求

各种记账凭证都必须按照规定的格式和内容填制，除必须做到记录真实、内容完整、填制及时、书写清楚外，还必须符合下列要求：

（1）记账凭证各项内容必须完整。摘要是对经济业务内容的简要说明，要求文字说明简练、确切。应当根据经济业务的内容，按照会计制度的规定，确定应借、应贷科目。科目使用必须正确，不得任意改变、简化会计科目的名称。应借、应贷账户必须保持清晰的对应关系。金额栏数字的填写必须规范、准确，与所附原始凭证的金额相符。金额登记方向、数字必须正确，角分位不留空格。记账凭证应具备的内容都要具备，要按照记账凭证上所列项目逐一填写清楚，有关人员的签名或者盖章要齐全，不可缺漏。

（2）记账凭证必须连续编号，以免凭证散失。如果企业采用通用记账凭证，记账凭证的编号可以采取顺序编号法，即按月编制序号。如果是采取收款凭证、付款凭证和转账凭证的专用记账凭证形式，则记账凭证应该按照字号编号法，即把不同类型的记账凭证用“字”加以区别，再把同类的记账凭证按照顺序加以连续编号。如“收字第××号”“付字第××号”“转字第××号”等。如果一项经济业务需要填制一张以上的记账凭证时，记账凭证的编号可以采取分数编号法。

（3）书写规范。相关文字、数字和货币符号的书写要求同原始凭证。

（4）记账凭证可以根据一张原始凭证填制，或者根据若干张同类原始凭证汇总填制，也可以根据原始凭证汇总表填制，但是不得将不同内容和类别的原始凭证汇总填制在一张记账凭证上。

（5）除结账和更正错误的记账凭证可以不附原始凭证外，其他记账凭证必须附有原始凭证。如果一张原始凭证涉及几张记账凭证，可以把原始凭证附在一张主要的记账凭证后面，并在其他记账凭证上注明附有该原始凭证的记账凭证编号或者附原始凭证的复印件。

（6）如果在填制记账凭证时发生错误，应当重新填制。已经登记入账的记账凭证，在发现填写错误时，可用红字填写一张与原内容相同的记账凭证，在摘要栏注明“注销某月某日某号凭证”字样，同时再用蓝字重新填制一张正确的记账凭证，在摘要栏注明“订正某月某日某号凭证”字样。如果会计科目和记账方向都没有错误，只是金额错误，可以按正确数字和错误数字之间的差额，另编一张调整的记账凭证，调增金额用蓝数字，调减金额用红数字。

（7）记账凭证填完经济业务后，如果有空行，应当自金额栏最后一笔金额数字下的空行处至合计数上的空行处划斜线注销。

（二）收款凭证填制的基本要求

收款凭证（表6-14）是根据审核无误的现金和银行存款收款业务的原始凭证填制的。

【例6-1】阳光公司2022年3月14日开出内部收据收回人事部门备用金的现金2 000元，应编制如下会计分录：

借：库存现金　　2 000

　贷：其他应收款——人事部门　　2 000

并根据经济业务的原始凭证1张填制收款凭证。

这项经济业务导致企业现金增加，因此应编制现金收款凭证。

表6-14　　收款凭证

借方科目：库存现金　　2022年3月14日　　现收 字第 1 号

摘要	贷方科目		金额										记账
	总账科目	明细科目	千	百	十	万	千	百	十	元	角	分	
收回备用金	其他应收款	人事部门					2	0	0	0	0	0	
附件1张	合计					¥	2	0	0	0	0	0	

会计主管：　　记账：　　出纳：　　审核：　　填制：

（三）付款凭证填制的基本要求

付款凭证（表6-15）是根据审核无误的现金和银行存款付款业务的原始凭证填制的。

【例6-2】某企业2022年3月18日以现金支付采购员郭亮预借差旅费3 000元，应编制如下会计分录：

借：其他应收款——郭亮　　3 000

　贷：库存现金　　3 000

并根据经济业务的原始凭证1张填制付款凭证。

这项经济业务导致企业现金减少，因此应编制现金付款凭证。

表6-15　　付款凭证

贷方科目：库存现金　　2022年3月18日　　现付 字第 2 号

摘要	贷方科目		金额										记账
	总账科目	明细科目	千	百	十	万	千	百	十	元	角	分	
支付预借差旅费	其他应收款	郭亮					3	0	0	0	0	0	
附件1张	合计					¥	3	0	0	0	0	0	

会计主管：　　记账：　　出纳：　　审核：　　填制：

（四）转账凭证填制的基本要求

转账凭证（表6-16）是根据审核无误的不涉及现金和银行存款收付的转账业务的原始凭证编制的。

【例6-3】阳光公司2022年3月20日销售产品30 000元（增值税暂不考虑）冲减华美公司的预收款，应编制如下会计分录：

借：预收账款——华美公司　　30 000

　贷：主营业务收入　　30 000

并根据经济业务的原始凭证1张填制转账凭证。

这项经济业务对企业的现金和银行存款没有影响，因此应编制转账凭证。

表6-16　　转账凭证

2022年3月20日　　转 字第 2 号

摘要	总账科目	明细科目	借方金额								记账	贷方金额								记账
			十	万	千	百	十	元	角	分		十	万	千	百	十	元	角	分	
销售产品冲预收款	预收账款	美华公司		3	0	0	0	0	0	0										
	主营业务收入												3	0	0	0	0	0	0	
合计			¥	3	0	0	0	0	0	0		¥	3	0	0	0	0	0	0	

会计主管：　　记账：　　出纳：　　审核：　　填制：

（五）一笔业务涉及多种记账凭证的编制

如上所述，记账凭证分为现金收款凭证、银行存款收款凭证、现金付款凭证、现金存款付款凭证、转账凭证五种。比较复杂的经济业务，可能需要分别编制两种或两种以上的记账凭证。

【例6-4】阳光公司2022年3月21日向D公司购买C材料一批，货款40 000元，用银行存款支付货款15 000元，余款25 000元暂欠，材料已经验收入库，不考虑增值税，应编制如下会计分录：

借：原材料——C材料　　40 000
　贷：银行存款　　15 000
　　应付账款——D公司　　25 000

并根据经济业务的原始凭证2张填制凭证。

这笔复合会计分录可以拆成两比简单会计分录如下：

借：原材料——C材料　　15 000
　贷：银行存款　　15 000
借：原材料——C材料　　25 000
　贷：应付账款——D公司　　25 000

这项经济业务既有企业银行存款减少，又有应付账款，即目前对现金和银行存款没有影响，因此应编制银行付款凭证和转账凭证各一张（表6-17、表6-18）。

表6-17　　**付款凭证**

贷方科目：银行存款　　2022年3月21日　　银付 字第 2 号

摘要	贷方科目		金额										记账
	总账科目	明细科目	千	百	十	万	千	百	十	元	角	分	
购买C材料	原材料	C材料				1	5	0	0	0	0	0	
附件2张	合计				¥	1	5	0	0	0	0	0	

会计主管：　　记账：　　出纳：　　审核：　　填制：

表6-18　　　　　　　　　　**转账凭证**

2022年3月21日　　　　　　　　　　转 字第 3 号

摘要	总账科目	明细科目	记账	借方金额								贷方金额							
				十	万	千	百	十	元	角	分	十	万	千	百	十	元	角	分
购买C材料	原材料	C材料			2	5	0	0	0	0	0								
	应付账款	D公司											2	5	0	0	0	0	0
合计				¥	2	5	0	0	0	0	0	¥	2	5	0	0	0	0	0

会计主管：　　　记账：　　　出纳：　　　审核：　　　填制：

四、记账凭证的审核

记账凭证审核的主要内容包括以下几个方面。

会计凭证综合实训

1. 内容是否真实

审核记账凭证是否有原始凭证为依据，所附原始凭证的内容是否与记账凭证的内容一致，记账凭证汇总表的内容与其所依据的记账凭证的内容是否一致等。

2. 项目是否齐全

审核记账凭证各项目的填写是否齐全，如日期、凭证编号、摘要、金额、所附原始凭证张数及有关人员签章等。

3. 科目是否准确

审核记账凭证的应借、应贷科目是否正确，是否有明确的账户对应关系，所使用的会计科目是否符合国家统一的会计制度的规定等。

4. 金额是否正确

审核记账凭证所记录的金额与原始凭证的有关金额是否一致、计算是否正确，记账凭证汇总表的金额与记账凭证的金额合计是否相符，借贷方金额合计是否相等等。

5. 书写是否规范

审核记账凭证中的书写是否符合标准、记录是否文字工整、数字是否清晰，是否按规定进行更正等。

6. 手续是否完备

审核出纳人员在办理收款或付款业务后，是否在原始凭证上加盖“收讫”或“付讫”的戳记。在审核过程中，如果发现不符合要求的地方，应及时查明原因，要求有关人员采取正确的方法进行更正。只有经过审核无误的记账凭证，才能作为登记账簿的依据。

小贴士

实行会计电算化的单位，对于机制记账凭证，要认真审核，做到会计科目使用正确，数字准确无误。打印出的机制记账凭证要加盖制单人员、审核人员、记账人员及会计机构负责人、会计主管人员印章或者签字。

任务三 会计凭证的传递与保管

任务导航

填制和审核会计凭证是会计核算工作的基础，是保证会计核算资料真实、可靠和完整的关键，是发挥会计监督职能的重要环节。会计凭证作为记账的依据，是重要的会计档案和经济资料。任何单位都应当按照要求及时传递会计凭证，妥善保管会计档案。

任务解析

一、会计凭证的传递

（一）会计凭证传递的概念

会计凭证的传递是指会计凭证从取得或填制时起至归档保管过程中，在单位内部有关部门和人员之间的传送程序。

实际工作中，应该为每种会计凭证的传递程序和在各个环节上的停留时间作出规定，即会计凭证填制后，应当交到哪个部门、哪个工作岗位上，由谁接办业务手续，直到归档保管为止。会计凭证的传递，要求能够满足内部控制制度的要求，传递程序合理有效，以便尽量节约传递时间，减少传递的工作量。

（二）会计凭证传递的意义

正确组织会计凭证的传递，对及时地反映和控制经济业务的发生与完成情况，合理组织会计核算，协调单位内部各部门、各环节的工作，加强经营管理的岗位责任制，实行会计监督，具有重要的意义。

1. 正确组织会计凭证的传递，有利于提高工作效率

正确组织会计凭证的传递，能够及时、真实地反映和监督各项经济业务的发生和完成

情况，为经济管理提供可靠的经济信息。

2. 正确组织会计凭证的传递，能更好地发挥会计监督作用

正确组织会计凭证的传递，便于有关部门和个人分工协作，相互牵制，加强岗位责任制，更好地发挥会计监督作用。

（三）会计凭证传递的基本要求

在制定会计凭证传递程序时，主要包括凭证的传递路线、传递时间和传递手续三方面内容，应该着重考虑以下几点。

1. 根据经济业务的特点、机构设置和人员分工情况明确传递程序

在会计凭证的传递过程中，要根据经济业务的特点、企业内部机构设置和人员分工情况以及经营管理上的需要，确定每一种凭证的传递程序和方法，合理制定会计凭证所经过的环节，规定每个环节负责传递的相关责任人员，规定会计凭证的联数以及每一联凭证的用途。

2. 规定会计凭证经过每个环节所需要的时间，以保证凭证传递的及时性

会计凭证的传递时间是指各种凭证在各经办部门、环节所停留的最长时间。明确会计凭证的传递时间，能防止拖延处理和积压凭证，保证会计工作的正常秩序，提高工作效率。

3. 会计凭证的传递衔接手续应该做到既完备、严密又简单易行

会计凭证的传递手续是指在凭证传递过程中的衔接手续，应该做到既完备严密又简便易行。凭证的收发、交接都应按一定的手续制度办理，以保证会计凭证的安全和完整。同时，要建立严格的会计凭证交接和签收制度，保证会计凭证的安全完整，做到责任明确，手续齐全、严密。

会计凭证的传递路线、传递时间和传递手续还应根据实际情况的变化及时加以修改，以确保会计凭证传递的科学化、制度化。

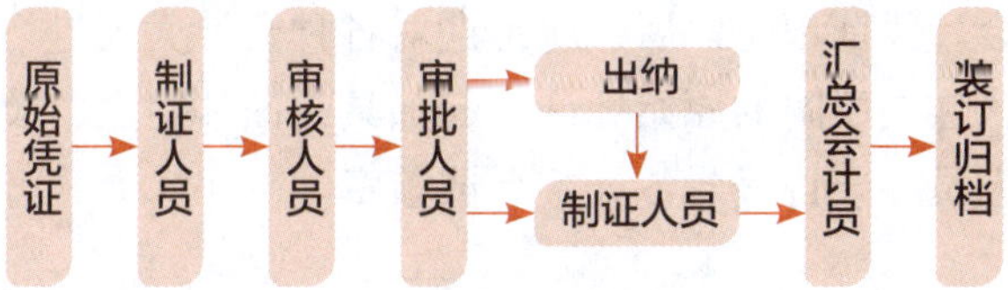

图6-2 会计凭证传递程序的设计

二、会计凭证的保管

会计凭证的保管是指会计凭证记账后的整理、装订、归档和存查工作。

会计凭证是记录经济业务、明确经济责任、具有法律效力的证明文件，又是登记账簿的依据，所以，它是重要的经济档案和历史资料。任何企业在完成经济业务手续和记账之后，必须按规定立卷归档，形成会计档案资料，妥善保管，以便日后随时查阅。

会计凭证整理保管的具体要求体现在以下几个方面。

1. 会计凭证应当及时传递，不得积压

会计部门在记账以后，应定期（每天、每旬或每月）将会计凭证加以整理、归类。

2. 会计凭证登记完毕后，应当按照分类和编号顺序保管，不得散乱丢失

记账凭证应当连同所附的原始凭证或者原始凭证汇总表，按记账凭证的编号顺序进行整理。

3. 会计凭证应定期装订成册，封面要内容完整，项目齐全

在确保记账凭证及其所附原始凭证完整无缺后，将其折叠整齐，加上封面、封底，装订成册，并在装订线上加贴封签，以防散失和任意拆装。在封面上要注明单位名称、凭证种类、所属年月、起讫日期、起讫号码、凭证张数等。会计主管或指定装订人员要在装订线封签处签名或盖章，然后入档保管。

某些记账凭证所附的原始凭证较多时，也可单独装订，但应在凭证封面注明所属记账凭证的日期、编号和种类，同时在所属的记账凭证上应注明“附件另订”及原始凭证的名称和编号，以便查阅。

对合同、契约、押金收据及涉外文件等重要原始凭证，应另编目录，单独登记保管；并在有关记账凭证和原始凭证上注明另行保管，以便查核。会计凭证装订成册后，应有专人负责分类保管，年终应登记归档。

当年的会计凭证，在会计年度终了后，可暂由会计部门保管1年，期满后，原则上应由会计部门编造清册移交本单位档案部门保管。会计凭证必须做到妥善保管、存放有序、查找方便，并要严防毁损、丢失和泄密。

4. 会计凭证应加贴封条，防止抽换凭证

会计凭证原则上不得借出，如有特殊需要，须报请批准，但不得拆散原卷册，并应限期归还。需要查阅已入档的会计凭证时，必须办理借阅手续。其他单位因特殊原因需要使用原始凭证时，经本单位负责人批准，可以复制。但向外单位提供的原始凭证的复印件应在专设的登记簿上登记，并由提供人员和收取人员共同签名或盖章。

5. 会计凭证应定期装订成册，防止散失

会计部门在依据会计凭证记账以后，应定期对各种会计凭证进行分类整理，将各种记账凭证按照编号顺序，连同所附的原始凭证一起加具封面和封底，装订成册，并在装订线上加贴封签，由装订人员在装订线封签处签名或盖章。

小贴士

从外单位取得的原始凭证遗失时，应取得原签发单位盖有公章的证明，并注明原始凭证的号码、金额、内容等，由经办单位会计机构负责人、会计主管人员和单位负责人批准后才能代作原始凭证。若确实无法取得证明，如车票丢失，则应由当事人写明详细情况，由经办单位会计机构负责人、会计主管人员和单位负责人批准后，代作原始凭证。

6. 要严格遵守会计凭证的保管期限要求，期满前不得任意销毁

会计凭证的保管期限一般为15年。保管期未满，任何人员都不得随意销毁会计凭证。

按规定销毁会计凭证时，必须开列清单，报经批准后，由档案部门和会计部门共同派员监销。在销毁会计凭证前，监督销毁人员应认真清点核对，销毁后，在销毁清册上签名或盖章，并将销毁情况报本单位负责人。

会计档案在保管期满后，需要销毁。销毁时必须严格执行会计档案保管的规定，任何人都不得随意销毁。

小贴士

如果是保管期满但未结清的债权债务原始凭证，不得销毁，应当单独抽出立卷，保管到未了事项完结为止。单独抽出立卷的会计档案，应当在会计档案销毁清册和会计档案保管清册中列明。正在项目建设期间的建设单位，其保管期满的会计档案不得销毁。

思考探究

正在项目建设期间的建设单位，其保管期满的会计档案能不能销毁？

推荐阅读

1. 财政部发布的《会计基础工作规范》
2. 财政部、国家档案局令第79号，修订的《会计档案管理办法》

项目小结

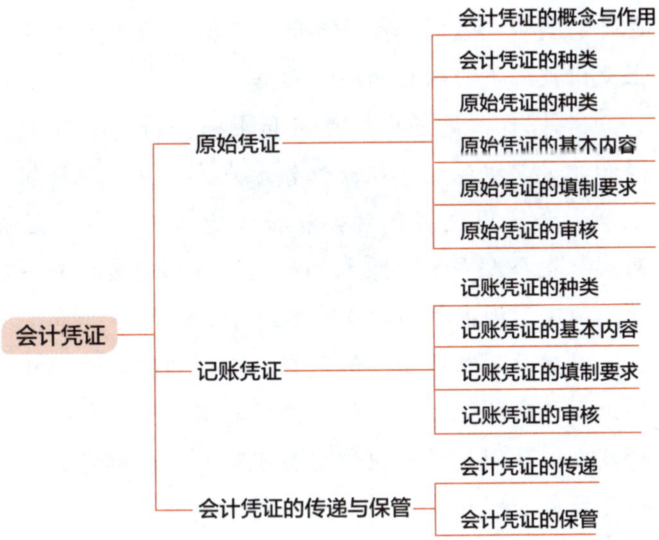

会计账簿

德育微课堂

“瘦弱”的账簿

2022年，某地开展巡查时发现某村委有一本账簿十分“瘦弱”，坚硬的外壳里面包裹着几张账页。当巡察组同志打开一看，发现账页接缝处遗留着一沓厚厚的被撕扯后残余的纸屑。

2017年至今账页只有几张，而且没有原始凭证，还有被撕过的痕迹？巡察组发现账目不完整，账目无原始凭证，无移交手续，村支书谭某一问三不知，暴露出村委干部缺乏财务知识、纪法意识淡薄等问题。经过查询，事情终于水落石出，原来是前两届离任出纳兰某撕下了账本拿走了部分票据，上一届村支书石某也拿走了他在任时的6笔账目的原始票据。

“村委账本姓公不姓私，是要接受相关部门和村民监督的，你们怎么能擅自撕出来？依据《中华人民共和国村民委员会组织法》《中华人民共和国会计法》的规定，这种行为是违法的。按要求，离任村委干部应当移交财务资料给新一任村委班子，这既是对村集体负责，也是对自身负责。”李副组长严厉批评兰某和石某，两人当即表示马上交出被撕下的账页和原始票据。

11月8日，离任出纳兰某和上一任村支书石某带着村委会会计账簿和相关票据到巡察组迁江镇驻点办公室。巡察组成员手把手教两人起草资金使用说明和财务资料移交清单，在巡察组的耐心指导下，两人都把个人手上的账本和原始票据移交给了新一届的村委班子。至此，消失了近五年的财务账本终于回归村委。

针对此事暴露出来的问题，巡察组督促该镇组织村委干部就财务知识、纪法知识进行培训，同时督促该镇对村级财务定期、不定期进行检查，并规范村级组织财务报账程序，制定会计档案管理制度和离任交接监管制度，并严格落实村级重大事项决策可追溯监督制度，不断强化对村级财务和资金的监督管理。

（改编自中央纪委国家监委网站）

学习目标

1. 知识目标

（1）了解会计账簿的含义、种类。

（2）掌握账簿的设置与登记规则。

（3）理解并掌握日记账、分类账的种类以及登记方法。

（4）掌握总账与明细账的平行登记及相互核对。

（5）掌握错账更正的三种方法。

2. 技能目标

（1）掌握日记账、分类账的种类以及登记方法。

（2）掌握账簿的设置与登记规则。

（3）掌握总账与明细账的平行登记及相互核对。

（4）掌握错账更正的三种方法。

3. 素质目标

（1）具有严谨细致的工作态度和廉洁自律的工作作风。

（2）具有实事求是、客观公正的职业素养。

情境案例

林某自2016年起担任某县阳光有限责任公司（国有企业）总经理。在对该公司近些年账目的检查中发现以下情况：

1. 该公司设置大小两套账，大账对外，小账对内。

2. 未按规定进行会计资料保管，致使原始资料被毁损、灭失严重。

3. 3个月前，林某因不满会计郑某多次不听从做违法会计账的指令，尤其不满其向上级主管部门反映真实情况，将其调回车间。

4. 任命没有会计职业资格证书的林某儿子担任会计科科长。

5. 现金日记账期末余额在贷方，贷方余额25 360元。

6. 总账金额和其所属的明细账金额不相等。

7. 账簿中字迹不清，有涂改迹象，且修改处没有人签字及盖章。

思考探究

上述案例中，存在哪些问题，应如何改正？

任务一 会计账簿概述

会计账簿概述

任务导航

在实际工作中，由于各种会计账簿所记录的经济业务不同，账簿的格式也多种多样。会计账簿是会计信息形成的重要环节，是会计资料的主要载体之一，也是会计资料的重要组成部分。因此，每一单位都应按照国家统一的会计制度和会计业务的需要设置和登记会计账簿。

任务解析

一、会计账簿的概念与作用

会计账簿是指由一定格式的账页组成的，以经过审核的会计凭证为依据，全面、系统、连续地记录各项经济业务的簿籍。在形式上，会计账簿是若干账页的组合；在实质上，会计账簿是会计信息形成的重要环节，是会计资料的主要载体之一，也是会计资料的重要组成部分。

每一单位都应按照国家统一的会计制度和会计业务的需要设置和登记会计账簿。

设置和登记会计账簿的作用主要有：

（1）通过设置和登记会计账簿，可以记载和储存会计信息。将会计凭证所记录的经济业务逐笔逐项记入有关账簿，可以全面反映一定时期发生的各项经济活动，及时储存所需要的各项会计信息。

（2）通过设置和登记会计账簿，可以分类和汇总会计信息。通过账簿记录，可以将分散在会计凭证上大量的核算资料，将其按照不同性质加以归类、整理和汇总，以便全面、系统、连续和分类地提供企业资产、负债、所有者权益、收入、费用和利润等会计要素的增减变动情况，及时提供各方面所需要的总括会计信息，为管理决策提供信息。

（3）通过设置和登记会计账簿，可以检查和校正会计信息。账簿记录是对会计凭证的进一步整理，账簿记录也是会计分析、会计检查的重要依据。如账簿中记录的财产物资的账面数可以通过实地盘点的方法，与实存数进行核对，来检查财产物资是否妥善保管，账实是否相符。

（4）通过设置和登记会计账簿，可以编报和输出会计信息。会计账簿是对会计凭证的系统化，提供的是全面、系统、分类的会计信息，因而账簿记录是编制财务报表的主要资料来源，账簿所提供的资料是编制财务报表的主要依据。

小贴士

账簿可以提供资产、负债、所有者权益、收入、费用、成本、利润等方面总括和详细的数据，完整、全面地记录一个单位经济活动的历史数据，是日后各种经济事项查证的重要依据。

二、会计账簿的基本内容

在实际工作中，由于各种会计账簿所记录的经济业务不同，账簿的格式也多种多样，但各种账簿都应具备以下基本内容。

（一）封面

封面主要用来标明账簿的名称，如总分类账、各种明细分类账、库存现金日记账、银行存款日记账等。

（二）扉页

主要用于载明经管人员一览表，其应填列的内容主要有：经管人员、移交人和移交日期；接管人和接管日期。

知识链接

科目索引表列明了一本账簿记录的所有账户名称和在账簿中的记录页数，方便记账人员登记账簿，也方便记账工作完成后其他相关人员翻阅。科目索引表一般置于账簿的扉页，即在账簿封面和正式账页之间，其格式如表7-1所示。

表7-1　　科目索引表

页数	科目	页数	科目	页数	科目	页数	科目

（三）账页

账页是账簿用来记录具体经济业务的载体，其格式因记录经济业务的内容的不同而有所不同，但每张账页上应载明的主要内容有：账户的名称（即会计科目）、登记账户的日期栏、记账凭证种类和号数栏、摘要栏（记录经济业务内容的简要说明）、金额栏（记录经济业务的金额增减变动情况）、总页次和分户页次等基本内容。

三、会计账簿与账户的关系

会计账簿是账户的表现形式，两者既有区别又有联系。账户是在账簿中以规定的会计科目开设户头，账户存在于账簿之中，账簿中的每一账页就是账户的存在形式和信息载体。如果没有账户也就没有所谓的账簿；如果没有账簿，账户也就成了一种抽象的东西，无法存在。但是账簿只是一种外在形式，账户才是它的真实内容。账簿序时分类地记载经济业务，是在个别账户中完成的，也可以说，账簿是由若干张账页组成的一个整体，而开设于账页上的账户则是这个整体上的个别部分。因此，账簿和账户的关系，是形式和内容的关系。

四、会计账簿的种类

会计账簿的种类很多，不同类别的会计账簿可以提供不同的信息，满足不同的需要。账簿一般可以按其用途、账页格式和外形特征进行划分。具体分类如图7-1所示。

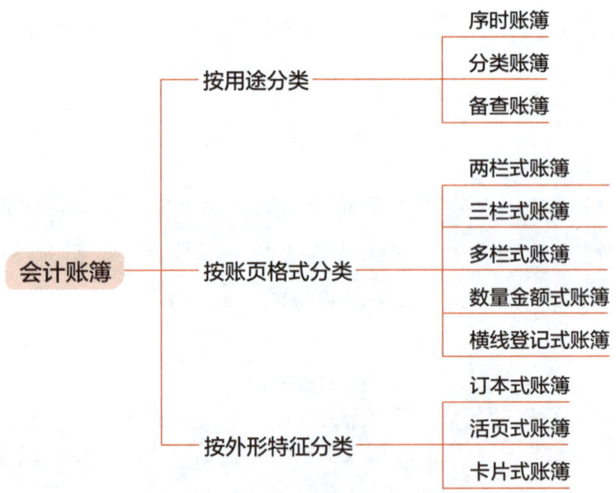

图7-1 会计账簿主要种类图示

（一）按用途分类

账簿按照用途可以分为序时账簿、分类账簿和备查账簿。

1. 序时账簿

序时账簿，也称为日记账，是按照经济业务发生的时间先后顺序，逐日逐笔登记经济业务的簿籍。序时账簿有两种：一种是用来登记全部经济业务发生情况的账簿，称为普通日记账；另一种是用来登记某一类经济业务发生情况的账簿，称为特种日记账。实际工作中，由于经济业务的复杂性，用一本账簿登记企业的全部经济业务比较困难，也不便于分工记账，因而在实际工作中很少采用普通日记账，应用较为广泛的是特种日记账。为了加强对货币资金的监督和管理，各单位应当设置专门记录和反映现金收付及其结存情况的现金日记账以及专门记录和反映银行存款收付业务及其结存的银行存款日记账。在我国，大多数单位一般只设现金日记账和银行存款日记账，而不设置转账日记账。

2. 分类账簿

分类账簿，也称为分类账，是对全部经济业务事项按照会计要素的具体类别而设置的分类账户进行登记的账簿。按其反映内容的详细程度的不同，又可以分为总分类账（简称总账）和明细分类账（简称明细账）。

总分类账簿是根据一级会计科目开设的账户，用来分类登记全部经济业务，提供各种资产、负债、所有者权益、收入、费用、利润等总括核算资料的分类账簿。明细分类账簿通常是根据一级科目所属的二级科目或明细科目开设账户，用来分类登记某一类经济业务，提供明细核算资料的分类账簿。明细分类账是对总分类账的补充和具体化，并受总分类账的控制和统驭。

只有通过分类账簿，才能把数据按账户形成不同的信息，满足编制会计报表的需要。

3. 备查账簿

备查账簿，也称备查簿、辅助登记账簿，是对某些在序时账和分类账等主要账簿中都不予登记或登记不够详细的经济业务事项进行补充登记的账簿。备查账可以为某项经济业务的内容提供必要的参考资料，加强企业对使用和保管的属于他人的财产物资的监督。例如受托加工材料登记簿、代销商品登记簿、租入固定资产登记簿等。备查账簿可以由各单位根据需要进行设置，设置和登记备查簿，可以对某些经济业务的内容提供必要的参考资料。

小贴士

备查账簿与序时账簿和分类账簿相比，存在两点不同之处：一是登记依据可能不需要记账凭证，甚至不需要一般意义上的原始凭证；二是账簿的格式和登记方法不同，备查账簿的主要栏目不记录金额，它更注重用文字来表述某项经济业务的发生情况。

（二）按账页的格式分类

会计账簿按其账页的格式不同，可以分为两栏式账簿、三栏式账簿、多栏式账簿、数量金额式账簿、横线登记式账簿五种。

1. 两栏式账簿

两栏式账簿是指只有借方和贷方两个基本金额栏目的账簿。普通日记账和转账日记账一般采用两栏式。

2. 三栏式账簿

三栏式账簿是指其账页的格式主要部分为借方、贷方和余额三栏或者收入、支出和余额三栏的账簿。它主要适用于各种日记账、总分类账以及资本、债权债务明细账等。

3. 多栏式账簿

多栏式账簿是指根据经济业务的内容和管理的需要，在账页的“借方”和“贷方”栏内再分别按照明细科目或某明细科目的各明细项目设置若干专栏的账簿。这种账簿可以按“借方”和“贷方”分别设专栏，也可以只设“借方”专栏，“贷方”的内容在相应的借方专栏内用红字登记，表示冲减。收入、费用、成本、利润明细账一般均采用这种格式的账簿。

4. 数量金额式账簿

数量金额式账簿是指在账页中分设“借方”“贷方”和“余额”或者“收入”“发出”和“结存”三大栏，并在每一大栏内分设数量、单价和金额等三小栏的账簿，数量金额式账簿能够反映出财产物资的实物数量和价值量。原材料和库存商品、产成品等明细账一般采用数量金额式账簿。

5. 横线登记式账簿

横线登记式账簿，又称平行式账簿，是指将前后密切相关的经济业务登记在同一行上，以便检查每笔业务的发生和完成情况的账簿。这种格式适用于物资采购和某些应收、应付款项的明细核算。

（三）按外形特征分类

账簿按其外形特征分类，可以分为订本式账簿、活页式账簿和卡片式账簿。

1. 订本式账簿

订本式账簿简称订本账，是在使用前就把编有序号的若干账页固定装订成册的账簿。采用这种账簿，可以避免账页散失，防止账页被人为地抽换。但采用订本账也有其缺陷，同一本账簿在同一时间内只能由一人登记，不能分工记账。同时，订本账账页固定，不能根据需要增减，因而必须预先估计每一个账户需要的页数，以保留空白账页。在实际工作中，总账、现金和银行存款日记账一般都采用订本式账簿。

2. 活页式账簿

活页式账簿简称活页账，是将一定数量的账页置于活页夹内，可根据记账内容的变化而随时增加或减少部分账页的账簿，其优点是便于分工记账，可以根据记账的需要随时增减账页，因而比较方便灵活；其缺点是账页容易散失和被抽换。活页账簿一般适用于明细分类账。

3. 卡片式账簿

卡片式账簿又称卡片账，是由许多分散的、具有账户格式的卡片，存放在卡片箱中所组成的账簿。使用时按类别排列、按顺序编号，并加盖有关人员的印章。卡片式账簿应由专人保管，以保证其安全。卡片式账簿的优缺点与活页式账簿大体相同。

五、会计账簿的更换

会计账簿是记录和反映经济业务的重要历史资料和证据。为了使每个会计年度的账簿资料明晰和便于保管，一般来说，总账、日记账和多数明细账要每年更换一次，这些账簿在每年年终按规定办理完毕结账手续后，就应更换、启用新的账簿，并将余额结转记入新账簿中。但有些财产物资明细账和债权、债务明细账，由于材料等财产物资的品种、规格繁多，债权、债务单位也较多，如果更换新账，重抄一遍的工作量相当大，因此，可以跨年度使用，不必每年更换一次。卡片式账簿，如固定资产卡片，以及各种备查账簿，也都可以连续使用。

思考探究

请问所有的账簿资料每年都要更换吗？

六、会计账簿的保管

会计账簿同会计凭证和会计报表一样，都属于会计档案，是重要的经济档案，各单位必须按规定妥善保管，确保其安全与完整，并充分加以利用。

（一）会计账簿的装订整理

在年度终了更换新账簿后，应将使用过的各种账簿（跨年度使用的账簿除外）按时装订整理立卷。

（1）装订前，首先要按账簿启用和经管人员一览表的使用页数核对各个账户是否相符，账页数是否齐全，序号排列是否连续；然后按会计账簿封面、账簿启用表、账户目录、该账簿按页数顺序排列的账页、装订封底的顺序装订。

（2）对活页账簿，要保留已使用过的账页，将账页数填写齐全，除去空白页并撤掉账夹，用质地好的牛皮纸做封面和封底，装订成册。多栏式、三栏式、数量金额式等活页账不得混装，应按同类业务、同类账页装订在一起。装订好后，应在封面上填明账目的种类，编号卷号，并由会计主管人员和装订人员签章。

（3）装订后会计账簿的封口要严密，封口处要加盖有关印章。封面要齐全、平整，并注明所属年度和账簿名称和编号，不得有折角、缺角、错页、掉页及空白纸的现象。会计账簿要按保管期限分别编制卷号。

（二）按期移交档案部门进行保管

年度结账后，更换下来的账簿，可暂由本单位财务会计部门保管一年，期满后原则上应由财务会计部门移交本单位档案部门保管。移交时需要编制移交清册，填写交接清单，交接人员按移交清册和交接清单项目核查无误后签章，并在账簿使用日期栏内填写移交日期。

各单位应建立健全会计档案的查阅、复制和登记制度。保存的账簿原件不得借出，如有特殊需要，须经上级主管单位或本单位领导、会计主管人员批准，在不拆散原卷册的前提下，可以提供查阅或者复制，并要办理登记手续。

小贴士

会计账簿是重要的会计档案之一，必须严格按《会计档案管理办法》规定的保管年限妥善保管，不得丢失和任意销毁。就企业会计而言，国家规定会计凭证保管期限为15年，其中，涉及外事和重大事项的会计凭证为永久保管；会计账簿中，一般总账（包括日记总账）和明细账保管期限为15年；日记账保管期限为15年，但现金和银行存款日记账保管期限为25年；固定资产卡片账在固定资产报废清理后保管5年；辅助账簿保管期限为15年，涉外和重大事项会计账簿为永久保管；财务报表中，年度财务报表永久保管，月、季财务报表保管5年。实际工作中，各单位可以根据实际利用的经验、规律和特点，适当延长有关会计档案的保管期限，但必须有较为充分的理由。

任务二 会计账簿的登记

会计账簿的登记

任务导航

会计账簿是重要的会计档案，为了确保会计账簿记录的合法性和会计资料的真实性、完善性，明确经济业务，会计账簿应由专人负责登记。为了保证账簿记录的正确性，必须根据审核无误的会计凭证登记会计账簿，并符合有关法律、行政法规和国家统一的会计准则制度的规定。

任务解析

一、会计账簿的启用

会计账簿是重要的会计档案，为了确保会计账簿记录的合法性和会计资料的真实性、完善性，明确经济业务，会计账簿应由专人负责登记。

启用会计账簿应遵守以下规则：

（1）启用会计凭证时应在账簿封面上写明单位名称和账簿名称，并在账簿扉页附账簿启用和经办人员一览表（简称启用表）。启用表内容主要包括：账簿名称、启用日期、账簿页数、记账人员和会计机构负责人、会计主管人员姓名，并加盖名章和单位公章。

（2）启用订本式账簿，应当从第一页到最后一页顺序编定页数，不得跳页、缺页。使用活页式账簿，应当按账户顺序编号，并要定期装订成册；装订后再按实际使用的账页顺序编定页码，另加目录，记明每个账户的名称和页次。卡片式账簿在使用前应当登记卡片登记簿。

封面及账簿启用和经管人员一览表格式如表7-2所示。

表7-2　　封面及账簿启用和经管人员一览表

<table>
<tr><td colspan="2">使用者名称</td><td colspan="2"></td><td colspan="2">印鉴</td></tr>
<tr><td colspan="2">账簿名称</td><td colspan="2"></td><td colspan="2" rowspan="4"></td></tr>
<tr><td colspan="2">账簿编号</td><td colspan="2"></td></tr>
<tr><td colspan="2">账簿页数</td><td colspan="2">本账簿共计　页</td></tr>
<tr><td colspan="2">启用日期</td><td colspan="2">年　月　日</td></tr>
<tr><td rowspan="2">责任者</td><td></td><td>主管</td><td>会计</td><td>记账</td><td>审核</td></tr>
<tr><td></td><td></td><td></td><td></td><td></td></tr>
<tr><td rowspan="8">经管人员
姓名及
交接日期</td><td colspan="2" rowspan="2"></td><td>经管　年　月　日</td><td></td><td></td></tr>
<tr><td>交出　年　月　日</td><td></td><td></td></tr>
<tr><td colspan="2" rowspan="2"></td><td>经管　年　月　日</td><td></td><td></td></tr>
<tr><td>交出　年　月　日</td><td></td><td></td></tr>
<tr><td colspan="2" rowspan="2"></td><td>经管　年　月　日</td><td></td><td></td></tr>
<tr><td>交出　年　月　日</td><td></td><td></td></tr>
<tr><td colspan="2" rowspan="2"></td><td>经管　年　月　日</td><td></td><td></td></tr>
<tr><td>交出　年　月　日</td><td></td><td></td></tr>
<tr><td>备注</td><td colspan="5"></td></tr>
</table>

二、会计账簿的登记要求

为了保证账簿记录的正确性，必须根据审核无误的会计凭证登记会计账簿，并符合有关法律、行政法规和国家统一的会计准则制度的规定，主要体现在以下几个方面。

（一）准确完整

记账的依据是会计凭证，记账人员在登记账簿之前，应当首先审核会计凭证的合法性、完整性和真实性，这是确保会计信息的重要措施。记账时要做到准确完整。记账人员记账时，应当将会计凭证的日期、编号、经济业务内容摘要、金额和其他有关资料记入账内。每一会计事项，要按平行登记方法，一方面记入有关总账，另一方面记入总账所属的明细账，做到数字准确、摘要清楚、登记及时、字迹清晰工整。

（二）注明记账符号

账簿登记完毕后，要在记账凭证上签名或盖章，并在记账凭证的“过账”栏内注明账簿页数或划“√”表示已经登记入账，避免重记、漏记。

（三）书写留空

为了便于更正记账和方便查账，登记账簿时，书写的文字和数字上面要留有适当的空格，不要写满格，一般应占格距的1/2。这样，一旦发生登记错误时，能比较容易地进行更正，同时也方便查账工作。

（四）正常记账使用蓝黑墨水

为了保持账簿记录的持久性，防止涂改，登记账簿必须使用蓝黑墨水或碳素墨水书写，不得使用圆珠笔或者铅笔书写（银行的复写账簿除外）。这是因为，各种账簿归档保管年限，国家规定的年限都相对较长，有些关系到重要经济资料的账簿，则要长期保管，因此要求账簿记录保持清晰、耐久，以便长期查核使用，防止涂改。

（五）特殊记账使用红墨水

在下列情况下，可以用红色墨水记账：

（1）按照红字冲账的记账凭证，冲销错误记录。

（2）在不设借贷等栏的多栏式账页中，登记减少数。

（3）在三栏式账户的余额栏前，如未印明余额方向的，在余额栏内登记负数余额。

（4）根据国家统一的会计制度的规定可以用红字登记的其他会计记录。

由于会计中的红字表示负数，因而除上述情况外，不得用红色墨水登记账簿。

（六）顺序连续登记

会计账簿应当按照页次顺序连续登记，不得跳行、隔页。如果发生跳行、隔页的，应当将空行、空页用红色墨水对角划线注销，并注明“作废”字样，或者注明“此行空白”“此页空白”字样，并由经办人员盖章，以明确经济责任。

（七）结出余额

凡需要结出余额的账户，应按时结出余额，现金日记账和银行日记账必须逐日结出余额；债权债务明细账和各项财产物资明细账，每次记账后，都要随时结出余额；总账账户平时每月需要结出月末余额。结出余额后，应当在“借或贷”栏内写明“借”或者“贷”字样以说明余额的方向。没有余额的账户，应当在“借或贷”栏内写“平”字。

（八）过次承前

每一账页登记完毕结转下页时，应当结出本页合计数及余额，写在本页最后一行和下页第一行有关栏内，并在摘要栏内注明“过次页”和“承前页”字样；也可以将本页合计数及金额只写在下页第一行有关栏内，并在摘要栏内注明“承前页”字样，以保持账簿记录的连续性，便于对账和结账。

对需要结计本月发生额的账户，结计“过次页”的本页合计数应当为自本月初起至本页末止的发生额合计数；对需要结计本年累计发生额的账户，结计“过次页”的本页合计数应当为自年初起至本页末止的累计数；对既不需要结计本月发生额也不需要结计本年累计发生额的账户，可以只将每页末的金额结转次页。

（九）不得涂改、刮擦、挖补

账簿记录发生错误时，不得刮、擦、挖、补，随意涂改或用褪色药水更改字迹，应根据错误的情况，按规定的方法进行更正。

三、日记账的格式与登记方法

普通日记账一般分为“借方金额”和“贷方金额”两栏，登记每一分录的借方账户和贷方账户及金额，这种账簿不结余额，其格式如表7-3所示。

表7-3　　普通日记账　　第　页

年		凭证		摘要	会计科目		借方金额	贷方金额	过账
月	日	字	号		一级科目	明细科目			

采用这种日记账，每天应按经济业务发生或完成的时间先后顺序逐笔进行登记。登记时，首先记入经济业务发生或完成的日期、会计凭证的种类；然后在摘要栏内，对经济业务作简要的说明；再次在会计科目栏内记入应借应贷科目；最后将借方金额和贷方金额分别记入两个金额栏内。每天还应根据日记账中应借应贷科目名称和金额登记总分类账，并将总分类账的页数记入过账栏内，或者打“√”，表示已经过账。

这种日记账的优点在于可以将每天发生的经济业务按发生顺序逐笔地加以反映，它的缺点是不便于分工记账，而且不能将不同的经济业务分类并加以归集和反映；由于逐笔过账，如果经济业务量大时，登记账簿工作量也大，过账工作也很烦琐。因此，这种日记账已很少使用。

特种日记账是用来序时记录和反映某一类经济业务的发生和完成情况的账簿。

目前应用比较广泛的特种日记账是现金日记账和银行存款日记账。设置这两种日记账有利于及时反映现金和银行存款的收支和结存情况，便于加强对货币资金的管理和监督。其他常见的特种日记账还包括：销售日记账、购货日记账等。

现金日记账和银行存款日记账通常由出纳人员根据审核后的现金和银行存款的收、付款凭证，按其编号顺序逐日登记，每天必须结账。现金日记账每天结账后必须与库存现金实存金额进行核对；银行存款日记账定期与银行送来的对账单进行相互核对，并在两者不相符时编制银行存款余额调节表。这两种特种日记账，一般采用订本式，有三栏式和多栏式两种格式。下面以现金日记账为例说明三栏式和多栏式现金日记账。

（一）库存现金日记账的格式与登记方法

1. 库存现金日记账的格式

库存现金日记账是用来核算和监督库存现金日常收、付和结存情况的序时账簿。库存现金日记账的格式主要有三栏式和多栏式两种，库存现金日记账必须使用订本账。

（1）三栏式库存现金日记账。三栏式库存现金日记账设借方、贷方和余额三个基本的金额栏目，在日记账中分别设置收入栏、支出栏和结存栏，其格式如表7–4所示。

表7–4　　库存现金日记账（三栏式）　　第　页

年		凭证		摘要	对应科目	收入	支出	结余
月	日	字	号					

在登记三栏式库存现金日记账过程中，当现金收入（或支付）时，不仅要将收入（或支付）的金额记入收入（或支出）栏内，还要将对应的会计科目记入对应的账户栏内。每天现金收、付款业务登记完毕后，应在余额栏内结出现金余额。

三栏式特种日记账的优点不仅在于解决了分工记账问题，而且把大量重复发生的现金收、付款业务，集中在一本账簿中予以序时反映，有利于对这类经济业务的发生和完成情况进行管理和监督，其缺点是不能把对应账户的分类汇总情况加以反映。在我国的会计实际工作中，大都采用这种形式的日记账。

（2）多栏式库存现金日记账。多栏式库存现金日记账克服了三栏式库存现金日记账的缺点。多栏式库存现金日记账是按照与现金收入相对应的贷方账户与现金支出相对应的借方账户分别设置专栏，用以序时地、分类地反映与现金收支有关的经济业务，其格式如表7–5所示。

表7-5 库存现金日记账（多栏式） 第 页

<table>
<tr><th colspan="2">年</th><th rowspan="3">凭证字号</th><th rowspan="3">摘要</th><th colspan="4">收入</th><th colspan="4">支出</th><th rowspan="3">结余</th></tr>
<tr><th rowspan="2">月</th><th rowspan="2">日</th><th colspan="3">应贷科目</th><th rowspan="2">合计</th><th colspan="3">应借科目</th><th rowspan="2">合计</th></tr>
<tr><th>银行存款</th><th>主营业务收入</th><th>……</th><th>其他应收款</th><th>管理费用</th><th>……</th></tr>
<tr><td></td><td></td><td></td><td></td><td></td><td></td><td></td><td></td><td></td><td></td><td></td><td></td><td></td></tr>
<tr><td></td><td></td><td></td><td></td><td></td><td></td><td></td><td></td><td></td><td></td><td></td><td></td><td></td></tr>
<tr><td></td><td></td><td></td><td></td><td></td><td></td><td></td><td></td><td></td><td></td><td></td><td></td><td></td></tr>
<tr><td></td><td></td><td></td><td></td><td></td><td></td><td></td><td></td><td></td><td></td><td></td><td></td><td></td></tr>
<tr><td></td><td></td><td></td><td></td><td></td><td></td><td></td><td></td><td></td><td></td><td></td><td></td><td></td></tr>
<tr><td></td><td></td><td></td><td></td><td></td><td></td><td></td><td></td><td></td><td></td><td></td><td></td><td></td></tr>
<tr><td></td><td></td><td></td><td></td><td></td><td></td><td></td><td></td><td></td><td></td><td></td><td></td><td></td></tr>
</table>

在登记多栏式库存现金日记账时，现金收入要按对应科目，将金额记入“对应科目（贷方）”栏内，同时记入“现金收入合计”栏内；现金支出要按对应科目，将金额记入“对应科目（借方）”栏内，同时记入“现金支出合计”栏内。每天现金收、付款业务登记完毕后，应在余额栏内结出现金余额。

多栏式特种日记账不仅具有三栏式日记账所具有的优点，而且在以特种日记账作为过账依据时，可以利用专栏将重复发生的同类经济业务汇总后一次过账，从而减少了过账工作。另外，各专栏的登记还可以提供有关业务的明细资料，供分析检查之用，其缺点是如果专栏过多，账页过长，就不便于记账。

小贴士

与现金日记账一样，银行存款也可以设置三栏式或多栏式日记账，其格式与三栏式、多栏式库存现金日记账基本相同。

2. 库存现金日记账的登记方法

库存现金日记账由出纳人员根据同现金收付有关的记账凭证，按时间顺序逐日逐笔进行登记，并根据“上日余额+本日收入−本日支出=本日余额”的公式，逐日结出现金余额，与库存现金实存数核对，以检查每日现金收付是否有误。

三栏式现金日记账的具体登记方法如下：

（1）日期栏。日期栏中填入的应为据以登记账簿的会计凭证上的日期，库存现金日记账一般依据记账凭证登记，因此，此处日期为编制该记账凭证的日期。

（2）凭证栏。凭证栏中应填入据以登账的会计凭证类型及编号，如：“现金收（付）款凭证”简写为“现收（付）”，“银行存款收（付）款凭证”简写为“银收（付）”。凭证栏还应登记凭证的编号数，以便于查账和核对。

（3）摘要栏。摘要栏简要说明入账的经济业务的内容，力求简明扼要。

（4）对应科目栏。对应科目栏应填入会计分录中“库存现金”科目的对应科目，用以反映库存现金增减变化的来龙去脉。在填写对应科目时，应注意以下三点：

第一，对应科目只填总账科目，不需填明细科目。

第二，当对应科目有多个时，应填入主要对应科目。

第三，当对应科目有多个且不能从科目上划分出主次时，可在对应科目栏中填入其中金额较大的科目，并在其后加上“等”字。

（5）收入、支出栏。收入、支出栏应根据相关凭证中记录的“库存现金”科目的借贷方向及金额记入。

（6）余额栏。余额栏应根据“本期余额=期初余额+本期借方-本期贷方”公式计算填入。

正常情况下库存现金不允许出现贷方余额，因此，现金日记账余额栏前未印有借贷方向，其余额方向默认为借方。若在登记现金日记账过程中，由于登账顺序等特殊原因出现了贷方余额，则在余额栏用红字登记，表示贷方余额。

（二）银行存款日记账的格式与登记方法

银行存款日记账是用来反映银行存款每天的收入、支出和结余情况的账簿。银行存款日记账应该按照企业在银行的币种分别设置，每个银行账户设置一本日记账。由出纳员负责登记，按时间先后顺序逐日逐笔进行登记，也就是根据银行存款收款凭证和有关的现金付款凭证（库存现金存入银行的业务）登记银行存款的收入栏，根据银行存款付款凭证登记其支出栏，每日结出存款余额。

1. 银行存款日记账的格式

银行存款日记账的格式与现金日记账相同，既可以采用三栏式，也可以采用多栏式，但必须都使用订本账。多栏式可以将收入和支出的核算在一本账上进行，也可以分设“银行存款收入日记账”和“银行存款支出日记账”。银行存款日记账的具体格式如表7-6所示。

表7-6　　银行日记账（三栏式）　　第　页

年		凭证		摘要	对应科目	收入	支出	结余
月	日	字	号					

2. 银行存款日记账的登记方法

银行存款日记账的登记方法也与库存现金记账的登记方法基本相同，其登记方法如下：

（1）日期栏：指记账凭证的日期。

（2）凭证栏：指登记入账的收付款凭证的种类和编号（与库存现金日记账的登记方法一致）。

（3）对方科目：指银行存款收入的来源科目或支出的用途科目，如开出支票一张支付购料款，其支出的用途科目（即对方科目）为“材料采购”科目，其作用在于了解经济业务的来龙去脉。

（4）摘要栏：摘要说明登记入账的经济业务的内容。文字要简练，但能概括说明问题。

（5）现金支票号数和转账支票号数栏：如果所记录的经济业务是以支票付款结算的，应在这两栏内填写支票号数，以便与开户银行对账。

（6）收入、支出栏：指银行存款实际收付的金额。每日终了，应分别计算银行存款收入和支出的合计数，结算出余额，做到日清；月终应计算出银行存款全月收入、支出的合计数，做到月结。

四、总分类账的格式与登记方法

分类账是分类登记经济业务的账簿，设立分类账的目的就是要从各个账户中取得总括或详细的核算资料。

根据提供资料的详细程度不同，分类账可分为总分类账和明细分类账。

（一）总分类账的格式

总分类账一般采用订本式账，按照会计科目的编码顺序分别开设账户，并为每个账户预留若干账页。由于总分类账只进行货币计量的核算，因此最常用的格式是三栏式，在账页中设置借方、贷方和余额三个基本金额栏。总分类账中的对应科目栏，可以设置也可以不设置。“借或贷”栏是指账户的余额在借方还是在贷方。

总分类账的格式如表7-7所示。

表7-7　　总分类账（三栏式）

会计科目：

年		凭证号数	摘要	借方	贷方	借或贷	余额
月	日						

（二）总分类账的登记方法

总分类账的登记，可以根据记账凭证逐笔登记，也可以通过一定的方式分次或按月一次汇总成汇总记账凭证或科目汇总表，然后据以登记，还可以根据多栏式现金、银行存款日记账在月末时汇总登记。总分类账登记的依据和方法，取决于企业采用的账务处理程序。

五、明细分类账的格式与登记方法

各企业单位在设置总账的同时，还应设置必要的明细账。明细分类账一般采用活页式账簿、卡片式账簿。明细分类账一般根据记账凭证和相应的原始凭证来登记。

（一）明细分类账的格式

根据其反映的经济业务类别不同，可以采用三栏式、多栏式和数量金额式和横线登记式（或称平行式）四种。

1. 三栏式

三栏式明细分类账设置了借、贷、余三栏，不设数量栏，如表7–8所示。它适用于那些只需要进行金额核算而不需要进行数量核算的债权、债务结算账户，如“应收账款”“应付账款”“应交税费”等往来结算账户。

表7–8 应付账款明细分类账

明细科目：

年		凭证号数		摘要		借方	贷方	借或贷	余额
月	日								

2. 多栏式

多栏式明细分类账是根据经济业务的特点及经营管理上的需要，在一张账页上设置若干栏，用于登记明细项目多、借贷方向单一的经济业务。如制造费用、管理费用、财务费用、营业外支出等科目所属的明细分类科目，一般采取借方多栏式明细分类账格式；产品销售收入和营业外收入等科目所属明细分类科目一般采取贷方多栏式明细分类账，即贷方划分为若干个金额栏。本年利润、利润分配和应交税金等科目所属的明细科目一般采用借、贷方都设多栏的明细账，即借、贷双方都设置若干个金额栏，如表7–9所示。

表7-9　　“管理费用”多栏式明细分类账

年		凭证号数	摘要	借方								贷方	余额
月	日			工资及福利费	办公费	差旅费	折旧费	修理费	工会经费	……	合计		

3. 数量金额式

数量金额式账页适用于既要进行金额核算又要进行数量核算的账户，如原材料、库存商品等存货账户，其借方（收入）、贷方（发出）和余额（结存）都分别设有数量、单价和金额三个专栏，格式如表7-10所示。

表7-10　　数量金额式明细分类账

类别：　　　　计划单价：
名称或规格：　　　　储备定额：
存放地点：　　　　计量单位：

年		凭证号数	摘要	收入			发出			结存		
月	日			数量	单价	金额	数量	单价	金额	数量	单价	金额

数量金额式账页提供了企业有关财产物资数量和金额收、发、存的详细资料，从而能加强财产物资的实物管理和使用监督，保证这些财产物资的安全完整。

4. 横线登记式

横线登记式明细分类账也称平行式明细分类账。它的账页结构特点是，将前后密切相关的经济业务在同一横行内进行详细登记，以检查每笔经济业务完成及变动情况。该种账页一般用于“物资采购”“一次性备用金业务”等明细分类账。

平行式明细分类账的借方一般在购料付款或借出备用金时按会计凭证的编号顺序逐日逐笔登记，其贷方则不要求按会计凭证编号逐日逐笔登记，而是在材料验收入库或者备用金使用后报销和收回时，在与借方记录的同一行内进行登记。同一行内借方、贷方均有记录时，表示该项经济业务已处理完毕，若一行内只有借方记录而无贷方记录的，表示该项经济业务尚未结束。

物资采购明细分类账的格式如表7-11所示。

表7-11　物资采购明细分类账

年		凭证		摘要	借方			贷方	余额
月	日	种类	号码		买价	采购费用	合计		

（二）明细分类账的登记方法

明细分类账的登记通常有几种方法：一是根据原始凭证直接登记明细账；二是根据汇总原始凭证登记明细分类账；三是根据记账凭证登记明细分类账。

不同类型经济业务的明细分类账，可根据管理需要，依据记账凭证、原始凭证或汇总原始凭证逐日逐笔或定期汇总登记。

（1）固定资产、债权、债务等明细账应逐日逐笔登记。

（2）库存商品、原材料、产成品收发明细账以及收入、费用明细账可以逐笔登记，也可定期汇总登记。

六、总分类账户与明细分类账户的平行登记

（一）总分类账户与明细分类账户的关系

总分类账户及其所属明细分类账户的核算对象是相同的，它们所提供的核算资料互相补充，只有把二者结合起来，才能既总括又详细地反映同一核算内容。因此，总分类账户和明细分类账户必须平行登记。

1. 总分类账户与明细分类账户之间的内在联系

总分类账户与明细分类账户的内在联系主要表现在以下两个方面：

（1）两者所反映的经济业务的内容相同。如“原材料”总账与所属的“甲材料”“主要材料”等明细账都是用以反映原材料的收发及结存业务的。

（2）登记账簿的原始依据相同。登记总分类账户与登记其所属的明细分类账户的原始凭证是相同的。

2. 总分类账户与明细分类账户的区别

总分类账户与明细分类账户的区别主要表现在以下两个方面：

（1）反映经济业务内容的详细程度不同。总分类账户反映资金增减变化的总括情况，

提供总括指标；明细分类账户反映资金运动的详细情况，提供明细指标。如“原材料”总分类账户只反映和提供企业库存原材料的总金额，而在“原材料”总账开设下的明细账则反映该种材料的收发结存金额及数量等具体情况。

（2）作用不同。总账提供的经济指标，是明细账资料的综合，对所属明细账起着统驭作用；明细账是对有关总账的补充，起着详细说明的作用。

（二）总分类账户与明细分类账户平行登记的要点

平行登记是指对所发生的每项经济业务都要以会计凭证为依据，一方面记入有关的总分类账户，另一方面记入所属明细分类账户的方法。

总分类账户与明细分类账户平行登记的要点体现在以下几个方面。

1. 方向相同

即在将经济业务记入总分类账户和其所属的明细分类账户时，记账方向必须一致，如果总分类账记入借方，也必须记入明细分类账的借方；如果总分类账记入贷方，明细分类账也必须记入贷方。

2. 期间一致

对于发生的每一项经济业务，在记入总分类账和明细分类账的过程中，可以有先有后，但必须在同一会计期间全部登记入账。即一项经济业务发生后，必须在计入总分类账进行总括登记的同一会计期间，在其所属明细分类账进行明细分类登记。

3. 金额相等

总分类账和明细分类账登记的金额必须相等，如果一笔经济业务同时记入几个明细分类账户，则记入总分类账户的金额，应与记入各个明细分类账户的金额之和相等。

总分类账和明细分类账平行登记之后可产生以下数量关系：

总分类账户本期发生额＝所属明细分类账户本期发生额合计数

总分类账户期末余额＝所属明细分类账户期末余额合计数

在会计核算过程中，通常利用这种数量相等关系来检查总分类账和明细分类账记录的完整性和正确性。

应用举例

【例7-1】阳光公司2022年7月1日“原材料”和“应付账款”两个总分类账户及其所属明细分类账户的有关资料如下：

“原材料”总分类账户有借方余额40 000元，其所属明细分类账户余额如表7-12所示。

表7-12

名称	重量/千克	单价/元	金额/元
甲材料	400	60	24 000
乙材料	200	80	16 000
合计			40 000

“应付账款”总分类账户有贷方金额32 000元，其所属明细分类账户余额如表7-13所示。

表7-13

名称	金额/元
A公司	20 000
B公司	12 000
合计	32 000

该公司7月份发生下列经济业务：

（1）7月2日，向A公司购入甲材料400千克，单价60元，价款24 000元；乙材料400千克，单价80元，价款32 000元。材料验收入库，货款尚未支付。编制会计分录如下：

借：原材料——甲材料　　24 000

　　　　——乙材料　　32 000

　贷：应付账款——A公司　　56 000

（2）7月6日，生产车间从仓库领用原材料一批，其中甲材料600千克，单价60元，计36 000元；乙材料300千克，单价80元，计24 000元。编制会计分录如下：

借：生产成本　　60 000

　贷：原材料——甲材料　　36 000

　　　　　——乙材料　　24 000

（3）7月12日，向B公司购入材料一批，其中甲材料200千克，单价60元，价款12 000元；乙材料400千克，单价80元，价款32 000元。材料已经验收入库，货款尚未支付。编制会计分录如下：

借：原材料——甲材料　　12 000

　　　　——乙材料　　32 000

　贷：应付账款——B公司　　44 000

（4）7月20日，以银行存款偿还A公司的货款40 000元，偿还B公司的货款48 000元。编制会计分录如下：

借：应付账款——A公司　　40 000

　　　　　——B公司　　48 000

　贷：银行存款　　88 000

根据上述资料，在“原材料”和“应付账款”的总分类账户及其所属的明细分类账户中进行平行登记，有关步骤如下：首先，将月初余额分别记入“原材料”和“应付账款”总分类账户及其所属的明细分类账户，在“原材料”的明细分类账户中还需要登记各种材料的数量和单价。然后，根据经济业务发生的先后次序和编制的会计分录，依次在“原材料”和“应付账款”两个总分类账户和其所属的明细分类账户中进行平行登记，并计算出各账户的本期发生额和期末余额。有关“原材料”和“应付账款”总分类账户及其所属明细分类账户的登记结果如表7-14至表7-19所示。

表7-14 **总分类账**

会计科目：原材料

2022年		凭证号数	摘要	借方	贷方	借或贷	余额
月	日						
7	1		月初余额			借	40 000
	2	（1）	购入	56 000		借	96 000
	6	（2）	生产领用		60 000	借	36 000
	12	（3）	购入	44 000		借	80 000
7	31		本月合计	100 000	60 000	借	80 000

表7-15 **原材料明细分类账**

明细科目：甲材料 数量单位：千克

2022年		凭证号数	摘要	收入			发出			结存		
月	日			数量	单价	金额	数量	单价	金额	数量	单价	金额
7	1		月初余额							400	60	24 000
	2	（1）	购入	400	60	24 000				800	60	48 000
	6	（2）	生产领用				600	60	36 000	200	60	12 000
	12	（3）	购入	200	60	12 000				400	60	24 000
7	31		本月合计	600		36 000	600		36 000	400	60	24 000

表7-16 **原材料明细分类账**

明细科目：乙材料 数量单位：千克

2022年		凭证号数	摘要	收入			发出			结存		
月	日			数量	单价	金额	数量	单价	金额	数量	单价	金额
7	1		月初余额							200	80	16 000
	2	（1）	购入	400	80	32 000				600	80	48 000
	6	（2）	生产领用				300	80	24 000	300	80	24 000
	12	（3）	购入	400	80	32 000				700	80	56 000
7	31		本月合计	800		64 000	300		24 000	700	80	56 000

表7-17 **总分类账**

会计科目：应付账款

2022年		凭证号数	摘要	借方	贷方	借或贷	余额
月	日						
7	1		月初余额			贷	32 000
	2	（1）	购入材料		56 000	贷	88 000
	12	（3）	购入材料		44 000	贷	132 000
	20	（4）	偿还货款	88 000		贷	44 000
7	31		本月合计	88 000	100 000	贷	44 000

表7-18　　　　应付账款明细分类账

明细科目：A公司

2022年		凭证号数	摘要	借方	贷方	借或贷	余额
月	日						
7	1		月初余额			贷	20 000
	2	（1）	购入材料		56 000	贷	76 000
	20	（4）	偿还货款	40 000		贷	36 000
7	31		本月合计	40 000	56 000	贷	36 000

表7-19　　　　应付账款明细分类账

明细科目：B公司

2022年		凭证号数	摘要	借方	贷方	借或贷	余额
月	日						
7	1		月初余额			贷	12 000
	12	（3）	购入材料		44 000	贷	56 000
	20	（4）	偿还货款	48 000		贷	8 000
7	31		本月合计	48 000	44 000	贷	8 000

从上述总分类账户和其所属明细分类账户记录可以看出，在平行登记下，“原材料”和“应付账款”总分类账户的期初余额、本期借方发生额、本期贷方发生额以及期末余额，都分别与其所属的明细分类账户的期初余额之和、本期借方发生额之和、本期贷方发生额之以及期末余额之和相等。这样，总分类账户对明细分类账户的统驭作用，明细分类账户对总分类账户的补充作用一目了然。

任务三　对账与结账

任务导航

在会计工作中，由于种种原因，难免会发生记账、计算等差错，也难免会出现账实不符的现象。为了保证各账簿记录和会计报表的真实、完整和正确，如实地反映和监督经济活动，各单位必须做好对账工作。同时，结账工作也是编制财务报表的先决条件，做好结账工作，十分重要。

任务解析

一、对账

（一）对账的概念

对账，就是核对账目，是保证会计账簿记录质量的重要程序。账簿记录的准确与真实可靠，不仅取决于账簿的本身，还涉及账簿与凭证的关系，账簿记录与实际情况是否相符的问题等。所以，对账应包括账簿与凭证的核对、账簿与账簿的核对、账簿与实物的核对。把账簿记录的数字核对清楚，做到账证相符、账账相符和账实相符。对账工作至少每年进行一次。

（二）对账的内容

对账一般可以分为账证核对、账账核对和账实核对。

1. 账证核对

账证核对是指账簿记录与记账凭证及其所附原始凭证的核对，主要是账簿记录与原始凭证、记账凭证的时间、凭证字号、记账内容、记账金额及记账方向等的核对。

一般来说，日记账应与收、付款凭证相核对，总账应与记账凭证相核对，明细账应与记账凭证或原始凭证相核对。通常这些核对工作是在日常制证和记账工作中进行的。

2. 账账核对

账账核对是指不同会计账簿记录之间的核对。

为了保证账账相符，必须将各种账簿之间的有关数据相核对。具体核对的内容包括：

（1）总分类账簿之间的核对。资产类账户的余额应等于权益类账户的余额，或总账账户的借方期末余额合计数应与贷方期末余额合计数核对相符。

（2）总分类账簿与所属明细分类账簿之间的核对。总账账户的期末余额应与所属明细分类账户期末余额之和核对相符。

（3）总分类账簿与序时账簿之间的核对。库存现金日记账和银行存款日记账期末余额应分别同有关总分类账户的期末余额核对相符。

（4）明细分类账簿之间的核对。会计部门各种财产物资明细分类账的期末余额应与财产物资保管或使用部门有关明细账的期末余额核对相符。

3. 账实核对

账实核对是指各项财产物资账面余额与实有数额之间的核对。

为了保证账实相符，应将各种账簿记录与有关财产物资的实有数相核对。具体核对内容包括：

（1）库存现金日记账账面余额与库存现金实际库存数逐日核对是否相符；银行存款日记账账面余额与银行对账单的余额定期核对是否相符。

（2）各项财产物资明细账账面余额与财产物资的实有数额定期核对是否相符。

（3）有关债权债务明细账账面金额与对方单位的账面记录核对是否相符。

思考探究

某公司出纳将库存现金实际库存数与库存现金日记账账面余额核对，请问是属于账证核对吗？

二、结账

（一）结账的概念

结账是一项将账簿记录定期结算清楚的账务工作。在一定时期终了时，即在月末、季末或年末时，为了编制会计报表，需要进行结账，具体包括月结、季结和年结。

结账工作是建立在会计分期前提下的，由于企业的经济活动是连续不断地进行，会计记录也是连续不断地进行，为了了解某一会计期间（月份、季度、年度）的经济活动情况，考核经营成果，在每一会计期间终了时，必须进行结账，它是一项对账簿记录定期结算、了结账务的工作。

结账的内容通常包括两个方面：一是结清各种损益类账户，并据以计算确定本期利润；二是结出资产、负债和所有者权益账户的本期发生额合计和期末余额。

（二）结账的程序

结账前，必须将属于本期内发生的各项经济业务和应由本期受益的收入、负担的费用全部登记入账。在此基础上，才可保证结账的有用性，确保会计报表的正确性。不得把将要发生的经济业务提前入账，也不得把已经在本期发生的经济业务延至下期（甚至以后期）入账。

结账的基本程序包括：

（1）将本期发生的经济业务事项全部登记入账，并保证其正确性。

（2）根据权责发生制的要求，调整有关账项，合理确定本期应计的收入和应计的费用。

（3）将损益类账户转入“本年利润”账户，结平所有损益类账户。

（4）结算出资产、负债和所有者权益账户的本期发生额和余额，并结转下期。

上述工作完成后，就可以根据总分类账和明细分类账的本期发生额和期末余额，分别进行试算平衡。

（三）结账的方法

结账时，应当结出每个账户的期末余额。需要结出当月（季、年）发生额的账户，如各项收入、费用账户等，应单列一行登记发生额，在摘要栏内注明“本月（季）合计”或“本年累计”。结出余额后，应在余额前的“借或贷”栏内写“借”或“贷”字样，没有余额的账户，应在余额栏前的“借或贷”栏内写“平”字，并在余额栏内用“0”表示。为了突出本期发生额及期末余额，表示本会计期间的会计记录已经截止或者结束，应将本期与下期的会计记录明显分开，结账一般都划“结账线”。划线时，月结、季结用单线，年结划双线。划线应划红线并应划通栏线，不能只在账页中的金额部分划线。

结账时应根据不同的账户记录，分别采用不同的结账方法：

（1）总账账户平时只需结计月末余额，不需要结计本月发生额。每月结账时，应将月末余额计算出来并写在本月最后一笔经济业务记录的同一行内，并在下面通栏划单红线。年终结账时，为了反映全年各会计要素增减变动的全貌，便于核对账目，要将所有总账账户结计全年发生额和年末余额，在摘要栏内注明“本年累计”字样，并在“本年累计”行下划双红线。

（2）现金日记账、银行存款日记账和需要按月结计发生额的收入、费用等明细账的结账方法。现金日记账、银行存款日记账和需要按月结计发生额的各种明细账，每月结账时，要在每月的最后一笔经济业务下面通栏划单红线，结出本月发生额和月末余额写在红线下面，并在摘要栏内注明“本月合计”字样，再在下面通栏划单红线。

（3）不需要按月结计发生额的债权、债务和财产物资等明细分类账的结账方法。对这类明细账，每次记账后，都要在该行余额栏内随时结出余额，每月最后一笔余额即为月末余额。也就是说月末余额就是本月最后一笔经济业务记录的同一行内的余额。月末结账时只需在最后一笔经济业务记录之下通用栏划单红线即可，无须再结计一次余额。

（4）需要结计本年累计发生额的收入、成本等明细账的结账方法。对这类明细账，先按照需按月结计发生额的明细账的月结方法进行月结，再在“本月合计”行下的摘要栏内注明“本年累计”字样，并结出自年初起至本月末止的累计发生额，再在下面通栏划单红线。12月末的“本年累计”就是全年累计发生额，全年累计发生额下面通栏划双红线。

（5）年度终了结账时，有余额的账户，要将其余额结转到下一会计年度，并在摘要栏内注明“结转下年”字样；在下一会计年度新建有关会计账簿的第一行余额栏内填写上年结转的余额，并在摘要栏内注明“上年结转”字样。结转下年时，既不需要编制记账凭证，也不必将余额再记入本年账户的借方或贷方，使本年有余额的账户的余额变为零，而是使有余额的账户的余额如实反映在账户中，以免混淆有余额账户和无余额账户的区别。

小贴士

若由于会计准则或会计制度改变而需要在新账中改变原有账户名称及其核算内容的，可将年末余额按新会计准则或会计制度的要求编制余额调整分录，或编制余额调整工作底稿，将调整后的账户余额抄入新账的有关账户余额栏内。

任务四 错账更正

错账更正

任务导航

错账将影响会计信息的准确性，通过试算平衡发现的错账金额，必须确定产生错账的具体凭证、账户及错误类型，以便采取对应方法更正。记账过程中发生的错误，不能用刮擦、挖补和涂抹等方法进行更正，而应根据记账错误的性质按规定的方法进行更正。

任务解析

一、错账查找方法

一项经济业务因填制会计凭证不正确，或填制的凭证是正确的但过账有失误，从而使账簿记录发生错误，此即为错账。错账将影响会计信息的准确性，应及时查明原因并用规定的方法更正。任何影响借贷平衡的错账，都会表现为期末试算平衡中存在借贷差额。通过试算平衡发现的错账金额，必须确定产生错账的具体凭证、账户及错误类型，以便采取对应方法更正。查找错账的凭证、账户一般有以下几种方法。

1. 差数法

差数法是指按照错账的差数查找错账的方法，即按照试算平衡中出现的借贷差额查找有相同金额的凭证。试算平衡中借贷发生额不相等，可能是由于某笔分录漏记借方或贷方的金额造成的。因此，先按借贷方差数查找有相同金额的记账凭证，核定是否有漏记的情况。

2. 尾数法

尾数法是指对于发生的差错只查找末位数，以提高查错效率的方法。这种方法适合于借贷方金额其他位数都一致，而只有末位数出现差错的情况。尾数法可缩小查找范围，提高查错效率。

3. 除2法

除2法是指以差数除以2来查找错账的方法。当某个借方金额错记入贷方（或相反）时，出现错账的差数表现为错误的2倍，将此差数用2去除，得出的商即是反向的金额。如果某笔分录的金额与其商数相同，应核对该分录是否记错了方向。

4. 除9法

除9法是指以差数除以9来查找错账的方法，按照试算平衡借贷相差数除以9，以其商或商的调整值查找引起错账的凭证和账户。适用于以下三种情况：

（1）将数字写小。即一笔分录登账时一方金额被缩小（如700记为70），则借贷差数是账户错登金额的9倍，将差数除以9，与其商相同金额的某账户的记录数可能是错记数。如700记为70，差为630，除以9的商为70，70为账户错登数。

（2）将数字写大。即一笔分录登账时一方金额被扩大（如70记为700），则借贷差数是账户错登金额的9倍，将差数除以9，与其商相同金额的分录可能是被记错的分录。70记为70，借贷差为630，630除以9等于70，70即为错登账的分录金额。将差数除以9的商乘以10，则可以从账户记录找到错记数（630 ÷ 9 × 10=700，700为账户上的错记数）。

（3）领数颠倒。即一笔分录借或贷方金额过账时被颠倒数位记入账户，会使借贷方金额发生与“9”相关的差异，通过计算可帮助查找错误源。

思考探究

某公司会计进行期末试算平衡，发现借贷方金额不相等，借贷方只有末位数不一样，请问该如何查找错账？

二、错账更正方法

记账过程中发生的错误，不能用刮擦、挖补和涂抹等方法进行更正，而应根据记账错误的性质按规定的方法进行更正。错账的更正方法一般有：划线更正法、红字更正法和补充登记法。

（一）划线更正法

划线更正法又称红线更正法。在结账以前，如果发现账簿记录中数字或文字错误，过账笔误或数字计算错误，可用划线更正法进行更正。更正时，先在错误的数字或文字上划一条红线加以注销，但必须保证划去的字迹仍可清晰辨认。然后在红线上方空白处写上正确的文字或数字，并由记账人员、会计机构负责人在更正处盖章。

小贴士

需要注意的是，对于错误的数字要整笔划掉，不能只划去其中一个或几个记错的数字。例如，把记账凭证登记账簿时，将数字8 175误记为8 715，不能只划去其中“71”改为“17”，而是要把“8 715”全部用红线划去，并在其上方写上“8 175”。

（二）红字更正法

红字更正法是指用红字冲销原有错误的账户记录或凭证记录，以更正或调整账簿记录的一种方法。通常有两种情况：

（1）在记账以后，在当年内发现记账凭证所记的会计科目错误，可采用红字更正法进行更正。更正时应用红字填写一份与原来科目、记账方向和金额完全相同的记账凭证，注销原来错误的记账凭证；然后再用蓝字重新填制一份正确的记账凭证，一并登记入账。

应用举例

【例7-2】某企业购入原材料8 000元，货款尚未支付。（税金不考虑）

编制记账凭证时，错误地编制如下会计分录并已经登记入账：

借：原材料　　8 000

　贷：应收账款　　8 000

当发现记账凭证错误时，先按照原来错误的会计分录用红字填制一张记账凭证注销原来的会计分录：

借：原材料　　[8 000]

　贷：应收账款　　[8 000]

然后再用蓝字填制一张正确的记账凭证，其会计分录如下：

借：原材料　　8 000

　贷：应付账款　　8 000

（2）在记账以后，发现记账凭证中应借应贷会计科目正确，但所记金额大于应记金额。可将多记的金额（正确数与错误数之间的差额）用红字填写一张记账凭证，据以登记入账，用以注销多记的金额。

【例7-3】某企业用银行存款归还前面业务所欠货款8 000元，但错误地编制下列会计分录并已经登记入账：

借：应付账款　　80 000

　贷：银行存款　　80 000

发现错误以后，应将多记的金额用红字进行注销，其分录如下：

借：应付账款　　[72 000]

　贷：银行存款　　[72 000]

（三）补充登记法

记账以后，发现记账凭证上应借应贷的会计科目正确，但所记金额小于应记金额，可采用补充登记法更正。更正时，用蓝字填制一张与原记账凭证应借应贷科目相同的记账凭证，补充少记金额，并据以登记入账。

应用举例

【例7-4】某企业对外销售产品一批，收到货款20 000元存入银行，原编记账凭证误记为2 000元，并已登记入账。（税金不考虑）

原记错的会计分录为：

借：银行存款　　2 000

　贷：主营业务收入　　　　　　　　　　　2 000

当发现上述记账错误时，可将少记的金额18 000元，再编制一张记账凭证如下：

借：银行存款　　　　　　　　　　　18 000

　贷：主营业务收入　　　　　　　　　　　18 000

推荐阅读

1. 财政部发布的《会计基础工作规范》
2. 财政部、国家档案局令第79号，修订的《会计档案管理办法》
3. 《企业会计制度》

项目小结

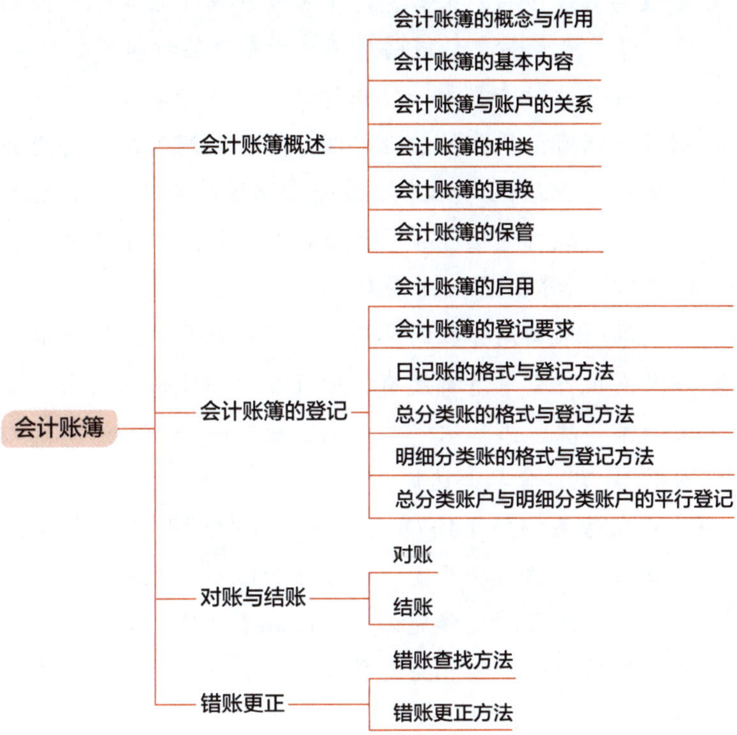

财产清查

德育微课堂

临聘出纳竟能819次“蚂蚁搬家”挪用公款

“90后”的唐某，是一个普通的出纳员，她出生在一个生活富足的家庭，也是家里的独女，从小就受到所有长辈的宠爱。唐某上大学时，曾因贪慕虚荣借款9万元购买奢侈品。毕业之后，宠爱女儿的爸爸帮她填平了这个窟窿。得知借款还清，唐某通过以贷还贷的方式继续购买奢侈品。某日，唐某成功应聘了某单位的出纳。上班的第三天，债主开始打电话威胁唐某，于是唐某打起了公款的主意。

唐某此时手握上一任出纳的各种账号密码，最重要的是，单位的财务报账有很严重的管理漏洞，这个漏洞为唐某挪用公款打开了便利的大门。据唐某回忆，她第一次挪用的金额是1万元，刚好那天领导不在，她就打电话和领导说要借私章报账，于是成功拿到私章并到银行办理，取得了第一笔赃款。

第一次挪用公款时，唐某心里特别紧张，惶恐地过了一个月后，唐某发现什么事情都没有，便开始大胆地挪用起来。有了第一次，就会有第二次、第三次……唐某在短短两年内，从单位的四个账户挪用公款819次，金额高达170万元。

在唐某挪用了100多万元后，单位的账户逐渐亏空，导致无法保障正常的单位活动开支。在领导和同事的报账催促下，唐某利用修图软件制作虚假的支付凭证，以此混淆视线，拖延时间。唐某甚至指使朋友假扮财政局的相关工作人员，告知领导“其实你的账户还有很多钱，只是系统出现错误了，没有显示金额”。

直到单位账户出现“0”余额时，唐某挪用公款的事情才东窗事发，即便唐某知道自己挪用公款，也一直不觉得自己有什么错误，直到接受调查时，才开始后悔，然而这个醒悟已经太迟了。

唐某在追求享乐中，迷失自我，沦为欲望的“俘虏”，而监管缺失也引起了办案人员的注意和反思。由于单位财务管理制度不健全，才使得唐某有机可乘，挪用公款屡屡得手；单位主要领导用信任代替监督，客观上为唐某违纪违法提供了便利。

该事件警示我们，各单位要加强内部监督和党风廉政教育、法制教育，健全完善相关财务制度。唐某的案件也告诫我们，作为会计人员，应当树立正确的世界观、人生观、价值观，要清楚自己的责任、要踏踏实实履职，自觉加强会计职业道德建设，自觉守纪律、讲规矩，不断增强拒腐防变和抵御风险的能力。只有首先做到自身廉洁，严格约束自己，才能要求别人廉洁，才能理直气壮地阻止或防止别人侵占集体利益，正确行使反映和监督的职责，保证各项经济活动正常进行。

（改编自搜狐新闻网）

学习目标

1. 知识目标

（1）掌握财产清查的概念。

（2）了解财产清查的分类。

（3）掌握财产清查的处理方法。

2. 技能目标

（1）能独立完成银行存款余额调节表。

（2）掌握财产清查不同结果的账务处理方法。

3. 素质目标

（1）具有严谨的职业态度。

（2）具有敬业精神、团队合作精神和良好的职业道德修养。

情境案例

年末，小K想对自己经营的奶茶店进行盘点，下面是奶茶店的财产物资：现金、银行存款、冰箱、制冰机、封口机、电磁炉、桌椅、奶粉、奶油、鲜奶、茶叶。

思考探究

1. 根据以前所学知识，把奶茶店的财产物资归类，固定资产、现金和银行存款分别包括哪些呢？

2. 进行归类后，如果要进行盘点，应从哪里开始查？怎样查呢？

任务一 财产清查概述

财产清查概述

任务导航

完整、准确地反映企业的财产物资、货币资金和债权债务的真实情况，随时保证账实相符是会计核算的基本要求，也是经济管理对会计核算所提出的客观要求。财产物资与账面记录是否相符，必须通过财产清查这种会计核算的专门方法来确证。

任务解析

一、财产清查的概念与意义

财产清查是保证会计核算正常进行和会计核算质量的重要措施。

1. 财产清查的概念

财产清查是指通过对实物资产、货币资金和往来款项等财产物资进行盘点或核对，确定其实存数，查明其账存数与实存数是否相符的一种会计核算的专门方法。

小贴士

造成账实不符的原因既有主观的原因，也有客观的原因，而对于客观原因又是不能完全避免的。因此，就需要通过财产清查发现账实不符的具体情况，针对存在的问题查明主、客观原因，分清责任，采取有效的措施，实事求是地进行处理，保证会计资料的真实、正确。

2. 财产清查的意义

企业应当建立健全财产物资清查制度，加强财产清查管理工作，以保证财产物资核算的真实性和完整性。财产清查作为会计核算的一种专门方法，在会计核算过程中具有十分重要的意义，具体体现在以下几个方面：

（1）提高会计资料的质量。通过财产清查，可以确定各项财产物资的实存数，将实存数与账存数进行核对，查明各项财产物资的账实是否相符，确定盘盈、盘亏，及时调整账簿记录，使账实相符，从而保证会计账簿记录的真实、正确，为经济管理提供可靠的数据资料。

（2）保证各项财产物资的安全完整。通过财产清查，建立健全财产物资保管的岗位责任制，保证各项财产物资的安全完整，有无因管理不善，造成霉烂、变质、损失浪费，或被非法挪用、贪污盗窃的情况，以便采取有效措施，改善管理。促使债权债务等往来结算款项经办人自觉遵守结算纪律和国家财政、信贷的有关规定，及时对各种应收、应付账款核对并结算，避免长期拖欠和常年挂账现象，共同维护结算纪律和商业信用，切实保障各项财产物资的安全完整。

（3）加速资金周转，提高资金使用效益。通过财产清查，查明各项财产物资的盘盈、盘亏原因和责任，从中找出财产物资管理工作中存在的一些问题，促使企业改善经营管理，合理安排生产经营活动。在财产清查过程中，可以查明各项财产物资的储备情况和占用资金的合理性，进一步查清各项财产物资的利用情况，以便挖掘各项财产物资的潜力，加速资金周转，提高资金使用效率。

二、财产清查的种类

企业财产清查的对象和范围往往是不同的，在时间上也有区别，由此就产生了财产清查的不同种类。

（一）按照清查的范围分类

按照清查的对象和范围不同，财产清查可以分为全面清查和局部清查。

1. 全面清查

全面清查是指对所有财产进行全面的盘点与核对，其清查对象主要包括：原材料、在产品、自制半成品、库存商品、现金、短期存（借）款、有价证券及外币、在途物资、委托加工物资、往来款项、固定资产等。

全面清查范围广、时间长，参加的部门和人员也多，不宜经常进行。一般需要全面清查的情况通常有：

（1）年终决算之前，为编制会计报表做准备，从而保证会计核算资料的真实性。

（2）企业撤销、合并或改变隶属关系前，以便明确财产的隶属关系。

（3）中外合资、国内合资前。

（4）企业股份制改制前。

（5）开展全面的资产评估、清产核资前。

（6）单位主要领导调离工作前，以明确经济责任。

思考探究

会计人员调换岗位，需要进行全面清查吗？

2. 局部清查

局部清查，又称重点清查，是指根据需要只对部分财产进行盘点与核对。如流动资金中变化较频繁的原材料、库存商品等，除年度全面清查外，还应根据需要随时轮流盘点或重点抽查。

局部清查范围小，内容少、时间短、参与人员少，但专业性较强。一般包括下列清查内容：

（1）对于库存现金，应由出纳人员每日清点核对一次，做到日清日结。

（2）对于银行存款，每月至少同银行核对一次。

（3）对于各项债权债务，每年至少核对一至两次，有问题及时解决。

（4）对于原材料、在产品和库存商品等流动性较大的存货，除全年安排一次全面清查外，平时应根据需要轮流盘点或重点抽查。

（5）对于贵重财产物资，每月清查一次。

（二）按照清查的时间分类

按照清查的时间不同，财产清查可以分为定期清查和不定期清查。

定期清查是指根据管理制度的规定或预定计划安排的时间对财产物资所进行的清查，其清查的目的在于保证会计核算资料的真实、正确，一般是在期末进行，可以是全面清查，也可以是局部清查。

不定期清查是指根据实际需要而进行的临时性清查，如更换出纳员时对现金、银行存款所进行的清查；更换仓库保管员时对其保管的财产物资所进行的清查，目的在于分清责任，查明情况。如发生意外灾害和非常损失时，要对受灾损失的有关财产物资进行清查，以查明损失情况。

企业编制年度财务会计报告前，应当全面清查财产、核实债务。各单位应当定期将会计账簿与实物、款项及有关资料相互核对，保证会计账簿记录与实物及款项的实有数额相符。

（三）按照清查的执行系统分类

按照清查的执行系统不同，财产清查可以分为内部清查和外部清查。

内部清查是指由本单位内部自行组织清查工作小组所进行的财产清查工作。大多数财产清查都是内部清查。

外部清查是指由上级主管部门、审计机关、司法部门、注册会计师根据国家有关规定或情况需要对本单位所进行的财产清查。如注册会计师对企业的验资、查账，国家审计与司法机关对企业进行检查，上级主管部门对下级主管部门进行监督时所进行的清查。一般来讲，进行外部清查时应有本单位相关人员参加。

三、财产清查的一般程序

财产清查既是会计核算的一种专门方法，又是财产物资管理的一种重要制度。企业必须有计划、有组织地进行财产清查。

财产清查一般包括以下程序：

（1）建立财产清查组织。

（2）组织清查人员学习有关政策规定，掌握有关法律法规和相关业务知识，以提高财产清查工作的质量。

（3）确定清查对象、范围，明确清查任务。

（4）制定清查方案，具体安排清查内容、时间、步骤、方法，以及必要的清查前准备。

（5）清查时本着先清查数量、核对有关账簿记录等，后认定质量的原则进行。

（6）填制盘存清单。

（7）根据盘存清单，填制实物、往来账项清查结果报告表。

任务二　财产清查的方法

财产清查的方法

任务导航

为了保证会计账簿记录的真实、正确，为经济管理提供可靠的信息资料，必须运用“财产清查”这一行之有效的会计核算方法，对各项财产物资和债权债务进行定期或不定期的盘点和核对，在账实相符的基础上编制财务会计报告。不同财产物资具有不同的特点，因此需要采用形式不一的清查方法。

任务解析

为了实施财产清查工作，应组成由会计部门牵头的清查小组，制订好清查计划，准备好计量器具和各项登记表格等。会计人员要做好账簿登记工作，做到账账相符、账证相符，财产物资保管部门要做好财产物资的入账工作，整理、排放好各项财产物资，准备接受清查。

小贴士

由于各种财产物资的内容不尽相同，各有特点，在进行财产清查工作时，应采用与其特点和管理要求相适应的方法。

一、货币资金的清查方法

（一）库存现金的清查

库存现金的清查主要是采用**实地盘点**的方法，即通过点票数来确定现金的实存数，然后以实存数与现金日记账的账面余额进行核对，以查明账实是否相符及盈亏情况。

由于现金的收支业务十分频繁，容易出现差错，需要出纳人员每日进行清查。每日业务终了，出纳人员都应将现金日记账的账面余额与现金的实存数进行核对，做到账款相符。这种清查方法比较省时、省力，但只采用这种清查方法不够严密，容易出现漏洞。因此，在实际工作中，除了由出纳人员对现金进行经常性的清查以外，还应由清查小组对库存现金进行定期或不定期的专门清查。清查步骤和方法如下：

（1）清查盘点前，出纳人员确认有关业务必须在库存现金日记账中全部登记完毕，结出库存现金日记账的余额。

（2）清查盘点时，为了明确经济责任，出纳人员必须在场，清查人员应逐张清点出各种面值钞票的张数和硬币的个数。库存现金清查，既要检查账实相符，又要检查现金管理制度是否符合相关规定，如库存现金有无超过银行规定的限额，是否有白条抵库、挪用舞弊，是否按规定范围使用现金，有无坐支现金的现象等情况。

（3）清查盘点后，应编制“库存现金盘点报告表”（表8-1），据以调整库存现金日记账的账面记录，并由盘点人员和出纳人员签章。“库存现金盘点报告表”是用以调整账簿记录的重要原始凭证，又具有实存账存对比表的作用，可以分析账实不符的原因，明确经济责任。

表8-1　　　　库存现金盘点报告表

年　　月　　日

实存金额	账存金额	对比结果		备注
		盘盈	盘亏	

负责人签章：　　　　　　盘点人签章：　　　　　　出纳员签章：

（二）银行存款的清查

银行存款的清查是采用与开户银行核对账目的方法进行的，即将本单位的银行存款日记账与开户银行转来的对账单逐笔进行核对，以查明银行存款的实有数额。银行存款的清查一般在月末进行。

思考探究

对银行存款进行清查，应该采用的方法是实地盘点法吗？

1. 银行存款日记账与银行对账单不一致的原因

将截止清查日的所有银行存款收付业务登记入账后，对发生的错账、漏账应及时查清更正，再与银行的对账单逐笔进行核对。如果两者余额相符，通常说明没有错误；如果两者余额不相符，则可能有两方面的原因：一方面原因是企业或银行一方或双方记账过程有错误。即使银行对账单和本单位银行存款日记账记录无误，银行对账单上的存款余额与本单位银行存款日记账上的存款余额仍可能出现不一致。因此，除了上述企业与银行之间的一方或双方记账有错误外，另一方面原因就是双方记录存在未达账项。

所谓**未达账项**，是指开户银行和本单位之间，对于同一款项的收付业务，由于凭证传递时间不同，导致记账时间不一致，发生的一方已取得结算凭证登记入账，而另一方由于尚未取得结算凭证尚未入账的会计事项。开户银行和本单位之间的未达账项有四种情况：

（1）企业已收，银行未收款。即企业已经入账而银行尚未入账的收入事项。如企业销售产品收到支票，送存银行后即可根据银行盖章的“进账单”回单联，登记银行存款的增加，而银行则不能马上登记增加，要等款项收妥后再记增加。如果此时对账，就会形成企业已收，银行未收款的现象。

（2）企业已付，银行未付款。即企业已经入账而银行尚未入账的支出事项。如企业开出一张支票支付购料款，企业可根据支票存根联、发货票等凭证，登记银行存款的减少。而持票人尚未将支票送往银行，银行由于尚未接到支付款项的凭证尚未记减少。如果此时对账，则形成企业已付，银行未付款的现象。

（3）银行已收，企业未收款。即开户银行已经入账而企业尚未入账的收入事项。如外地某单位给企业汇来款项，银行收到汇单后，登记存款增加，企业由于尚未收到汇款凭证尚未登记银行存款增加。如果此时对账就形成了银行已收，企业未收款的现象。

（4）银行已付，企业未付款。即银行已经入账而企业尚未入账的支出事项。如银行代企业支付的款项（如水电费等），银行取得支付款项的凭证已记银行存款减少，企业尚未接到凭证尚未登记银行存款减少。如果此时对账，则形成银行已付，企业未付款的现象。

上述任何一种未达账项存在，都会使企业银行存款日记账余额与开户银行转来的对账单的余额不符。其中在（1）、（4）两种情况下，会使企业账面的存款余额大于银行对账单的余额；而在（2）、（3）两种情况下，又会使企业账面余额小于银行对账单的余额。因此，在与银行对账时，应首先查明有无未达账项，如果有未达账项可编制“银行存款余额调节表”，对未达账项调整后，再确定企业与开户银行之间双方记账是否一致，双方的账面余额是否相符。

2. 银行存款清查的步骤

银行存款的清查按以下四个步骤进行：

（1）将本单位银行存款日记账与银行对账单，以结算凭证的种类、号码和金额为依据，逐日逐笔核对。凡双方都有记录的，用铅笔在金额旁边打上“√”记号。

（2）找出未达账项（即银行存款日记账和银行对账单中没有打“√”的款项）。

（3）将日记账和对账单的月末余额及找出的未达账项填入“银行存款余额调节表”，

并计算出调整后的余额。

（4）将调整平衡的“银行存款余额调节表”，经主管会计签章后，呈报开户银行。

凡有几个银行户头以及开设有外币存款户头的单位，应分别按存款户头开设“银行存款余额调节表”。每月月底，应分别将各户头的“银行存款余额调节表”与“银行对账单”核对，并分别编制“银行存款余额调节表”。

调节表的编制方法一般是在银行对账单余额与企业账面余额的基础上，各自加上对方已收、本单位未收账项数额，减去对方已付、本单位未付账项数额，以调整双方余额使其一致，其计算公式如下：

企业银行存款日记账余额+银行已收企业未收款的账项－银行已付企业未付款的账项＝银行对账单的存款余额＋企业已收银行未收的账项－企业已付银行未付的账项

应用举例

某企业2022年11月份银行存款日记账的余额为280 000元，银行对账单余额为370 000元，经过逐笔核对，查无错账，但有如下几笔未达账项：

（1）企业收到支票一张10 000元的销货款，已记银行存款增加，银行尚未记增加。

（2）企业开出支票一张90 000元支付购料款，已记银行存款减少，而持票人尚未将支票送达银行，银行尚未入账记减少。

（3）银行收到外地某单位汇来的本企业销货款50 000元，银行已登记增加，企业尚未接到收款通知，未入账。

（4）银行代企业支付电费40 000元，银行已登记减少，而企业尚未收到付款通知，未入账。根据以上资料编制“银行存款余额调节表”，调整双方余额，“银行存款余额调节表”的格式如表8-2所示。

表8-2 银行存款余额调节表

2022年11月30日　　　　单位：元

项目	金额	项目	金额
银行存款日记账余额	280 000	银行对账单余额	370 000
加：银行已收企业未收 （3）银行收到汇款	50 000	加：企业已收银行未收 （1）企业收到转账支票	10 000
减：银行已付企业未付		减：企业已付银行未付	
（4）银行代付水电费	40 000	（2）企业开出转账支票	90 000
调整后余额	290 000	调整后余额	290 000

3. 银行存款余额调节表的作用

（1）银行存款余额调节表是一种对账记录或对账工具，不能作为调整账面记录的依据，即不能根据银行存款余额调节表中的未达账项来调整银行存款账面记录，未达账项只有在收到有关凭证后才能进行有关的账务处理。

（2）调节后的余额如果相等，通常说明企业和银行的账面记录一般没有错误，该余额通常为企业可以动用的银行存款实有数。

（3）调节后的余额如果不相等，通常说明一方或双方记账有误，需进一步追查，查明原因后予以更正和处理。

小贴士

“银行存款余额调节表”只能起到对账作用。编制“银行存款余额调节表”的目的，也只是为了检查账簿记录的正确性，并不是要更改账簿记录。对于银行已经入账而单位尚未入账的业务和本单位已经入账而银行尚未入账的业务，均不能做账务处理。待以后有关业务的凭证实际到达后，再做账务处理。另外，应该引起重视的是对于一些长期悬置的未达账项，应及时查阅有关凭证、账簿及相关资料，查明原因，及时和开户银行取得联系并予以解决。

思考探究

银行存款余额调节表可以作为原始凭证调节登记银行存款日记账。以上表述正确吗？

二、实物资产的清查方法

实物资产是指具有实物形态的各种财产，包括原材料、自制半成品、在产品、产成品、周转材料和固定资产等。对于实物资产的清查，特别是存货的清查，首先应确定实物资产的账面结存额，再确定实际结存额，然后对两者进行比较，以确定差异并寻找产生差异的原因。

由于实物的形态、体积、重量、堆放方式不同，采用的清查方法也不同。常用的清查方法主要有实地盘点法和技术推算法。

（一）实地盘点法

实地盘点法是指在财产物资堆放现场进行逐一清点数量或计量仪器确定其实存数的一种方法。这种方法适用范围广，要求严格，数字准确可靠，清查质量高，但工作量大，耗用大量人力和时间。

如果事先按财产物资的实物形态进行科学的码放，如五五排列，三三制码放等，都有助于提高清查的速度。

（二）技术推算法

技术推算法是利用技术方法对财产物资的实存数进行推算的一种方法，例如量方、计尺等。这种方法适用于大量成堆而又价廉笨重，难以逐一清点的财产物资，比如煤炭、砂石、油罐中的油等大宗物资的清查。此方法盘点数字不够准确，但工作量较小。

实物清查的方法和步骤如下：

（1）为了明确经济责任，进行财产物资盘点时，实物保管人员和清查人员必须同时在现场对实物采用适合的清查方法进行清查，确定实存数量。

（2）对各项财产物资的盘点结果，逐一如实地登记在“盘存单”上，并由盘点人员和实物保管人员共同确认签章方能生效。“盘存单”是记录盘点结果的书面证明文件，也是反映财产物资实存数的原始凭证。“盘存单”一般格式如表8-3所示。

表8-3　盘存单

单位名称：　　盘点时间：　　编号：

财产类别：　　存放地点：

序号	名称	规格	计量单位	实存数量	单价	金额	备注

盘点人签章：　　保管人签章：

（3）盘点完毕，将“盘存单”中所记录的实存数额与账面结存余额相核对，确认盘盈盘亏数，并填制“实存账存对比表”。“实存账存对比表”是财产清查的重要表格，是调整账面记录的原始凭证，也是日后分析账存与实存产生差异原因、明确经济责任的原始证明材料，相关人员需要在该表上签章。“实存账存对比表”一般的格式如表8-4所示。

表8-4　实存账存对比表

单位名称：　　年　月　日

序号	名称	规格型号	计量单位	单价	实存		账存		盘盈		盘亏		备注
					数量	金额	数量	金额	数量	金额	数量	金额	

盘点人签章：　　会计签章：

三、往来款项的清查方法

往来款项主要包括应收、应付款项和预收、预付款项等。往来款项的清查一般采用发函询证的方法进行核对。具体步骤为：

（1）将本单位的往来账款核对清楚，确认总分类账与明细分类账的余额相等，各明细分类账的余额相符。

（2）在保证往来账户记录完整正确的基础上，编制“往来款项对账单”，寄往各有关往来单位。“往来款项对账单”的格式一般为一式两联，一联作为回单，如果对方单位核对无误，应将回单盖章后退回企业；如果核对不相符，由对方单位另外说明，然后退回企业，其格式如表8-5所示。

表8-5 **往来款项对账单**

××公司：

根据我单位账簿记录，贵公司与我单位的往来款项如下：

结账日期	欠贵公司	贵公司欠
2022年12月31日止		1 000 000元

请贵公司核对无误后签章证明，将此信寄回。如有不符，请将情况（包括时间、内容、金额、不符原因）告知。

单位（签章）

（注：本函仅作对账用，如结账日期后已付清，仍请函复）

（回函）

××公司：

来信收悉，在来信所述的结账日期，本公司与贵单位的往来账目，经核对　　相符/不相符（附清单与说明）

单位（签章）

年　　月　　日

（3）收到对方单位的回单联后，应据以编制“往来款项清查报告单”（表8-6），填列各项债权、债务的余额。对于有争议的款项以及无法收回的款项，应在报告单上详细列明情况，以便针对具体情况及时采取措施予以解决，避免或减少坏账损失的发生。

表8-6 **往来款项清查报告单**

总分类账户名称：　　　　　　　　　　　　　　　　年　　月　　日

明细分类账户		清查结果		核对不符原因分析			备注
名称	账面余额	核对相符金额	核对不符金额	未达账项金额	有争议款项金额	其他	

任务三 财产清查结果的处理

财产清查结果的处理

任务导航

财产清查结果的处理一般是指对账实不符的内容，即盘盈、盘亏等有关内容的处理。对于财产清查中发现的问题，应核实情况，调查分析产生的原因，按照国家有关法律法规的规定，进行严肃认真的处理。

任务解析

一、财产清查结果的处理要求

财产清查结果处理的具体要求如下。

（一）分析账实不符的原因和性质，提出处理建议

对财产清查过程中所发现的各种财产盘盈、盘亏和毁损等账实不符情况，应当认真分析其产生差异的原因，研究其性质，并在明确责任的基础上，提出处理意见，按规定报请有关部门和领导进行审批。审批处理后，应当严格执行审批意见，调整有关账簿记录，做到账实相符。

（二）积极处理多余积压财产，清理往来款项

对于财产清查中发现的积压、多余财产物资，应查明原因，并根据不同情况进行处理：对属于盲目采购、盲目建造或生产任务变更等原因造成的积压，除加强内部利用、改制、代用外，还应积极组织推销，以减少物资积压，加速资金周转；对于因品种不配套而造成的半成品积压，应当调整生产计划，组织均衡生产；对于利用率不高或闲置不用的固定资产，也应查明原因积极处理，做到物尽其用。

（三）总结经验教训，建立健全各项管理制度

对于通过财产清查而发现的单位在会计核算、会计管理、财产管理等各方面的先进经验和教训，应当认真总结。好的方面应当坚持和发扬，不足之处应当提出改进意见或措施，努力建立和健全各项管理制度，避免问题的再次发生，从而提高会计工作和管理工作的水平。

（四）及时调整账簿记录，保证账实相符

对于财产清查过程中所发现的盘盈、盘亏和毁损等情况，应当按照有关规定及时进行处理，调整相关的会计账簿记录，切实做到账实相符，同时反映待处理财产损溢的发生。

二、财产清查结果的处理步骤和方法

1. 审批之前的处理

会计人员和财产管理人员应根据“实存账存对比表”“库存现金盘点报告表”等资料，编制记账凭证，调整有关财产的账面价值，使账簿记录与实际盘存数相符。

同时，清查人员应根据权限将处理建议报股东大会或董事会，或经理（厂长）会议或类似机构批准。

2. 审批之后的处理

企业清查的各种财产的损溢，应于期末前查明原因，并根据企业的管理权限，经股东大会或董事会，或经理（厂长）会议或类似机构批准后，在期末结账前处理完毕。企业应严格按照有关部门对财产清查结果提出的处理意见进行账务处理，编制有关记账凭证，并据以登记有关账簿，同时追回由于责任者原因造成的财产损失。

小贴士

企业清查的各种财产的损溢，如果在期末结账前尚未经批准，在对外提供财务报表时，先按上述规定进行处理，并在附注中作出说明；其后批准处理的金额与已处理金额不一致的，调整财务报表相关项目的年初数。

三、财产清查结果的账务处理

（一）财产清查结果处理应设置的账户

由于财产清查结果的处理要报请审批，在账务处理上通常分两步进行。第一步，将财产清查中发现的盘盈、盘亏或毁损数，通过“待处理财产损溢”账户登记有关账簿，以调整有关账面记录，使账存数和实存数相一致。第二步，在审批后，根据批准的处理意见，再从“待处理财产损溢”账户转入有关账户。

“待处理财产损溢”账户是一个暂记账户，它是专门用来核算企业在财产清查过程中查明的各种财产物资的盘盈、盘亏和毁损的账户。该账户的借方登记各种财产物资的盘亏、毁损数及按照规定程序批准的盘盈转销数，贷方登记各种财产物资的盘盈数及按照规定程序批准的盘亏、毁损转销数。借方余额表示尚未处理的各种物资的净损失数，贷方余额表示尚未处理的各种财产物资的净溢余数，其结构如图8-1所示。

借方	待处理财产损溢	贷方
（1）清查时发现的盘亏数 （2）经批准后盘盈的转销数		（1）清查时发现的盘盈数 （2）经批准后盘亏的转销数

图8-1 待处理财产损溢账户结构

（二）财产清查结果的账务处理

1. 库存现金清查结果的账务处理

（1）库存现金盘盈的账务处理。库存现金盘盈时，应及时办理库存现金的入账手续，调整库存现金账簿记录，即按盘盈的金额借记“库存现金”科目，贷记“待处理财产损溢——待处理流动资产损溢”科目。

对于盘盈的库存现金，应及时查明原因，按管理权限报经批准后，按盘盈的金额借记“待处理财产损溢——待处理流动资产损溢”科目，按需要支付或退还他人的金额贷记“其他应付款”科目，按无法查明原因的金额贷记“营业外收入”科目。

【例8-1】阳光公司在现金清查中，发现库存现金较账面余额多出800元。经查其中500元为应付A单位的账款，其余部分原因不明。

（1）发生盘盈时，阳光公司应根据“库存现金盘点报告表”，编制会计分录如下：

借：库存现金　　800

　贷：待处理财产损溢——待处理流动资产损溢　　800

（2）查明原因后，根据批准处理意见，阳光公司应编制会计分录如下：

借：待处理财产损溢——待处理流动资产损溢　　800

　贷：其他应付款——A单位　　500

　　　营业外收入　　300

据以登记入账，调整原有账面余额，使之账实相符。

（2）库存现金盘亏的账务处理。库存现金盘亏时，应及时办理盘亏的确认手续，调整库存现金账簿记录，即按盘亏的金额借记“待处理财产损溢——待处理流动资产损溢”科目，贷记“库存现金”科目。

对于盘亏的库存现金，应及时查明原因，按管理权限报经批准后，按可收回的保险赔偿和过失人赔偿的金额借记“其他应收款”科目，按管理不善等原因造成净损失的金额借记“管理费用”科目，按自然灾害等原因造成净损失的金额借记“营业外支出”科目，按原记入“待处理财产损溢——待处理流动资产损溢”科目借方的金额贷记本科目。

【例8-2】阳光公司在现金清查中，发现库存现金较账面余额短缺600元。经查现金的短缺属于出纳员李丽的责任，责任人赔偿400元，其余不明（此处原因不明，一般认为是管理问题）。

（1）发生盘亏时，阳光公司应根据“库存现金盘点报告表”，编制会计分录如下：

借：待处理财产损溢——待处理流动资产损溢　　600

　贷：库存现金　　600

（2）查明原因后，根据批准处理意见，阳光公司应编制会计分录如下：

借：其他应收款——李丽　　　　　　　　　　　　　400

　　管理费用　　　　　　　　　　　　　　　　　　200

　贷：待处理财产损溢——待处理流动资产损溢　　　　600

2. 存货清查结果的账务处理

存货清查是指通过对存货的实地盘点，确定存货的实有数量，并与账面结存数核对，从而确定存货实存数与账面结存数是否相符的一种专门方法。

由于存货种类繁多、收发频繁，在日常收发过程中可能发生计量错误、计算错误、自然损耗，还可能发生损坏变质，以及贪污、盗窃等情况，造成账实不符。对于存货的盘盈、盘亏，企业应填写存货盘点报告（如实存账存对比表），及时查明原因，按照规定程序报批处理。

（1）存货盘盈的账务处理。存货盘盈时，应及时办理存货入账手续，调整存货账簿的实存数。盘盈的存货应按其重置成本作为入账价值借记“原材料”“库存商品”等科目，贷记“待处理财产损溢——待处理流动资产损溢”科目。

对于盘盈的存货，应及时查明原因，按管理权限报经批准后，冲减管理费用，即按其入账价值，借记“待处理财产损溢——待处理流动资产损溢”科目，贷记“管理费用”科目。

【例8-3】阳光公司财产清查中，发现盘盈甲材料2 000元，经查明是由于收发计量上的错误所致。

（1）报经批准前，阳光公司应根据“实存账存对比表”确定的材料盘盈数，编制会计分录如下：

借：原材料——甲材料　　　　　　　　　　　　　2 000

　贷：待处理财产损溢——待处理流动资产损溢　　　2 000

（2）报经批准后，阳光公司应根据批准处理意见，转销材料盘盈，编制会计分录如下：

借：待处理财产损溢——待处理流动资产损溢　　　2 000

　贷：管理费用　　　　　　　　　　　　　　　　　2 000

（2）存货盘亏的账务处理。存货盘亏时，应按盘亏的金额借记“待处理财产损溢——待处理流动资产损溢”科目，贷记“原材料”“库存商品”等科目。材料、产成品、商品采用计划成本（或售价）核算的，还应同时结转成本差异（或商品进销差价）。涉及增值税的，还应进行相应处理。

对于盘亏的存货，应及时查明原因，按管理权限报经批准后，按可收回的保险赔偿和过失人赔偿的金额借记“其他应收款”科目，按管理不善等原因造成净损失的金额借记“管理费用”科目，按自然灾害等原因造成净损失的金额借记“营业外支出”科目，按原记入“待处理财产损溢——待处理流动资产损溢”科目借方的金额贷记本科目。

【例8-4】阳光公司盘亏乙材料2 000元，经查明部分是由于保管人员过失造成的材料毁损，应由过失人赔偿1 500元，其余为自然灾害造成，假设不考虑增值税因素。

（1）报经批准前，阳光公司应根据“实存账存对比表”确定的材料盘亏数，编制会计分录如下：

借：待处理财产损溢——待处理流动资产损益　　　2 000

　贷：原材料——乙材料　　　　　　　　　　　　　2 000

（2）报经批准后，阳光公司应根据批准处理意见，转销材料盘亏，编制会计分录如下：

借：其他应收款——保管人员　　1 500

　　营业外支出　　500

　贷：待处理财产损溢——待处理流动资产损益　　2 000

【例8-5】阳光公司盘亏甲产品40件，单位成本200元。经查明40件产品全部在一次火灾中烧毁，根据保险合同规定，保险公司赔偿6 000元，假定不考虑税费。阳光公司账务处理如下：

（1）报经批准前，阳光公司应根据“实存账存对比表”确定的产品盘亏数，编制会计分录如下：

借：待处理财产损溢——待处理流动资产损益　　8 000

　贷：库存商品——甲产品　　8 000

（2）报经批准后，阳光公司应根据批准处理意见，编制会计分录如下：

借：其他应收款——保险公司　　6 000

　　营业外支出　　2 000

　贷：待处理财产损溢——待处理流动资产损益　　8 000

知识链接

企业存货发生毁损，按取得的处置收入、可收回的责任人赔偿和保险赔款，扣除其成本、相关税费后的净额，应当计入营业外支出或营业外收入。发生的存货盘盈，按实现的收益计入营业外收入；发生的存货盘亏损失计入营业外支出。

3. 固定资产清查账务处理

为保证固定资产核算的真实性，充分挖掘企业现有固定资产的潜力，企业应当定期或至少于每年年末对固定资产进行清查盘点。在固定资产清查过程中，如果发现盘盈、盘亏的固定资产，应当填制“固定资产盘盈盘亏报告表”。清查固定资产的损溢，应当及时查明原因，并按照规定程序报批处理。

（1）固定资产盘盈的账务处理。企业在财产清查过程中盘盈的固定资产，经查明确属企业所有，按管理权限报经批准后，应根据盘存凭证填制固定资产交接凭证，经有关人员签字后送交企业会计部门，填写固定资产卡片账，并作为前期差错处理，通过“以前年度损益调整”科目核算。

盘盈的固定资产，应按重置成本确定其入账价值，借记“固定资产”科目，贷记“以前年度损益调整”科目。

（2）固定资产盘亏的账务处理。固定资产盘亏时，应及时办理固定资产注销手续，按照盘亏固定资产的账面价值，借记“待处理财产损溢——待处理固定资产损溢”科目，按照已计提的累计折旧，借记“累计折旧”科目，按照已计提的减值准备，借记“固定资产减值准备”科目，按照固定资产的原价，贷记“固定资产”科目。

对于盘亏的固定资产，应及时查明原因，按照管理权限报经批准后处理时，按照可收回的保险赔偿或过失人赔偿，借记“其他应收款”科目，按照应计入营业外支出的金额，借记

"营业外支出——盘亏损失"科目，贷记"待处理财产损溢——待处理固定资产损溢"科目。

【例8-6】阳光公司在财产清查中，发现盘亏设备一台，其原值为50 000元，已提折旧额30 000元。

（1）发生盘亏时，阳光公司应根据"固定资产盘盈盘亏报告表"确定的固定资产盘亏数，编制会计分录如下：

借：待处理财产损溢——待处理固定资产损溢　　20 000
　　累计折旧　　30 000
　贷：固定资产　　50 000

（2）报经批准后，阳光公司应根据批准处理意见，转销固定资产盘亏的会计分录如下：

借：营业外支出　　20 000
　贷：待处理财产损溢——待处理固定资产损溢　　20 000

4. 结算往来款项盘存的账务处理

在财产清查过程中发现的长期未结算的往来款项，应及时清查。

（1）应付款项的账务处理。应付账款一般在较短期限内支付，但有时由于债权单位撤销或者其他原因而使应付账款无法清偿。对于经查明确实无法支付的应付款项可按规定程序报经批准后，转作营业外收入，按其账面余额借记"应付账款"科目，贷记"营业外收入"科目。

（2）应收款项的账务处理。对于确实无法收回的应收款项，按管理权限报经批准后作为坏账转销时，借记"坏账准备"账户，贷记"应收账款""其他应收款"等账户。这部分内容会在"财务会计"课程中介绍，此处不再赘述。

推荐阅读

1. 国务院颁布的《现金管理暂行条例》
2. 中国人民银行颁布的《现金管理条例实施细则》
3. 财政部会同证监会、审计署、银保监会颁布的《企业内部控制基本规范》

项目小结

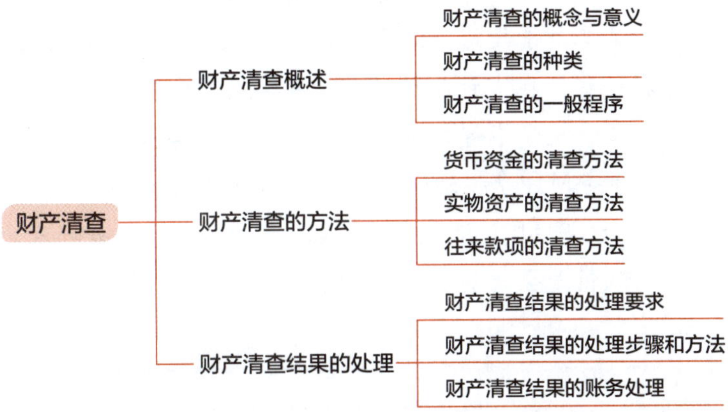

财务报表

德育微课堂

虚增利润超百亿！“天价收入”竟是“无中生有”

近期，证监会公布了2021年资本市场20起典型违法案例，其中A集团信息披露违法违规案，是一起债券市场财务造假的典型案例。证监会调查发现，A集团连续5年财务造假，累计虚增利润119亿元。目前证监会已对其进行行政处罚。

公开资料显示，A集团主营业务是钢帘线和化工业务，曾经被誉为山东的“钢帘线大王”。2011年以来，A集团在证券交易所债券市场和银行间债券市场累计发行债券136.5亿元。但就在2018年，A集团及其子公司多笔到期债务违约，偿债能力恶化，向法院申请破产，引发市场广泛关注。

证监会调查发现，2013年至2017年期间，A集团通过编制虚假财务报表、直接修改经审计的财务报表等方式，连续5年将亏损披露为盈利，累计虚增收入615亿元，虚增利润119亿元。A集团是通过什么手段造出了如此天价收入的呢？记者了解到，A集团的主要造假手段有两点：

第一个手段是“无中生有”，长期利用已经停产的业务板块连续造假。A集团旗下有一个子公司，就对外披露的材料来看，它是A集团的第二大收入来源。但是经证监会调查发现，由于环保质量等原因，这家公司早在2013年就已经停产了，但是在该公司对外披露的材料中，这家公司平均每年还在贡献约30亿元的收入。

第二个手段是“偷梁换柱”。A集团为了让公司的财务数据报表更好看一些，在审计机构已经对A集团的虚假财务报表出具审计意见之后，又修改了审计机构出具的合并的财务报表，并且加盖了虚假的会计师事务所印章，通过此种方式虚增利润6亿元。

2021年8月，证监会依法对A集团作出行政处罚及市场禁入决定。

诚信是会计行业的灵魂，作为会计人员，其诚实守信的内涵是：

认真履行会计的基本职能，切实实现会计的目标，不弄虚作假；作为会计专业的学生，要不断扎实会计基础理论知识，树立法治理念、诚信理念和准则理念。

（内容改编自中国经济网）

学习目标

1. 知识目标

（1）了解财务报表的含义、分类及报表的编制要求。

（2）对财务报表有一个大致的了解。

2. 技能目标

（1）了解和掌握资产负债表的含义、结构、报表项目的列示以及编制。

（2）了解和掌握利润表的含义、结构、报表项目的列示以及编制。

3. 素质目标

（1）具有严谨的职业态度。

（2）具有敬业精神、团队合作精神和良好的职业道德修养。

情境案例

小李是一名将于2023年6月毕业的大数据与会计专业大学生，他在2022年12月到某公司应聘一个会计岗位的工作。当来到某公司时，恰巧财务经理正在看上年的财务报表，准备进行财务分析。经过一番交谈后，财务经理对小李感觉还不错，但想进一步知道小李的业务知识情况，除询问了小李一些会计方面的有关问题，于是又顺手将手中的报表递给小李，让他根据公司的资料谈谈具体应从哪些方面以及如何来做公司的上年财务分析？

思考探究

假如你是小李，应该如何回答财务经理提出的问题呢？

任务一 财务报表概述

财务报表概述

任务导航

上述情境案例中，财务经理提出的问题涉及财务分析，小李应该从财务报表的构成内容方面进行分析。财务报表为企业的投资者、债权人、经营者及其他关心企业的组织或个人了解企业过去、评价企业现状、预测企业未来，做出正确决策提供准确的信息或依据。财务分析的前提是认识财务报表，理解财务报表的概念及构成是财务分析的基础。

任务解析

一、财务报表的概念与分类

（一）财务报表的概念

1. 财务报表概念

财务报表是指企业对外提供的综合反映企业某一特定日期的财务状况和某一会计期间的经营成果、现金流量等会计信息的文件。

2. 财务报表构成

一套完整的财务报表至少应当包括下列组成部分，即“四表一注”：①资产负债表；②利润表；③现金流量表；④所有者权益变动表；⑤附注。财务报表上述组成部分具有同等的重要程度。

（1）资产负债表是反映企业在某一特定日期的财务状况的报表，即企业在特定日期所拥有的资产、需偿还的负债以及股东（投资者）拥有的权益情况。

（2）利润表是反映企业在一定会计期间的经营成果的财务报表，即企业的盈利或亏损情况，表明企业运用所拥有的资产的获利能力。

（3）现金流量表是反映企业在一定会计期间现金和现金等价物流入和流出的报表。

（4）所有者权益变动表是反映构成所有者权益各组成部分当期增减变动情况的报表。它不仅反映所有者权益总量的增减变动，还反映这种变动的重要结构性信息，当然企业的净利润及其分配情况也包含在其中。

（5）附注是对资产负债表、利润表、现金流量表和所有者权益变动表等报表中列示项目的说明等。附注是财务报表的重要组成部分。

小贴士

我国《财务会计报告条例》规定，年度结账日为公历年度的12月31日；半年度、季度、月度结账日分别为公历年度的每半年、每季度、每月份的最后一天。

（二）财务报表的分类

1. 按编报期间的不同，财务报表可以分为中期财务报表和年度财务报表

中期财务报表，是指以中期为基础编制的财务报表。中期财务报表包括半年度财务报表、季度财务报表和月度财务报表，也包括年初至中期末的财务报表，如编制的1月1日至9月30日的财务报表。

小贴士

中期财务报表至少应当包括资产负债表、利润表、现金流量表和附注。其中，中期资产负债表、利润表、现金流量表应该是完整报表，其格式和内容应当与年度财务报表一致。与年度财务报表相比，中期财务报表中的附注披露可以适当简略。

年度财务报表，是指以一个完整会计年度（自1月1日起至12月31日止）为基础编制的财务报表。年度财务报表一般包括资产负债表、利润表、现金流量表、所有者权益变动表和附注等内容。

2. 按编报主体不同，财务报表可以分为个别财务报表和合并财务报表

个别财务报表，是由企业在自身会计核算基础上对账簿记录进行加工而编制的财务报表，它主要用以反映企业自身的财务状况、经营成果和现金流量情况。

合并财务报表，是以母公司和子公司组成的企业集团为一个报告主体，以母公司和子公司单独编制的个别财务报表为基础，由母公司编制的综合反映企业集团财务状况、经营成果及现金流量的财务报表。

3. 按服务对象不同，财务报表可分为外部报表和内部报表

外部报表是指企业必须定期编制，向投资者、债权人、政府部门、商业银行、中介机构报送或按照规定向社会公众公布的会计报表；**内部报表**是指企业根据内部经营管理的需要而编制的，供内部管理人员使用的会计报表。

二、财务报表的编制要求

为了充分发挥会计报表的作用，保证会计报表信息的质量，企业编制会计报表时，应遵循以下几点要求：①数字真实。企业编制会计报表应以实际发生的经济业务为依据，如实反映财务状况、经营成果和现金流量。②计算准确。由于账簿记录是编制会计报表的主要依据，因此，企业在编制会计报表之前，一定要按期结账，认真对账和进行财产清查，做到账证相符、账账相符和账实相符。③内容完整。对财政部规定的应在不同期间报送的各种会计报表，企业必须按规定的要求编报齐全。④编报及时。企业必须按规定的时间和

程序及时编制和报送会计报表，以保证会计信息使用者进行决策的时效性。

三、财务报表的报送

（一）财务报表报送期限

财务报表的报送期限，由国家统一规定。我国《企业会计制度》规定，月报应于月度终了后6天内（节假日顺延，下同）对外提供；季报应于季度终了后15天内对外提供；半年度报应于年度中期结束后60天内（相当于两个连续的月份）对外提供；年报应于年度终了后4个月内对外提供。

小贴士

《中华人民共和国企业所得税法》规定，企业所得税分月或分季预缴。企业应当自月度或季度终了之日起15日内，向税务机关报送预缴企业所得税纳税申报表，预缴税款。企业应当自年度终了之日起5个月内，向税务机关报送年度企业所得税纳税申报表，并汇算清缴，结清应缴应退税款；企业在报送企业所得税纳税申报表时，应当按照规定附送会计报表和其他有关资料。

（二）财务报表报送的手续

企业对外报送的财务报表应当依次编定页数，加具封面，装订成册并加盖公章。设置总会计师的企业，总会计师应签名并盖章。股份有限公司等会计报表还必须经注册会计师审计，方可报出。

小贴士

财务报表需经注册会计师审计的，企业应当将注册会计师及其会计师事务所出具的审计报告随同会计报表一并对外报送。接受企业会计报表的组织或者个人，在企业会计报表正式对外披露前，应当对其内容保密。如果发现对外报送的会计报表有错误，应当及时办理更正手续。除更正本单位留存的会计报表外，并应同时通知接受会计报表的单位更正。错误较多的，应当重新编报。如为上市公司，应将会计报表的更正事项在指定的媒体上公告。

任务二　资产负债表

资产负债表

任务导航

企业的财务状况分析是企业经营管理的一项重要内容，其主要任务就是通过对企业生产经营活动及其成果的全面系统分析，预测企业经济发展趋势，评价企业生产、质量、财务计划招待情况和各种物资的利用效果，促使企业改善经营管理，寻求有效地利用现有人力、物力、财力的途径，挖掘和动员企业内部潜力，全面提高企业社会效益和自身经济效益。如何做好企业财务状况分析工作是企业面临的重要问题。

任务解析

一、资产负债表的概念

资产负债表是总括反映企业在某一特定日期（月末、季末或年末）全部资产、负债和所有者权益情况的财务报表。资产负债表主要是根据“资产=负债+所有者权益”这一会计等式，依照一定的分类标准和顺序，将企业在一定时期的全部资产、负债和所有者权益项目进行分类、汇总、排列后编制而成的。它反映企业在某一特定日期所拥有的或控制的经济资源、所承担的现时义务和所有者对净资产的要求权。

二、资产负债表的列示要求

1. 分类别列报

资产负债表列报，最根本的目标就是如实反映企业在资产负债表日所拥有的资产、所承担的负债以及所有者拥有的权益。因此资产负债表应当按照资产、负债和所有者权益三大类别分类列报。

2. 资产和负债按流动性列报

资产和负债应当按照流动性分别分为流动资产和非流动资产、流动负债和非流动负债列示。流动性，通常按资产的变现或耗用时间长短或者负债的偿还时间长短来确定。按照财务报表列报准则的规定，应先列报流动性强的资产或者负债，再列报流动性弱的资产或者负债。

3. 列报相关的合计、总计项目

资产负债表中的资产类至少应当列示流动资产和非流动资产以及总资产的合计项目；负债类至少应当列示流动负债、非流动负债以及负债的合计项目；所有者权益应当列示所有者权益的合计项目。

所有者权益项目是按稳定性大小排列的，最稳定的“实收资本”项目排在前面，相对最不稳定的“未分配利润”排在最后。

三、资产负债表的一般格式

资产负债表的内容由表头和表体两部分组成。表头部分应列示报表的名称、编制报表的单位名称、编制报表的日期以及报表使用的货币计量单位。表体部分是资产负债表的主体和核心。在表体部分列示资产、负债和所有者权益三要素的各个项目的金额。

资产负债表是依据“资产=负债+所有者权益”这一会计等式的基本原理设置的，分为左右两方。左方反映企业所拥有的全部资产，右方反映企业的负债和所有者权益，根据会计等式的基本原理，左方的资产总额等于右方的负债和所有者权益的总额，如表9-1所示。

表9-1　　资产负债表　　会企01表

编制单位：　　年　月　日　　金额单位：元

资产	期末余额	上年年末余额	负债和所有者权益（或股东权益）	期末余额	上年年末余额
流动资产：			流动负债：		
货币资金			短期借款		
交易性金融资产			交易性金融负债		
衍生金融资产			衍生金融负债		
应收票据			应付票据		
应收账款			应付账款		
应收款项融资			预收款项		
预付款项			合同负债		
其他应收款			应付职工薪酬		
存货			应交税费		
合同资产			其他应付款		
持有待售资产			持有待售负债		

续表

资产	期末余额	上年年末余额	负债和所有者权益（或股东权益）	期末余额	上年年末余额
一年内到期的非流动资产			一年内到期的非流动负债		
其他流动资产			其他流动负债		
流动资产合计			流动负债合计		
非流动资产：			非流动负债：		
债权投资			长期借款		
其他债权投资			应付债券		
长期应收款			其中：优先股		
长期股权投资			永续债		
其他权益工具投资			租赁负债		
其他非流动金融资产			长期应付款		
投资性房地产			预计负债		
固定资产			递延收益		
在建工程			递延所得税负债		
生产性生物资产			其他非流动负债		
油气资产			非流动负债合计		
使用权资产			负债合计		
无形资产			所有者权益（或股东权益）：		
开发支出			实收资本（或股本）		
商誉			其他权益工具		
长摊待摊费用			其中：优先股		
递延所得税资产			永续债		
其他非流动资产			资本公积		
非流动资产合计			减：库存股		
			其他综合收益		
			专项储备		
			盈余公积		
			未分配利润		
			所有者权益（或股东权益）合计		
资产总计			负债和所有者权益（或股东权益）总计		

四、资产负债表编制的基本方法

（一）资产项目的填列说明

1.“货币资金”项目

反映企业库存现金、银行结算户存款、外埠存款、银行汇票存款、银行本票存款、信用卡存款、信用证保证金存款等的合计数。本项目应根据“库存现金”“银行存款”“其他货币资金”科目期末余额的合计数填列。

【例9-1】2022年12月31日，阳光公司“库存现金”科目余额为0.1万元，“银行存款”科目余额为100.9万元，“其他货币资金”科目余额为99万元，则2022年12月31日，阳光公司资产负债表中“货币资金”项目“期末余额”栏的列报金额=0.1+100.9+99=200（万元）。

2.“应收账款”项目

反映资产负债表日以摊余成本计量的，企业因销售商品、提供服务等经营活动应收取的款项。该项目应根据“应收账款”科目的期末余额，减去“坏账准备”科目中相关坏账准备期末余额后的金额分析填列。

【例9-2】2022年12月31日，阳光公司“应收账款”科目的借方余额为1 000万元；“坏账准备”科目贷方余额中有关应收账款计提的坏账准备余额为34万元，则2022年12月31日，阳光公司资产负债表中“应收账款”项目“期末余额”栏的列报金额=1 000–34=966（万元）。

3.“存货”项目

反映企业期末在库、在途和在加工中的各种存货的可变现净值或成本（成本与可变现净值孰低）。存货包括各种材料、商品、在产品、半成品、包装物、低值易耗品、发出商品等。本项目应根据“材料采购”“原材料”“库存商品”“周转材料”“委托加工物资”“发出商品”“生产成本”“受托代销商品”等科目的期末余额合计数，减去“受托代销商品款”“存货跌价准备”科目期末余额后的净额填列。材料采用计划成本核算，以及库存商品采用计划成本核算或售价核算的企业，还应按加或减材料成本差异、商品进销差价后的金额填列。

【例9-3】2022年12月31日，阳光公司有关科目余额如下：“库存商品”科目借方余额1 175万元，“委托加工物资”科目借方余额200万元，“存货跌价准备”科目贷方余额100万元，“受托代销商品”科目借方余额400万元，“受托代销商品款”科目贷方余额400万元，则2022年12月31日，阳光公司资产负债表中“存货”项目“期末余额”栏的列报金额=1 175+200–100+400–400=1 275（万元）。

4.“固定资产”项目

反映资产负债表日企业固定资产的期末账面价值和企业尚未清理完毕的固定资产清理净损益。本项目应根据“固定资产”科目的期末余额，减去“累计折旧”和“固定资产减值准备”科目的期末余额后的金额，以及“固定资产清理”科目的期末余额填列。

【例9-4】2022年12月31日，阳光公司“固定资产”科目借方余额为2 400万元，“累计折旧”科目贷方余额为370万元，“固定资产减值准备”科目贷方余额为148万元。2022

年12月31日，阳光公司资产负债表中“固定资产”项目“期末余额”栏的列报金额=2 400–370–148=1 882（万元）。

（二）负债项目的填列说明

1.“短期借款”项目

反映企业向银行或其他金融机构等借入的期限在一年以下（含一年）的各种借款。本项目应根据“短期借款”科目的期末余额填列。

【例9–5】2022年12月31日、阳光公司“短期借款”科目的余额如下：银行质押借款310万元，信用借款40万元，则2022年12月31日，阳光公司资产负债表中“短期借款”项目“期末余额”栏的列报金额=310+40=350（万元）。

2.“应付账款”项目

反映资产负债表日以摊余成本计量的、企业因购买材料、商品和接受服务等经营活动应支付的款项。本项目应根据“应付账款”和“预付账款”科目所属的相关明细科目的期末贷方余额合计数填列。

【例9–6】2022年12月31日，阳光公司“应付账款”科目贷方余额为941.85万元，则2022年12月31日，阳光公司资产负债表中“应付账款”项目“期末余额”栏的列报金额为941.85万元。

（三）所有者权益项目的填列说明

1.“实收资本（或股本）”项目

反映企业各投资者实际投入的资本（或股本）总额。本项目应根据“实收资本（或股本）”科目的期末余额填列。

2.“资本公积”项目

反映企业收到投资者出资超出其在注册资本或股本中所占的份额以及直接计入所有者权益的利得和损失等。本项目应根据“资本公积”科目的期末余额填列。

3.“其他综合收益”项目

反映企业其他综合收益的期末余额。本项目应根据“其他综合收益”科目的期末余额填列。

4.“盈余公积”项目

反映企业盈余公积的期末余额。本项目应根据“盈余公积”科目的期末余额填列。

【例9–7】2022年12月31日，阳光公司“盈余公积”科目的期末余额为213万元，则阳光公司2022年12月31日资产负债表中“盈余公积”项目“期末余额”栏的列报金额为213万元。

5.“未分配利润”项目

反映企业尚未分配的利润。本项目应根据“本年利润”科目和“利润分配”科目的余额计算填列。未弥补的亏损在本项目内以“–”号填列。

【例9–8】2022年12月31日，阳光公司“利润分配——未分配利润”科目的期末贷方余额为829万元，则阳光公司2022年12月31日资产负债表中“未分配利润”项目“期末余额”栏的列报金额为829万元。

任务三 利润表

任务导航

企业经营成果是指一定时期内企业生产经营活动所创造的有效劳动成果的总和，一般通过利润表及其附表来反映。企业统计一般从实物量和价值量两个方面反映企业经营成果。企业经营的实物量可以归纳为实物产品和服务产品的数量、品种和质量三个方面。社会对企业、对产品使用的基本要求，是企业生产的产品数量多、品种全、质量好。这三者是辩证统一的，不可偏颇。企业经营成果的价值量一般从生产经营的总产出、净产出、纯收益三个层次加以说明。

任务解析

利润表是根据会计核算的配比原则，把一定时期内的收入和相对应的成本费用配比，从而计算出企业一定时期的各项利润指标。

一、利润表的概念与作用

利润表，又称损益表，是总括反映企业在一定时期（年度、季度或月份）内经营成果的财务报表，用以反映企业一定时期内利润（或亏损）的实际情况。

通过利润表可以了解企业利润（或亏损）的形成情况，据以分析、考核企业经营目标及利润计划的执行结果，分析企业利润增减变动的原因，以促进企业改善经营管理，不断提高管理水平和盈利水平；通过不同时期的利润表数据，可以对比对企业投资的价值和报酬，判断企业的资本是否保全；根据利润表提供的信息可以预测企业在未来期间的经营状况和盈利趋势。

二、利润表的一般格式

利润表由表头、表体两部分组成。其中，表头概括说明报表名称、编制单位、编制日期、财务报表涵盖的会计期间和人民币金额单位等内容；表体部分是利润表的主体，反映形成经营成果的各个项目和计算过程。

利润表的编制依据是等式“收入－费用（成本）＝利润”。根据对该等式运用方法的不同，利润表的格式有单步式利润表和多步式利润表两种。单步式利润表是将当期所有的收入列在一起，然后将所有的费用列在一起，两者相减得出当期净损益。多步式利润表是通过对当期的收入、费用、支出项目按性质加以归类，按利润形成的主要环节列示一些中间性的利润指标，如营业利润、利润总额、净利润，分步计算当期净损益。根据我国企业会计准则的规定，我国企业的利润表采用多步式。

多步式利润表的编制步骤用公式表示如下：

营业利润=营业收入-营业成本-税金及附加-销售费用-管理费用-研发费用-财务费用+其他收益+投资收益（-投资损失）+净敞口套期收益（-净敞口套期损失）+公允价值变动收益（-公允价值变动损失）-信用减值损失-资产减值损失+资产处置收益（-资产处置损失）

利润总额=营业利润+营业外收入-营业外支出

净利润=利润总额-所得税费用

多步式利润表的基本格式如表9-2所示。

表9-2　　利润表　　会企02表

编报单位：　　年　　月　　金额单位：元

项目	本期金额	上期金额
一、营业收入		
减：营业成本		
税金及附加		
销售费用		
管理费用		
研发费用		
财务费用		
其中：利息费用		
利息收入		
加：其他收益		
投资收益（损失以“-”号填列）		
其中：对联营企业和合营企业的投资收益		
以摊余成本计量的金融资产终止确认收益（损失以“-”号填列）		
净敞口套期收益（损失以“-”号填列）		
公允价值变动收益（损失以“-”号填列）		
资产减值损失（损失以“-”号填列）		
信用减值损失（损失以“-”号填列）		
资产处置收益（损失以“-”号填列）		

续表

项目	本期金额	上期金额
二、营业利润（亏损以“-”号填列）		
加：营业外收入		
减：营业外支出		
三、利润总额（亏损总额以“-”号填列）		
减：所得税费用		
四、净利润（净亏损以“-”号填列）		
（一）持续经营净利润（净亏损以“-”号填列）		
（二）终止经营净利润（净亏损以“-”号填列）		
五、其他综合收益的税后净额		
（一）不能重分类进损益的其他综合收益		
1. 重新计量设定受益计划变动额		
2. 权益法下不能转损益的其他综合收益		
3. 其他权益工具投资公允价值变动		
4. 企业自身信用风险公允价值变动		
（二）将重分类进损益的其他综合收益		
1. 权益法下可转损益的其他综合收益		
2. 其他债权投资公允价值变动		
3. 金融资产重分类计入其他综合收益的金额		
4. 其他债权投资信用减值准备		
5. 现金流量套期储备		
6. 外币财务报表折算差额		
六、综合收益总额		
七、每股收益：		
（一）基本每股收益		
（二）稀释每股收益		

三、利润表编制的基本方法

利润表各项目需填列“本期金额”和“上期金额”两栏，其中“上期金额”栏内各项数字，应根据上年该期利润表的“本期金额”栏内所列数字填列；“本期金额”栏的填列方法，一般应根据损益类科目和所有者权益类有关科目的发生额填列。

1. “营业收入”项目

反映企业经营主要业务和其他业务所确认的收入总额。本项目应根据“主营业务收入”和“其他业务收入”科目的发生额分析填列。

【例9-9】阳光公司是从事生产和销售家用电器产品的一家制造业企业，为一般纳税人。2022年度，阳光公司“主营业务收入”科目发生额合计6 120万元。则阳光公司2022年度利润表中“营业收入”项目“本期金额”栏的列报金额为6 120万元。

2. “营业成本”项目

反映企业经营主要业务和其他业务所发生的成本总额。本项目应根据“主营业务成本”和“其他业务成本”科目的发生额分析填列。

【例9-10】阳光公司2022年度“主营业务成本”科目发生额合计3 680万元，则阳光公司2022年度利润表中“营业成本”项目“本期金额”栏的列报金额为3 680万元。

3. “税金及附加”项目

反映企业经营业务应负担的消费税、城市维护建设税、教育费附加、资源税、土地增值税、房产税、车船税、城镇土地使用税、印花税、环境保护税等相关税费。本项目应根据“税金及附加”科目的发生额分析填列。

【例9-11】阳光公司2022年度“税金及附加”科目的发生额如下：城市维护建设税合计5万元，教育费附加合计3万元，房产税合计40万元，城镇土地使用税合计2万元，则阳光公司2022年度利润表中“税金及附加”项目“本期金额”栏的列报金额=5+3+40+2=50（万元）。

4. “销售费用”项目

反映企业在销售商品过程中发生的包装费、广告费等费用和为销售本企业商品而专设的销售机构的职工薪酬、业务费等经营费用。本项目应根据“销售费用”科目的发生额分析填列。

【例9-12】阳光公司2022年度“销售费用”科目的发生额合计数为120万元。则阳光公司2022年度利润表中“销售费用”项目“本期金额”栏的列报金额为120万元。

5. “管理费用”项目

反映企业为组织和管理生产经营发生的管理费用。本项目应根据“管理费用”科目的发生额分析填列。

【例9-13】阳光公司2022年度“管理费用”科目发生额合计数为780万元，其中“研发费用”明细科目发生额为300万元。则阳光公司2022年度利润表中“管理费用”项目“本期金额”栏的列报金额为480万元。

6. “研发费用”项目

反映企业进行研究与开发过程中发生的费用化支出以及计入管理费用的自行开发无形

资产的摊销。本项目应根据“管理费用”科目下的“研发费用”明细科目的发生额以及“管理费用”科目下“无形资产摊销”明细科目的发生额分析填列。

【例9-14】阳光公司2022年度计入当期损益的研发费用合计数为300万元。则阳光公司2022年度利润表中“研发费用”项目“本期金额”栏的列报金额为300万元。

7.“财务费用”项目

反映企业为筹集生产经营所需资金等而发生的应予费用化的利息支出。本项目应根据“财务费用”科目的相关明细科目发生额分析填列。其中：“利息费用”项目，反映企业为筹集生产经营所需资金等而发生的应予费用化的利息支出，本项目应根据“财务费用”科目的相关明细科目的发生额分析填列。“利息收入”项目，反映企业应冲减财务费用的利息收入，本项目应根据“财务费用”科目的相关明细科目的发生额分析填列。

【例9-15】阳光公司2022年度“财务费用”科目的发生额如下所示：银行借款利息费用合计17.5万元，银行存款利息收入合计25万元，银行手续费等支出合计82.5万元，则阳光公司2022年度利润表中“财务费用”项目“本期金额”栏的列报金额=17.5+82.5-25=75（万元）。

8.“营业利润”项目

反映企业实现的营业利润。如为亏损，本项目以“-”号填列。

9.“营业外收入”项目

反映企业发生的除营业利润以外的收益，主要包括非流动资产毁损报废收益、与企业日常活动无关的政府补助、盘盈利得、捐赠利得（企业接受股东或股东的子公司直接或间接的捐赠，经济实质属于股东对企业的资本性投入的除外）等。本项目应根据“营业外收入”科目的发生额分析填列。

【例9-16】阳光公司2022年度“营业外收入”科目的发生额为固定资产报废清理净收益53万元，则阳光公司2022年度利润表中“营业外收入”项目“本期金额”栏的列报金额为53万元。

10.“营业外支出”项目

反映企业发生的除营业利润以外的支出，主要包括公益性捐赠支出、非常损失、盘亏损失、非流动资产毁损报废损失等。本项目应根据“营业外支出”科目的发生额分析填列。

11.“利润总额”项目

反映企业实现的利润。如为亏损，本项目以“-”号填列。

12.“所得税费用”项目

反映企业应从当期利润总额中扣除的所得税费用。本项目应根据“所得税费用”科目的发生额分析填列。

【例9-17】阳光公司2022年度“所得税费用”科目的发生额合计350万元，则阳光公司2022年度利润表中“所得税费用”项目“本期金额”栏的列报金额为350万元。

13.“净利润”项目

反映企业实现的净利润。如为亏损，本项目以“-”号填列。

【例9-18】承前例，阳光公司编制的2022年度利润表如表9-3所示。

表9-3　　利润表　　会企02表

编报单位：阳光公司　　2022年　　金额单位：元

项目	本期金额	上期金额
一、营业收入	61 200 000	（略）
减：营业成本	36 800 000	
税金及附加	500 000	
销售费用	1 200 000	
管理费用	4 800 000	
研发费用	3 000 000	
财务费用	750 000	
其中：利息费用	175 000	
利息收入	250 000	
加：其他收益		
投资收益（损失以“-”号填列）		
其中：对联营企业和合营企业的投资收益		
以摊余成本计量的金融资产终止确认收益（损失以“-”号填列）		
净敞口套期收益（损失以“-”号填列）		
公允价值变动收益（损失以“-”号填列）		
资产减值损失（损失以“-”号填列）		
信用减值损失（损失以“-”号填列）		
资产处置收益（损失以“-”号填列）		
二、营业利润（亏损以“-”号填列）	14 150 000	
加：营业外收入	530 000	
减：营业外支出		
三、利润总额（亏损总额以“-”号填列）	14 680 000	
减：所得税费用	3 500 000	
四、净利润（净亏损以“-”号填列）	11 180 000	
（一）持续经营净利润（净亏损以“-”号填列）	11 180 000	
（二）终止经营净利润（净亏损以“-”号填列）		
五、其他综合收益的税后净额		
（一）不能重分类进损益的其他综合收益		
1. 重新计量设定受益计划变动额		
2. 权益法下不能转损益的其他综合收益		
3. 其他权益工具投资公允价值变动		
4. 企业自身信用风险公允价值变动		

续表

项目	本期金额	上期金额
（二）将重分类进损益的其他综合收益		
1. 权益法下可转损益的其他综合收益		
2. 其他债权投资公允价值变动		
3. 金融资产重分类计入其他综合收益的金额		
4. 其他债权投资信用减值准备		
5. 现金流量套期储备		
6. 外币财务报表折算差额		
六、综合收益总额	11 800 000	
七、每股收益：		
（一）基本每股收益		
（二）稀释每股收益		

推荐阅读

1. 国务院颁布的《企业财务会计报告条例》
2. 财政部发布的《企业会计准则第30号——财务报表列报》

项目小结

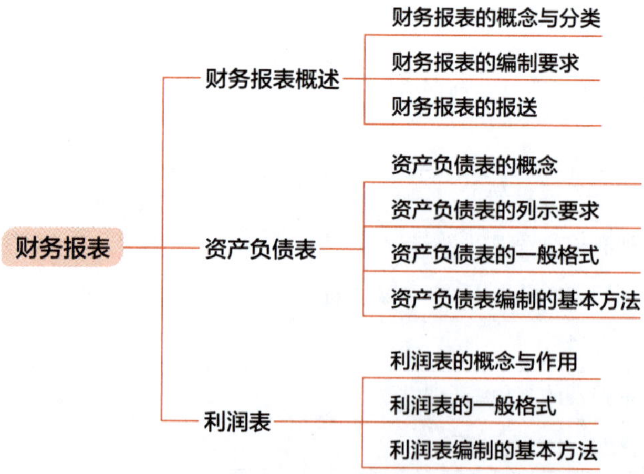

账务处理程序

德育微课堂

财务人员竟被诈骗300万元

2023年3月21日，某街道发生一起300万元以上财务人员被诈骗案。受害人的QQ号码被拉入一个公司名称的QQ群，诈骗分子冒充“公司董事长”“公司总经理”等身份，在群中“对接”项目进展工作，后“董事长”私聊受害人，要求其向指定“合作公司”账户上进行转账，受害人在紧急情况下，迫于领导身份压力，未经审批直接向该账户转账，转账后顿时醒悟报警。

该案件中，受害人有多年财务工作经历，且接受过面对面宣传，但在实际遭遇诈骗时，警惕性不高，未能第一时间识破。因此，企业需进一步加强对财务、出纳人员的反诈宣传，强调对工作群的甄别，特别是QQ群；各财务、出纳人员面对突如其来的转账要求，务必时刻保持警惕，绝不轻易转账。

（改编自某市地方新闻平台）

学习目标

1. 知识目标

（1）了解记账凭证账务处理程序的概念、内容和具体步骤。

（2）了解汇总记账凭证账务处理程序的概念、内容和具体步骤。

（3）了解科目汇总表账务处理程序的概念、内容和具体步骤。

2. 技能目标

（1）能够根据企业日常发生的业务情况，选择适当的账务处理程序。

（2）能够独立完成企业的日常账务处理工作，包括凭证填制和账簿登记。

3. 素质目标

（1）加深对会计核算方法的理解，体会会计工作的系统性和完整性。

（2）强调合法合规的职业态度，具备职业道德与契约精神。

情境案例

张三决定筹资开办一家商店，他与另外两个合伙人共同出资600 000元，又向银行贷款200 000元，于2022年1月开办了一家商业零售企业，他们给商店注册的店名是阳光商店。阳光商店地处开发区最繁华的商业地带——阳光大街，交通便利，四面临街，店面整洁清爽。

阳光商店自开业以来，致力于为顾客提供清洁、便利和舒适的购物环境，以先进的理念、丰富的商品、舒适的购物环境迅速赢得了广大消费者的认同，呈现出良好的发展势头。阳光商店属于一家中小型零售企业，为了节约成本，没有设置专门的会计机构，只聘用了两名收银员，故委托雨露会计公司代理记账。阳光商店每次发生业务的原始凭证，都定期送到雨露会计公司，由雨露会计公司进行会计处理。

思考探究

1. 如果阳光商店每天都把原始凭证送到雨露会计公司，雨露会计公司该如何进行账务处理？

2. 如果阳光商店每10天把原始凭证送到雨露会计公司，雨露会计公司该如何进行账务处理？

任务一 账务处理程序概述

任务导航

在一个会计期间内，企业会计工作必须经过填制与审核会计凭证、登记账簿、试算平衡、账项调整、结账和编制会计报表等一系列的会计处理程序。企业通过凭证、账簿、报表组织体系，按一定的步骤，与记账程序可以有机结合，形成了不同种类的账务处理程序，并最终产生和提供有用的会计信息。

任务解析

一、账务处理程序的概念

账务处理程序，也称为会计核算组织程序或会计核算形式，是指会计凭证、会计账簿、会计报表相结合的方式，包括会计凭证和账簿的种类、格式，会计凭证与账簿之间的联系方法，由原始凭证到编制记账凭证、登记明细分类账和总分类账、编制会计报表的工作程序和方法等。

二、账务处理程序的种类

企业常用的账务处理程序主要有记账凭证账务处理程序、汇总记账凭证账务处理程序和科目汇总表账务处理程序等。它们之间的主要区别为登记总分类账的依据和方法不同。

（一）记账凭证账务处理程序

记账凭证账务处理程序是指对发生的经济业务，先根据原始凭证或原始凭证汇总表编制记账凭证，再直接根据记账凭证逐笔登记总分类账的一种账务处理程序。

（二）汇总记账凭证账务处理程序

汇总记账凭证账务处理程序是指先根据原始凭证或原始凭证汇总表编制记账凭证，定期根据记账凭证分类汇总编制汇总收款凭证、汇总付款凭证和汇总转账凭证，再根据汇总记账凭证登记总分类账的一种账务处理程序。

（三）科目汇总表账务处理程序

科目汇总表账务处理程序，又称记账凭证汇总表账务处理程序，是指根据记账凭证定期编制科目汇总表，再根据科目汇总表登记总分类账的一种账务处理程序。

任务二 记账凭证账务处理程序

任务导航

企业根据其规模大小、经济业务量多少，对其发生的经济业务的处理、登记总分类账户有着不同的做法。记账凭证账务处理程序是最基本的账务处理程序，其他各种账务处理程序都是在此基础上发展演变而形成的。通过本任务的学习，可以了解记账凭证账务处理程序的概念和特点，掌握记账凭证账务处理程序的一般步骤、优缺点和适用范围。

任务解析

一、记账凭证账务处理程序的概念

记账凭证账务处理程序，是指对发生的经济业务，先根据原始凭证或原始凭证汇总表编制记账凭证，再直接根据记账凭证逐笔登记总分类账的一种账务处理程序。

小贴士

在记账凭证账务处理程序下，记账凭证可以采用一种通用的格式，即通用记账凭证；也可采用收款凭证、付款凭证和转账凭证三种格式，即专用记账凭证。

账簿组织，一般应设置现金日记账、银行存款日记账、总分类账和明细分类账。现金日记账和银行存款日记账可采用三栏式；总分类账应按总账科目设置，可采用三栏式；明细分类账可根据管理的需要设置，采用三栏式、数量金额式或多栏式。

二、记账凭证账务处理程序的一般步骤

记账凭证账务处理程序编制的一般步骤是：

①根据原始凭证编制汇总原始凭证；

②根据原始凭证或汇总原始凭证编制收款凭证、付款凭证和转账凭证（也可采用通用的记账凭证）；

③根据收款凭证、付款凭证逐笔登记现金日记账和银行存款日记账；

④根据原始凭证、汇总原始凭证和记账凭证，登记各种明细分类账；

⑤根据记账凭证逐笔登记总分类账；

⑥期末，现金日记账、银行存款日记账和明细分类账的余额同有关总分类账的余额核对相符；

⑦期末，根据总分类账和明细分类账的记录，编制会计报表。

记账凭证账务处理程序如图10-1所示。

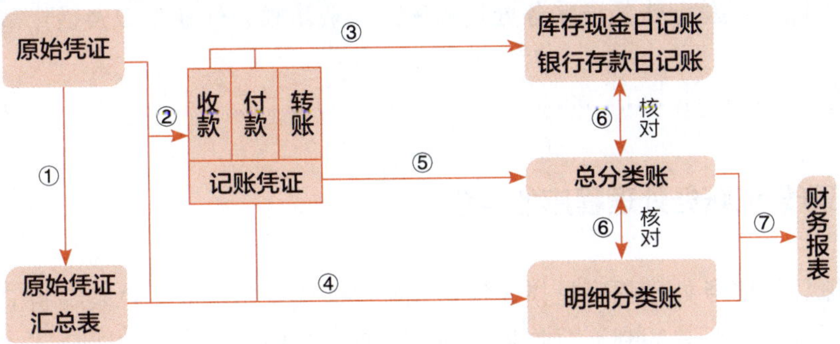

图10-1　记账凭证账务处理程序

三、记账凭证账务处理程序的优缺点及适用范围

1. 记账凭证账务处理程序的优点

①账务处理程序简单明了，易于理解。

②总分类账是直接根据各种记账凭证逐笔登记的，可以较详细地反映交易或事项的发生情况，便于查账、对账。

2. 记账凭证账务处理程序的缺点

由于总分类账根据各种记账凭证逐笔登记，所以工作量较大。

3. 记账凭证账务处理程序的适用范围

对于经济业务较多，经营规模较大的企业，总分类账的登记工作过于繁重。因此，记账凭证账务处理程序只适用于一些规模小，业务量少，凭证不多的单位。

任务三 汇总记账凭证账务处理程序

任务导航

汇总记账凭证是对日常会计核算过程中所填制的专用记账凭证，是指对一段时间内同类记账凭证，采用一定的方法定期进行汇总而重新填制的一种记账凭证。在采用汇总记账凭证账务处理程序时，根据汇总记账凭证上的汇总数字登记有关的总分类账，而不必根据各种专用记账凭证逐笔登记总分类账。应了解汇总记账凭证的概念和特点，掌握汇总记账凭证的编制方法、汇总记账凭证账务处理程序的一般步骤、优缺点以及适用范围。

任务解析

一、汇总记账凭证账务处理程序的概念

汇总记账凭证账务处理程序是指先根据原始凭证或原始凭证汇总表编制记账凭证，定期根据记账凭证分类汇总编制汇总收款凭证、汇总付款凭证和汇总转账凭证，再根据汇总记账凭证登记总分类账的一种账务处理程序。

小贴士

汇总记账凭证账务处理程序是在记账凭证账务处理程序的基础上发展演变而来的，其特点是按照会计账户的对应关系，定期根据记账凭证分类编制汇总收款凭证、汇总付款凭证和汇总转账凭证，再根据汇总记账凭证，作为登记总分类账的依据。

二、汇总记账凭证的编制方法

在汇总记账凭证账务处理程序下，除设置收款凭证、付款凭证和转账凭证外，还应设置汇总收款凭证、汇总付款凭证和汇总转账凭证，作为登记总分类账的依据。

汇总记账凭证分为汇总收款凭证、汇总付款凭证和汇总转账凭证三种格式。

（一）汇总收款凭证的编制

汇总收款凭证，是指按“库存现金”和“银行存款”科目的借方分别设置的一种汇总记账凭证。它汇总了一定时期内现金和银行存款的收款业务。

汇总收款凭证的编制方法是：将一定时期内全部现金和银行存款收款凭证，分别按其对应贷方科目进行归类，计算出每一贷方科目发生额合计数，填入汇总收款凭证中。一般可5天或10天汇总一次，月终计算出合计数，据以登记总分类账，其格式如表10-1所示。

表10-1 汇总收款凭证 单位：元

借方科目：银行存款 2022年12月 第 号

贷方科目	金额				总账页次	
	1-10日	11-20日	21-31日	合计	借方	贷方
主营业务收入	76 000		58 000	134 000	略	略
营业外收入		15 000		15 000	略	略
合计	76 000	15 000	58 000	149 000		

（二）汇总付款凭证的编制

汇总付款凭证，是指按“库存现金”和“银行存款”科目的贷方分别设置的一种汇总记账凭证。它汇总了一定时期内现金和银行存款的付款业务。

汇总付款凭证的编制方法是：将一定时期内全部现金和银行存款付款凭证，分别按其对应借方科目进行归类，计算出每一借方科目发生额合计数，填入汇总付款凭证中。一般可5天或10天汇总一次，月终计算出合计数，据以登记总分类账，其格式如表10-2所示。

表10-2 汇总付款凭证 单位：元

贷方科目：库存现金 2022年12月 第 号

贷方科目	金额				总账页次	
	1-10日	11-20日	21-31日	合计	借方	贷方
管理费用	9 000		3 000	12 000	略	略
其他应付款		13 000		13 000	略	略
合计	9 000	13 000	3 000	25 000		

（三）汇总转账凭证的编制

汇总转账凭证，是指按每一贷方科目分别设置，用来汇总一定时期内转账业务的一种汇总记账凭证。

汇总转账凭证的编制方法是：将一定时期内全部转账凭证按其对应的借方科目进行归类，计算出每一借方科目发生额的合计数，填入汇总转账凭证。一般可5天或10天汇总一次，月终计算出合计数，据以登记总分类账。其格式如表10-3所示。

表10-3 汇总转款凭证 单位：元

贷方科目：原材料 2022年12月 第 号

借方科目	金额				总账页次	
	1–10日	11–20日	21–31日	合计	借方	贷方
生产成本	3 000	2 700	2 900	8 600	略	略
制造费用	750	400	360	1 510	略	略
管理费用	500	700	600	1 800	略	略
合计	4 250	3 800	3 860	11 910		

小贴士

汇总转账凭证按每一贷方科目设置，按照转账记账凭证的借方科目归类汇总编制，月终结出合计数并据以登记总账。由于汇总转账凭证是按每一贷方科目设置的，为了便于汇总，在这种核算形式下，编制转账的记账凭证可以是“一借一贷”的会计分录或“一贷多借”的会计分录，不宜编制“一借多贷”或“多借多贷”的会计分录，可避免转账凭证在汇总过程中造成会计账户之间的对应关系变得模糊不清及编制汇总不便。若遇“一借多贷”或“多借多贷”的会计分录，需分解为简单会计分录后再进行汇总。

编制完汇总记账凭证，据以登记总分类账。总分类账的登记在月终进行。根据汇总收款凭证的合计数，记入总分类账“库存现金”和“银行存款”账户的借方，以及有关账户的贷方；根据汇总付款凭证的合计数，记入总分类账“库存现金”或“银行存款”账户的贷方，以及有关账户的借方；根据汇总转账凭证的合计数，记入总分类账户设置科目的贷方，以及有关账户的借方。

三、汇总记账凭证的一般步骤

汇总记账凭证账务处理程序编制的一般步骤是：

①根据原始凭证编制汇总原始凭证；

②根据原始凭证或汇总原始凭证，编制收款凭证、付款凭证和转账凭证，也可采用通用的记账凭证；

③根据收款凭证、付款凭证逐笔登记现金日记账和银行存款日记账；

④根据原始凭证、汇总原始凭证和记账凭证，登记各种明细分类账；

⑤根据各种记账凭证编制有关汇总记账凭证；

⑥根据各种汇总记账凭证登记总分类账；

⑦期末，现金日记账、银行存款日记账和明细分类账的余额同有关总分类账的余额核对相符；

⑧期末，根据总分类账和明细分类账的记录，编制会计报表。

汇总记账凭证账务处理程序如图10-2所示。

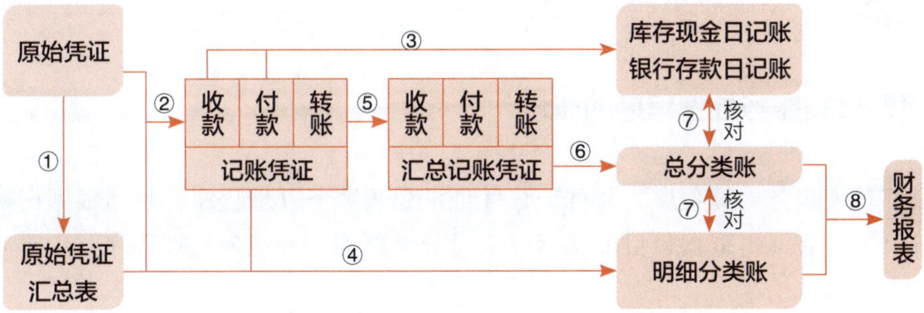

图10-2　汇总记账凭证账务处理程序

四、汇总记账凭证账务处理程序的优缺点及适用范围

1. 汇总记账凭证账务处理程序的优点

①记账凭证通过汇总记账凭证汇总后月末一次登记总分类账，减轻了登记总账的工作量，为及时编制会计报表提供了条件。

②汇总记账凭证按会计科目的对应关系归类、汇总编制，能够明确地反映账户之间的对应关系，便于查账用账。

2. 汇总记账凭证账务处埋桯序的缺点

①汇总转账凭证按每一贷方科目汇总编制，不考虑交易或事项的性质，不利于会计核算工作的分工。

②而且当转账凭证较多时，编制汇总转账凭证的工作量较大。

3. 汇总记账凭证账务处理程序的适用范围

汇总记账凭证账务处理程序主要适用于规模较大，交易或事项较多，特别是转账业务少而收、付款业务较多的单位。

任务四　科目汇总表账务处理程序

任务导航

科目汇总表账务处理程序在实际工作中应用非常广泛。应了解科目汇总表的概念和特点，掌握科目汇总表的编制方法、科目汇总表账务处理程序的一般步骤、优缺点及适用范围。

任务解析

一、科目汇总表账务处理程序的概念

科目汇总表账务处理程序，又称记账凭证汇总表账务处理程序，是指根据记账凭证定期编制科目汇总表，再根据科目汇总表登记总分类账的一种账务处理程序。

小贴士

科目汇总表，又称记账凭证汇总表，是企业定期对全部记账凭证进行汇总以后，按照不同的会计科目分别列示各账户借方发生额和贷方发生额的一种汇总凭证。科目汇总表账务处理程序是在记账凭证账务处理程序的基础上发展演变而来的。其特点是定期地将所有的记账凭证编制成科目汇总表，然后再根据科目汇总表登记总分类账。

二、科目汇总表的编制方法

在科目汇总表账务处理程序下，要求定期将记账凭证编制成科目汇总表，然后根据科目汇总表登记总分类账。

采用科目汇总表账务处理程序时，其账簿设置、各种账簿的格式以及记账凭证的种类和格式基本上与记账凭证账务处理程序相同。但应增设科目汇总表，以作为登记总分类账的依据。

科目汇总表，是指根据一定时期内的全部记账凭证，按相同科目进行归类，并计算出每一总账科目本期借方、贷方发生额所编制的汇总表。

编制科目汇总表时，首先应将汇总期内各项交易或事项所涉及的总账科目填列在科目汇总表的“会计科目”栏内；其次，根据汇总期内所有记账凭证，按会计科目分别计入其借方发生额和贷方发生额，将其汇总金额填在各相应会计科目的“借方”和“贷方”栏内。编制科目汇总表时，只对各个会计科目的发生额进行汇总，不包括余额。按会计科目汇总后，应分别加总全部会计科目“借方”和“贷方”发生额，进行发生额的试算平衡。科目汇总表可以每月汇总一次，也可以每旬汇总一次。科目汇总表常用的格式如表10–4、表10–5所示。

表10–4　　科目汇总表（一）

年　月　日至　日　　　　第　号

会计科目	记账凭证起讫号数	本期发生额		总账页数
		借方	贷方	
合计				

会计主管：　　会计：　　复合：　　制表：

表10-5　　科目汇总表（二）

年　月　　　　第　号

会计科目	总账页数	记账凭证起讫号数	1-10日		11-20日		21-30日	
			借方	贷方	借方	贷方	借方	贷方
合计								

会计主管：　　会计：　　复合：　　制表：

小贴士

在实际工作中，编制科目汇总表时，可以设置“科目汇总表工作底稿”，先将本期记账凭证中各总账科目的借方和贷方发生额在“科目汇总表工作底稿”中记录、汇集，期末将“科目汇总表工作底稿”中各总账科目的借方、贷方发生额合计数分别抄列在科目汇总表相应总账科目的“借方”和“贷方”栏内，从而提高编制科目汇总表的及时性。

三、科目汇总表账务处理程序的一般步骤

①根据原始凭证编制汇总原始凭证；

②根据原始凭证或汇总原始凭证，编制记账凭证；

③根据收款凭证、付款凭证逐笔登记现金日记账和银行存款日记账；

④根据原始凭证、汇总原始凭证和记账凭证，登记各种明细分类账；

⑤根据各种记账凭证编制科目汇总表；

⑥根据科目汇总表登记总分类账；

⑦期末，将现金日记账、银行存款日记账和明细分类账的余额同有关总分类账的余额核对相符；

⑧期末，根据总分类账和明细分类账的记录，编制会计报表。

科目汇总表账务处理程序如图10-3所示。

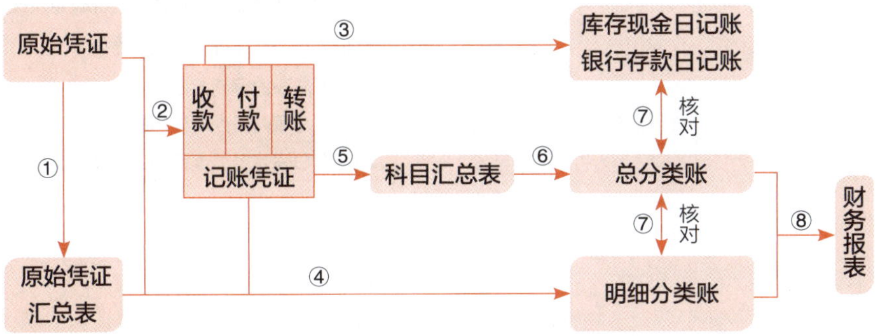

图10-3　科目汇总表账务处理程序

四、科目汇总表账务处理程序的优缺点及适用范围

1. 科目汇总表账务处理程序的优点

①将记账凭证通过科目汇总表汇总后登记总账，大大减轻了总账登记的工作量。

②通过编制科目汇总表，可以对发生额进行试算平衡，从而及时发现错误，保证记账工作质量。

③科目汇总表的编制比较简明易懂，方便易学，适用性比较强，任何规模的会计主体都可以采用。

2. 科目汇总表账务处理程序的缺点

科目汇总表不能反映账户之间的对应关系，不利于根据账簿记录检查和分析交易或事项的来龙去脉，不便于查对账目。

3. 科目汇总表账务处理程序的适用范围

科目汇总表账务处理程序通常适用于经济业务较多的单位。科目汇总表账务处理程序在实际工作中使用最为普遍。

推荐阅读

1. 国务院颁布的《中华人民共和国会计法》
2. 财政部发布的《会计基础工作规范》

项目小结

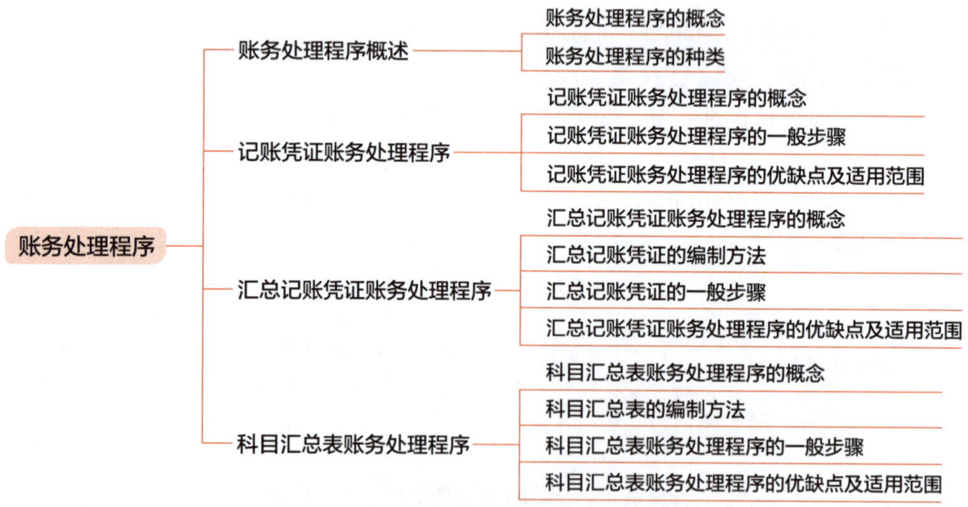

参考文献

[1] 财政部会计资格评价中心．初级会计实务[M]．北京：经济科学出版社，2023．

[2] 企业会计准则编审委员会．企业会计准则实务应用精解：会计科目使用+经济业务处理+会计报表编制：2021年版[M]．北京：人民邮电出版社出版，2021．

[3] 李勇，邱金平．会计基础[M]．北京：高等教育出版社，2022．

[4] 杨桂洁．会计基础与实务[M]．5版．北京：人民邮电出版社，2022．

[5] 刘英明，张捷．基础会计[M]．7版．北京：中国人民大学出版社，2021．

[6] 初级会计考试辅导研究组．初级会计实务[M]．成都：电子科技大学出版社，2022．

[7] 朱小平，秦玉熙，袁蓉丽．基础会计（原初级会计学）[M]．11版．北京：中国人民大学出版社，2021．

[8] 陈国辉，迟旭升．基础会计[M]．7版．大连：东北财经大学出版社，2021．

[9] 杜俊娟．会计基础理论与实务[M]．2版．上海：上海财经大学出版社，2021．

[10] 葛家澍．会计基础知识[M]．厦门：厦门大学出版社，2021．

[11] 缪启军．会计基础与实务[M]．5版．上海：立信会计出版社，2019．

[12] 马秀丽，李洁．会计核算基础实务[M]．北京：中国轻工业出版社．2018．

《会计基础项目化教程》

综合实训

中国轻工业出版社

目 录

项目一　企业与会计工作

项目习题

一、单项选择题

1. 会计专业技术人员每年参加继续教育取得的学分应不少于（　）学分。

A．30　　B．60　　C．90　　D．120

2. 从事公共会计的人员主要是指（　）。

A．初级会计师　　B．中级会计师

C．高级会计师　　D．注册会计师

3. 除法律规定和单位领导人同意外，不能私自向外界提供或者泄露单位的会计信息。体现的会计职业道德是（　）。

A．参与管理　　B．诚实守信

C．爱岗敬业　　D．提高技能

4. 公正处理企业利益相关者和社会公众的利益关系，保持应有的独立性。体现的会计职业道德是（　）。

A．客观公正　　B．诚实守信

C．爱岗敬业　　D．强化服务

5. 具有会计专业技术资格的人员应当自取得会计专业技术资格的（　）开始参加继续教育，并在规定时间内取得规定学分。

A．上一年　　B．当年

C．次年　　D．第三年

二、多项选择题

1. 企业是以营利为目的，运用各种生产要素（土地、劳动力、资本、技术和企业家才能等），向市场提供商品或服务，实行（　）的社会经济组织。

A．自主经营　　B．自负盈亏

C．独立核算　　D．联合核算

2. 企业按照财产的组织形式和所承担的法律责任，可分为（　）。

A．制造企业　　B．独资企业

C．合伙企业　　D．公司制企业

3. 在我国，公司制企业通常分为（　）。

A．有限责任公司　　B．股份有限公司

C．个人独资企业　　D．合伙企业

4. 会计专业技术人员继续教育的内容包括（　）。

A．考试科目　　B．考查科目

C．公需科目　　D．专业科目

5. 以下属于会计职业特征的有（ ）。

A. 规范性　　B. 经济性

C. 技术性　　D. 时代性

三、判断题

1. 企业生产经营活动的目的是获取利润。（ ）
2. 独立核算单位会计工作的组织形式，一般有集中核算和非集中核算两种，前者适用于小型企事业单位，后者适用于大中型企事业单位。（ ）
3. 按照会计岗位工作目标和作用的不同，会计职业一般分为私人会计和公共会计。（ ）
4. 我国目前的会计专业技术资格分为初级资格、中级资格和高级资格3个级别。（ ）
5. 企业按照国民经济行业分类标准可分为制造企业、商品流通企业和服务企业等。（ ）

项目实训

（一）实训目的

了解企业与企业业务流程、会计工作组织与会计人员配备。

（二）实训要求

进入校企合作企业进行调研，完成以下实训任务：

1. 认知不同类型企业的组织结构及业务流程，并绘制相应框架图。
2. 了解调研企业的会计工作组织与会计人员配备，通过图文形式记录并展示。

项目二　会计内涵与基本方法

项目习题

一、单项选择题

1. 衡量不同单位经营业绩，最直接、最有效的方法是选取（　）进行计量。
   A. 货币　B. 实物　C. 时间　D. 劳动
2. （　）是企业内部主要的会计信息使用者。
   A. 企业管理者　B. 企业职工　C. 债权人　D. 政府部门
3. 下列关于谨慎性原则运用正确的是（　）。
   A. 计提秘密准备金
   B. 高估资产或收益
   C. 对可能发生的各项资产损失，按规定计提资产减值准备
   D. 少计负债或费用
4. 我国实行公历制会计年度是基于（　）的会计基本假设。
   A. 会计主体　B. 货币计量　C. 会计分期　D. 持续经营
5. 界定从事会计工作和提供会计信息的空间范围的会计基本前提是（　）。
   A. 会计职能　B. 会计主体　C. 会计内容　D. 会计对象
6. 设置会计科目和账户、复式记账等属于（　）的基本方法。
   A. 会计监督　B. 会计核算　C. 会计预测　D. 会计决策
7. 凡是能够以（　）表现的经济活动的特定对象，都是会计所核算和监督的内容，即会计的对象。
   A. 数量　B. 货币　C. 长度　D. 商品
8. 某企业2022年12月份发生下列支出：（1）年初支付本年度保险费2 400元，本月摊销200元；（2）支付下年第一季度房屋租金3 000元；（3）支付本月办公开支800元，按照权责发生制要求，本月费用为（　）元。
   A. 1 000　B. 800　C. 3 200　D. 3 000

二、多项选择题

1. 以下属于会计基本假设的是（　）。
   A. 会计主体　B. 持续经营　C. 会计分期　D. 货币计量
2. 会计的基本职能包括（　）。
   A. 记录　B. 核算　C. 监督　D. 分析
3. 会计除了基本职能外，还具有的职能有（　）。
   A. 预测经济前景　B. 参与经济决策
   C. 评价经营业绩　D. 设置科目和账户
4. 会计随着人类社会生产的发展和经济管理的需要而产生、发展并不断得到完善，其中，会计的发展可划分为（　）阶段。
   A. 古代会计　B. 近代会计　C. 现代会计　D. 未来会计

5. 会计信息质量要求包括（　）。
A. 可靠性　B. 相关性　C. 重要性　D. 谨慎性
6. 会计中期包括（　）。
A. 月度　B. 季度　C. 半年度　D. 年度
7. 会计核算的内容是指特定主体的资金活动，包括（　）等阶段。
A. 资金的投入　B. 资金的运用
C. 资金的生产　D. 资金的退出
8. 会计监督可分为（　）三部分，三者共同构成了“三位一体”的会计监督体系。
A. 单位内部监督　B. 国家监督
C. 社会监督　D. 事后监督

三、判断题

1. 企业会计核算应当以收付实现制为基础进行会计确认、计量和报告。（　）
2. 甲企业2022年9月售出一批商品给乙企业，合同规定乙企业应于当年12月支付货款。乙企业信誉良好，在权责发生制下，甲企业确认该批商品销售收入的时间应为当年9月份。（　）
3. 持续经营是指会计主体将会按当前的规模和状态一直持续经营下去，不会停业、破产清算，也不会大规模消减业务。（　）
4. 会计核算和监督两项基本会计职能是相辅相成、辩证统一的关系，会计核算是会计监督的基础和保障，没有核算所提供的各种信息，监督就失去了依据。（　）
5. 可比性是指企业提供的会计信息应当具有相互可比性，包括同一企业不同时期可比、不同企业相同会计期间可比两层含义。（　）

项目实训

（一）实训目的

掌握权责发生制与收付实现制确认基础的差异。

（二）实训资料

某企业本月份发生以下经济业务：
（1）支付上月份电费5 000元；
（2）收回上月的应收账款10 000元；
（3）收到本月的营业收入款8 000元；
（4）支付本月应负担的办公费900元；
（5）支付下季度保险费1 800元；
（6）应收营业收入25 000元，款项尚未收到；
（7）预收客户货款5 000元；
（8）负担上季度已经预付的保险费600元。

（三）实训要求

比较权责发生制与收付实现制的异同，并填写表格。

收入与费用情况表　　　　单位：元

业务	权责发生制		收付实现制	
	收入	费用	收入	费用
（1）				
（2）				
（3）				
（4）				
（5）				
（6）				
（7）				
（8）				
合计				

项目三　会计要素与会计等式

项目习题

一、单项选择题

1. 某项经济业务的发生引起资产的减少，则不可能引起（　）。

A. 负债减少　　B. 所有者权益减少

C. 另一项资产减少　　D. 另一项资产增加

2. 某公司2022年初资产总额5 000 000元，负债总额2 000 000元，当年接受投资者投资500 000元，从银行借款1 000 000元。该公司2022年末所有者权益应为（　）元。

A. 2 500 000　　B. 1 500 000　　C. 3 500 000　　D. 5 000 000

3. 收入、费用和利润三要素是企业资金运动的（　）。

A. 静态表现　　B. 动态表现　　C. 综合表现　　D. ABC均正确

4.（　）是复式记账的理论基础，也是编制资产负债表的理论依据。

A. 会计科目　　B. 账户

C. 资产=负债+所有者权益　　D. 收入–费用=利润

5. 资产、负债、所有者权益三要素是企业资金运动的（　）。

A. 静态表现　　B. 动态表现

C. 综合表现　　D. ABC均正确

6. 负债是指企业过去的交易或者事项形成的，预期会导致经济利益流出企业的（　）。

A. 现时义务　　B. 潜在义务

C. 过去义务　　D. 未来义务

7. 下列项目中属于所有者权益的是（　）。

A. 长期借款　　B. 应付账款

C. 实收资本　　D. 固定资产

8. 下列项目不属于流动资产的是（　）。

A. 货币资金　　B. 应收账款

C. 存货　　D. 固定资产

9. 企业所有者权益在数量上等于（　）。

A. 企业流动负债减去长期负债后的差额

B. 企业流动资产减去流动负债后的差额

C. 企业全部资产减去全部负债后的差额

D. 企业长期负债减去流动负债后的差额

10. 企业从银行取得借款，这项经济业务将引起本公司（　）。

A. 资产减少、所有者权益增加　　B. 负债增加、所有者权益减少

C. 负债减少，所有者权益增加　　D. 负债增加，资产增加

二、多项选择题

1. 下列属于会计等式的有（　）。

A. 资产=权益　　B. 资产=负债+所有者权益

C. 收入-费用=利润　　D. 资产+所有者权益=负债

2. 下列选项中，正确的有（　）。

A. 资产与权益同时增加，总额增加　　B. 资产与负债一增一减，总额不变

C. 资产内部同时减少，总额减少　　D. 权益内部的一增一减，总额不变

3. 下列关于收入的表述中，正确的有（　）。

A. 可能带来资产的增加　　B. 可能使负债减少

C. 一定会导致所有者权益增加　　D. 可能会引起费用的减少

4. 期间费用是指企业在日常活动中发生的，应当计入当期损益的费用，包括（　）。

A. 管理费用　　B. 销售费用　　C. 财务费用　　D. 制造费用

5. 下列会计科目中，（　）属于流动资产。

A. 原材料　　B. 库存商品　　C. 应收账款　　D. 固定资产

6. 下列属于流动负债的有（　）。

A. 应付账款　　B. 应收账款

C. 应交税费　　D. 应付职工薪酬

7. 下列各项属于会计要素的是（　）。

A. 利润　　B. 利得　　C. 费用　　D. 损失

8. 下列项目中，关于费用特征的描述正确的有（　）。

A. 费用是与向所有者分配利润无关的经济利益总流出

B. 企业在日常活动中发生的经济利益的总流入

C. 费用在日常活动中所形成

D. 费用会导致所有者权益减少

三、判断题

1. 资产、负债与所有者权益的平衡关系式，企业资金运动处于相对静止状态下出现的，如果考虑收入、费用等动态要素，则资产与权益的平衡关系必然被破坏。（　）

2. 如果资产要素不变，则必然发生负债和所有者权益一增一减的情况。（　）

3. 企业承担了现时义务，但是导致企业经济利益流出的可能性很小，也应将其作为负债予以确认。（　）

4. 损失即费用，计入损失即计入当期费用。（　）

5. 权益就是指所有者权益。（　）

6. 会计要素是对财务会计对象的基本分类，是根据交易或者事项的经济特征所确定的。（　）

7. “收入-费用=利润”这一会计等式，体现了企业一定时期内的经营成果，是编制利润表的基础。（　）

8. 企业在对会计要素进行计量时，一般应当采用历史成本。（　）

项目实训

实训一　会计要素的确认

（一）实训目的

掌握会计要素的确认。

（二）实训资料

某企业相关会计要素项目如下所示：

单位：万元

内容	资产	负债	所有者权益
1．厂房一栋，价值3 600万元			
2．机器设备10台，价值1 200万元			
3．企业接受投资者投入的7 200万元			
4．各种材料价值660万元			
5．库存产成品价值900万元			
6．银行存款960万元			
7．从银行借入的1 200万元			
8．因销售商品而产生450万元的债权未收回			
9．因购买商品而产生480万元的债务未支付			
10．欠职工工资10万元			

（三）实训要求

资料中所列内容各属于资产、负债、所有者权益中的哪一个项目，并在相应的项目上写上其要素名称。

实训二　会计等式

（一）实训目的

掌握经济业务的发生对会计等式的影响。

（二）实训资料

秀水公司2022年10月份发生了下列经济业务：

（1）将现金5 000元存入银行。

（2）收到某单位投资计100 000元存入银行。

（3）赊购甲材料10 000元。

（4）以银行存款偿还短期银行借款5 000元。

（5）向银行借款20 000元，偿还前欠振华工厂购料款。

（6）以银行存款归还短期借款2 000元。

（三）实训要求

分析上列各项经济业务引起会计要素发生增减变动的项目及其金额，证明各项经济业务发生后，不会破坏会计等式。

序号	经济业务	经济业务的发生对会计等式的影响					
		资产		负债		所有者权益	
		增加	减少	增加	减少	增加	减少
1	将现金5 000元存入银行						
2	收到某单位投资计100 000元存入银行						
3	赊购甲材料10 000元						
4	以银行存款偿还短期银行借款5 000元						
5	向银行借款20 000元，偿还前欠振华工厂购料款						
6	以银行存款归还短期借款2 000元						

项目四　会计账户与记账方法

项目习题

一、单项选择题

1. 下列关于账户和会计科目的表述中，错误的是（　　）。
   A. 账户是会计科目的名称，会计科目是账户是具体应用
   B. 两者之间的区别在于账户具有一定的格式和结构
   C. 实际工作中，对账户和会计科目不加严格区别，而是互相通用
   D. 账户能反映会计要素增减变化的情况及其结果，而会计科目不能
2. 下列会计科目中，属于损益类科目的是（　　）。
   A. 主营业务成本　　B. 生产成本
   C. 制造费用　　D. 其他应收款
3. 某账户的期初余额为900元，期末余额为5 000元，本期减少发生额为600元，则本期增加发生额为（　　）元。
   A. 3 500　　B. 300　　C. 4 700　　D. 5 300
4. 下列错误能够通过试算平衡发现的是（　　）。
   A. 漏记某个会计科目　　B. 漏记某项经济业务
   C. 错记某项经济业务　　D. 借贷方向颠倒
5. 在借贷记账法下，一般有借方余额的账户是（　　）。
   A. 成本类账户　　B. 负债类账户
   C. 损益类账户　　D. 费用类账户
6. 在借贷记账法下，“银行存款”账户的期末余额应该在（　　）。
   A. 在借方　　B. 在贷方
   C. 在借方或贷方　　D. 无余额
7. 下列各项中应该由会计账户贷方核算的是（　　）。
   A. 资产的增加额　　B. 资产的减少额
   C. 费用的增加额　　D. 所有者权益的减少额
8. 借贷记账法是以（　　）为记账符号的一种复式记账法。
   A. “借”和“贷”　　B. “增”和“减”
   C. “收”和“付”　　D. 会计科目
9. 我国《企业会计准则——基本准则》中明确规定，企业应当采用的记账方法是（　　）。
   A. 借贷记账法　　B. 收付记账法
   C. 增减记账法　　D. 单式记账法
10. 借贷记账法的记账规则是（　　）。
    A. 资产＝负债＋所有者权益　　B. 以“借”“贷”为记账符号
    C. 借方记增加，贷方记减少　　D. 有借必有贷，借贷必相等

11．借贷记账法的余额试算平衡公式是（　）。

A．每个账户的借方发生额＝每个账户贷方发生额

B．全部账户本期借方发生额合计＝全部账户本期贷方发生额合计

C．全部账户期末借方余额合计＝全部账户期末贷方余额合计

D．全部明细分类账户期末余额合计＝总分类账户期末余额合计

12．下列会计账户中，如月末有余额，一般在贷方的是（　）。

A．银行存款　　B．长期借款

C．材料采购　　D．应收利息

13．下列有关借贷记账法的表述中，正确的是（　）。

A．借贷记账法是复式记账法的一种

B．借贷记账法中的“借”表示增加

C．借贷记账法中的“贷”表示减少

D．借贷记账法下，负债增加记借方，减少记贷方

14．“一借多贷”会计分录属于（　）。

A．简单会计分录　　B．复合会计分录

C．单项会计分录　　D．多项会计分录

二、多项选择题

1．属于负债类会计科目的有（　）。

A．应收账款　　B．预收账款

C．预付账款　　D．应付账款

2．关于“明细分类科目”的下列说法中正确的有（　）

A．属于一级科目

B．是对总分类科目的核算内容进行详细分类的科目

C．属于二级科目

D．提供更加详细具体的指标

3．在借贷记账法下，“期末余额＝期初余额＋本期借方发生额－本期贷方发生额”属于（　）类会计账户计算期末余额的公式。

A．资产类　　B．负债类

C．所有者权益类　　D．成本类

4．下列说法正确的是（　）。

A．资产类账户增加记贷方，减少记借方

B．负债类账户增加记贷方，减少记借方

C．收入类账户增加记贷方，减少记借方

D．费用类账户增加记贷方，减少记借方

5．下列关于会计分录的说法，正确的是（　）。

A．既允许一借一贷，也允许一借多贷、多借一贷或多借多贷

B．必须既有借方科目又有贷方科目，且借贷金额合计相等

C．既允许一借一贷，也允许一借多贷或多借一贷，但不允许多借多贷

D．必须既有借方科目又有贷方科目，但借贷方科目合计金额不一定相等

6．复式记账法要求每一笔经济业务事项都必须用相等的金额，在（　）或（　）相互联系的账户中进行登记。

A．一个　　B．两个　　C．三个　　D．两个以上

7．余额试算平衡中的平衡关系有（　）。

A．全部账户的本期借方发生额合计＝全部账户的本期贷方发生额合计

B．全部账户的期初借方余额合计＝全部账户的期末贷方余额合计

C．全部账户的期初借方余额合计＝全部账户的期初贷方余额合计

D．全部账户的期末借方余额合计＝全部账户的期末贷方余额合计

8．在借贷记账法下，可以在账户借方登记的是（　）。

A．资产的增加　　B．负债的增加

C．收入的增加　　D．所有者权益的减少

三、判断题

1．总分类账户和所属明细分类账户核算的内容相同，只是反映内容的详细程度有所不同，两者相互补充，相互制约，相互核对。（　）

2．损益类账户期末无余额。（　）

3．“应收账款”账户的期末余额＝期初余额＋本期贷方发生额－本期借方发生额。（　）

4．借贷记账法中的记账规则是：“有借必有贷，借贷必相等”。（　）

5．经济业务的发生可能导致资产要素不变，负债和所有者权益一增一减的情况。（　）

项目实训

实训一　会计账户的设置

（一）实训目的

掌握会计科目的设置。

（二）实训资料及要求

天亿公司6月份发生如下经济业务，请判断下列经济业务分别应设置计入哪些会计账户（假设不考虑增值税）。

1．从银行提取现金30 000元。

2．购买材料7 000元，料款尚未支付。

3．接收某投资者货币资金300 000元，存入银行。

4．从银行借入期限三个月贷款100 000元，存入银行。

5．购买价值500 000元机器设备，用银行存款支付。

实训二　账户的填制

（一）实训目的

掌握会计账户的填制。

（二）实训资料及要求

已知华安公司5月份各账户期初余额如下所示，5月份发生以下业务，要求分析经济业务，进行账户的填制，计算各账户的5月份的期末余额。

1. 购买原材料7 000元，料款尚未支付。

原材料

借	贷
2 000	

应付账款

借	贷
	30 000

2. 某投资者投入设备一台，价值300 000元。

固定资产

借	贷
250 000	

实收资本

借	贷
	260 000

实训三　借贷记账法

（一）实训目的

掌握借贷记账法的基本内容。

（二）实训资料及要求

某企业全部账户期初余额如下：

账户名称	借方余额	账户名称	贷方余额
库存现金	30 000	短期借款	260 000
银行存款	250 000	应付账款	126 000
应收账款	87 600	应交税费	1 600
库存商品	120 000	实收资本	700 000
固定资产	600 000		

1．编制该企业下列业务的会计分录。

业务	分录
1．从银行提取现金30 000元备用	
2．收回B公司前欠购货款46 800元存入银行	
3．从银行取得6个月期的借款50 000元，存入银行以备使用	
4．以银行存款12 000元偿还前欠购料款	
5．收到某公司投入的货币资金300 000元，存入银行	

2．根据期初余额与所编制的会计分录，开设并登记“T”字账户，结出本期发生额及期末余额。

3．根据上述账户记录，编制总分类账户试算平衡表。

总分类账户试算平衡表

账户名称	期初余额		本期发生额		期末余额	
	借方	贷方	借方	贷方	借方	贷方
合计						

项目五　借贷记账法下主要经济业务的账务处理

项目习题

一、单项选择题

1. 分配生产车间直接参加产品生产工人的职工薪酬时，应借记的账户是（　）。
   A．生产成本　B．制造费用　C．管理费用　D．应付职工薪酬
2. 企业接受捐赠时的利得，应将其计入（　）。
   A．资本公积　B．其他应付款　C．营业外收入　D．营业外支出
3. 下列账户中，（　）期末一般无余额。
   A．管理费用　B．生产成本　C．利润分配　D．应付账款
4. 以下项目中，不会影响营业利润计算的有（　）。
   A．营业成本　B．税金及附加　C．营业外收入　D．销售费用
5. 企业“应付账款”账户的贷方余额反映的是（　）。
   A．应付未付供货单位的款项　B．预收购货单位的款项
   C．预付供货单位的货款　D．应收购货单位的货款
6. 下列能在“固定资产”账户核算的有（　）。
   A．购入正在安装的设备　B．经营性租入的设备
   C．即将要购入的设备　D．购入的不需安装的设备
7. （　）是指企业的投资者按照企业章程、合同或协议的约定，实际投入企业的资本金以及按照有关规定由资本公积、盈余公积等转增资本的资金。
   A．实收资本　B．未分配利润　C．资本溢价　D．银行存款
8. （　）是制造企业经营的核心，在这一过程中，通过各种生产要素的结合，制造出各种产品，产品生产过程就是生产消耗过程。
   A．生产业务　B．销售业务　C．采购业务　D．资金筹集业务
9. 按照《公司法》的有关规定，公司应当按照当年净利润（抵减年初累计亏损后）后的（　）提取法定盈余公积。
   A．10%　B．15%　C．5%　D．7%
10. 下列各项中，不会引起利润总额增减变化的是（　）。
    A．销售费用　B．管理费用　C．所得税费用　D．营业外支出
11. 下列属于期间费用的是（　）。
    A．财务费用　B．生产费用　C．营业成本　D．制造费用
12. 下列项目中，不应计入企业销售费用的是（　）。
    A．销售部门人员工资　B．销售部门设备折旧费
    C．销售产品广告费　D．销售产品代垫运杂费
13. 用银行存款支付销售商品广告费500元，该业务的正确会计分录为（　）。
    A．借：管理费用　　500
    　　贷：银行存款　　500

B．借：财务费用　　500
　　贷：银行存款　　500
C．借：银行存款　　500
　　贷：财务费用　　500
D．借：销售费用　　500
　　贷：银行存款　　500

14．下列会计账户中，企业在计提固定资产折旧时不可能涉及的是（　）。
A．固定资产　B．累计折旧　C．制造费用　D．管理费用

15．对于本月新购入的固定资产下列说法正确的是（　）。
A．当月开始计提折旧　B．下月开始计提折旧
C．下年开始计提折旧　D．不计提折旧

16．某企业为增值税一般纳税人，购入材料一批，增值税专用发票上标明的价款为100万元，增值税为13万元，另支付材料的保险费2万元。该批材料的采购成本为（　）万元。
A．100　B．102　C．113　D．119

二、多项选择题

1．产品成本是指与企业日常生产经营活动有关的费用，包括（　）。
A．直接材料　B．直接人工　C．制造费用　D．管理费用

2．企业当年实现净利润100万元，按25%的所得税税率计算，本年度应缴所得税为25万元，则该项经济业务计提所得税费用涉及的账户有（　）。
A．应交税费　B．税金及附加　C．银行存款　D．所得税费用

3．下列项目中，应记入“营业外支出”账户的有（　）。
A．广告费　B．借款利息　C．固定资产盘亏　D．捐赠支出

4．下列账户属于损益类账户的有（　）。
A．管理费用　B．销售费用　C．制造费用　D．财务费用

5．甲公司外购一批原材料，材料已验收入库，但是月末仍未收到相关发票凭证，款项未支付。该公司采用实际成本法核算原材料，则正确的会计处理为（　）。
A．借记原材料　B．贷记应付账款
C．借记材料采购　D．贷记银行存款

6．下列关于“应付账款”账户的表述中，正确的有（　）。
A．一般应按照债权人设置明细账户进行明细核算
B．借方登记偿还的应付账款或已冲销的无法支付的应付账款
C．贷方登记企业购买材料、商品和接受劳务等而发生的应付账款
D．期末贷方余额反映企业尚未支付的应付账款

7．下列会计账户中，与固定资产核算相关的有（　）。
A．在建工程　B．累计摊销　C．累计折旧　D．固定资产

8．所有者投入的资本主要包括（　）。
A．实收资本　B．资本公积　C．盈余公积　D．未分配利润

9. 企业从银行借入的期限为1个月的借款到期，偿还该借款本息时所编制会计分录可能涉及的账户有（　）。

A. 管理费用　B. 财务费用　C. 短期借款　D. 银行存款

10. 下列各项中，应计入一般纳税企业材料采购成本的有（　）。

A. 购买材料支付的买价　B. 支付的材料运费

C. 购买材料发生的增值税　D. 采购过程中的保险费

三、判断题

1. 对于直接用于某种产品生产的材料费用，要先通过“制造费用”账户进行归集，期末再同其他间接费用一起按照一定的标准分配计入有关产品成本。（　）
2. “盈余公积”账户属于所有者权益类账户，该账户借方登记提取的盈余公积，贷方登记实际使用的盈余公积。期末借方余额反映结余的盈余公积。（　）
3. 营业外支出是指跟主营业务相关的支出。（　）
4. “税金及附加”账户在期末结转时，借记“税金及附加”账户，贷记“本年利润”账户。（　）
5. 商品取得的收入均属于“主营业务收入”，而提供劳务取得的收入则属于“其他业务收入”。（　）
6. “税金及附加”账户主要核算企业经营活动发生的增值税、消费税、所得税等相关税费。（　）
7. 企业购入需要安装的固定资产，应将购入时发生的成本和安装过程中发生的相关支出，先通过“在建工程”账户核算。（　）
8. 为取得该固定资产而发生的支出必须能够可靠计量。（　）
9. 年限平均法又称为直线法，是指将固定资产的应计折旧额均匀地分摊到固定资产预计使用寿命内的一种方法。（　）
10. 利润总额=营业利润+营业外收入-营业外支出。（　）
11. 企业支付的银行承兑汇票的手续费通过“管理费用”账户进行核算。（　）
12. 短期借款的利息不可以预提，均应在实际支付时直接计入当期损益。（　）

项目实训

实训一　资金筹集的核算

（一）实训目的

掌握资金筹集业务的核算。

（二）实训资料及要求

根据如下经济业务编制会计分录。

业务	分录
1．收到某公司投入的货币资金300 000元，存入银行	
2．收到某公司投入的机器设备一台，价值1 000 000元	
3．某公司决定退资，将250 000元银行存款退还给某公司	
4．由于临时需要，从银行取得6个月期的借款100 000元，存入银行	
5．计提本月应负担的短期借款利息1 200元	
6．支付本月应负担的短期借款利息1 200元	
7．6个月的借款到期，一次归还本金100 000元	

实训二　固定资产的核算

（一）实训目的

掌握固定资产业务的核算。

（二）实训资料及要求

根据如下经济业务编制会计分录。

业务	分录
1．企业管理部门购入一台不需安装的设备A，取得的增值税专用发票上注明的设备价款为550万元，增值税为71.5万元，另发生运杂费5万元，款项均以银行存款支付	
2．企业生产部门购入一台需要安装的设备B，取得的增值税专用发票上注明的设备价款为400万元，增值税为52万元，另发生安装费10万元，款项均以银行存款支付。后设备B安装完毕达到预定可使用状态	
3．设备A经过调试后，投入使用，预计使用10年，净残值为30万元，使用年限平均法进行折旧	
4．设备B经过调试后，投入使用，净残值为10万元，该设备总工作时数为800 000台时，该月实际工作1 000台时。使用工作量法进行折旧	
5．计提本月的固定资产折旧费20 000元，其中：车间固定资产折旧14 000元，行政管理部门固定资产折旧6 000元	

实训三　材料采购业务的核算

（一）实训目的

掌握材料采购业务的核算。

（二）实训资料及要求

根据如下经济业务编制会计分录。

业务	分录
1．以存款购入材料，价款80 000元，增值税10 400元，运费210元，材料已验收入库（实际成本法）	
2．从A公司购入材料，价款250 000元，增值税32 500元，运费由对方支付，材料已验收入库，货款尚未支付（实际成本法）	
3．以存款从B公司购入材料，价款150 000元，增值税19 500元，运费510元，材料尚未验收入库（实际成本法）	
4．以银行存款偿还第2笔业务所欠A公司材料款	
5．从B公司购入的材料验收入库（参见第3笔业务）	

实训四　生产经营业务的核算

（一）实训目的

掌握生产经营业务的核算。

（二）实训资料及要求

根据如下经济业务编制会计分录。

业务	分录
1．签发现金支票，从银行提取现金5 000元备用	
2．领用原材料36 000元，其中：A产品耗用18 000元，B产品耗用12 000元，车间一般耗用4 000元，行政管理部门耗用2 000元	
3．计算本月工资共26 000元，其中：A产品生产工人工资12 000元，B产品生产工人工资8 000元，车间管理人员工资2 000元，企业管理人员工资4 000元	

续表

业务	分录
4. 按工资总额的14%提取职工福利费	
5. 以银行存款发放第3笔业务的工资	
6. 本月生产A产品耗用机器工时60小时，生产B产品耗用机器工时40小时。本月发生制造费用10万元。该企业按机器工时比例分配制造费用	

实训五　销售业务的核算

（一）实训目的

掌握销售业务的核算。

（二）实训资料及要求

根据如下经济业务编制会计分录。

业务	分录
1. 销售A产品一批，价款350 000元，增值税45 500元，货款已存入银行	
2. 以现金支付上述A产品的销售运费120元	
3. 向A公司销售B产品一批，价款250 000元，增值税32 500元，货款尚未收回	
4. 收回A公司所欠货款存入银行（参见第3笔业务）	
5. 结转本月已售产品成本360 000元	
6. 本月销售产品应缴纳的城建税5 550元，教育费附加3 250元	

实训六　期间费用的核算

（一）实训目的

掌握期间费用的核算。

（二）实训资料及要求

根据如下经济业务编制会计分录。

业务	分录
1. 以现金购买茶叶等招待用品200元，用于行政部门招待客人	
2. 以银行存款支付宣传广告费用50 000元	
3. 以银行存款支付银行手续费200元	
4. 收到存款利息收入50 000元	
5. 计提本月办公用房的折旧费2 600元	

实训七　利润形成与分配的核算

（一）实训目的

掌握利润形成与分配的核算。

（二）实训资料及要求

根据如下经济业务编制会计分录。

业务	分录
1. 取得罚款收入现金340元	
2. 以银行存款向灾区捐赠40 000元	
3. 以银行存款缴纳工商局违法经营罚款3 000元	
4. 年初未分配利润为300万元，本年实现净利润800万元，本年提取法定盈余公积100万元，提取任意盈余公积50万元，宣告发放现金股利350万元。结转本年实现的净利润	
5. 分配当年实现的净利润（参见第4笔业务）	
6. 结转全年利润分配额（参见第4笔业务）	

项目六 会计凭证

项目习题

一、单项选择题

1. 原始凭证中（ ）出现错误的，不得更正，只能由原始凭证开具单位重新开具。

A. 金额　B. 汉字　C. 计量单位　D. 会计科目

2. 下列各项中，不属于原始凭证的基本内容的是（ ）。

A. 接受凭证单位名称

B. 交易或事项的内容、数量、单价和金额

C. 经办人员签名或盖章

D. 应记会计科目名称和记账方向

3. 会计凭证的传递，是指（ ）在单位内部有关部门和人员之间的传递程序。

A. 会计凭证的取得或填制时起至归档保管过程中

B. 会计凭证的填制到登记账簿止

C. 会计凭证审核后到归档止

D. 会计凭证的填制或取得到汇总登记账簿止

4. 记账凭证的填制是由（ ）完成的。

A. 出纳人员　B. 会计人员　C. 经办人员　D. 主管人员

5. 下面属于审核原始凭证真实性的是（ ）。

A. 凭证日期是否真实、业务内容是否真实

B. 审核原始凭证所记录经济业务是否有违反国家法律法规的情况

C. 审核原始凭证各项基本要素是否齐全，是否有漏项情况

D. 审核原始凭证各项金额的计算及填写是否正确

6. 出差人员预借差旅费应当填写借款单，下列表述中，正确的是（ ）。

A. 借款单是一种自制的原始凭证　B. 借款单是一种外来原始凭证

C. 借款单是一种付款凭证　D. 借款单是一种单式凭证

7. 以下不属于原始凭证的是（ ）。

A. 火车票　B. 增值税发票　C. 销售合同　D. 差旅费报销单

8. 从银行提取现金或把现金存入银行的经济业务，一般（ ）。

A. 只填制付款凭证，不填制收款凭证　B. 只填制收款凭证，不填制付款凭证

C. 既填制付款凭证，又填制收款凭证　D. 填制付款凭证或填制收款凭证

9. 记账凭证按凭证的用途可分为（ ）。

A. 收款凭证、付款凭证和转账凭证　B. 一次凭证、累计凭证和汇总凭证

C. 复式记账凭证和单式记账凭证　D. 通用记账凭证和专用记账凭证

10. 原始凭证所记录的经济业务是否符合有关的计划、预算，这属于审核原始凭证的（ ）。

A. 合法性　B. 真实性　C. 完整性　D. 合理性

二、多项选择题

1. 记账凭证与原始凭证的区别有（　　）。
   A. 填制人员不同　　B. 填制方式不同
   C. 填制依据不同　　D. 发挥作用不同
2. 记账凭证审核的主要内容有（　　）。
   A. 内容是否真实　　B. 项目是否齐全
   C. 科目、金额、书写是否正确　　D. 填制是否及时
3. 除（　　）的记账凭证可以不附原始凭证外，其他记账凭证必须附有原始凭证。
   A. 成本结转　　B. 结账　　C. 更正错误　　D. 提取现金
4. 下列属于记账凭证基本内容的有（　　）。
   A. 经济业务事项所涉及的会计科目　　B. 记账凭证日期、编号
   C. 经济业务事项的摘要和金额　　D. 所附原始凭证的张数
5. 收款凭证左上方的“借方科目”中可以填写的会计科目有（　　）。
   A. 库存现金　　B. 产品销售收入　　C. 材料　　D. 银行存款
6. 原始凭证的审核内容包括：审核原始凭证（　　）等方面。
   A. 真实性　　B. 合法性、合理性
   C. 正确性、及时性　　D. 完整性
7. 下列金额表示方法中，正确的是（　　）。
   A. ¥86.60　　B. 人民币柒拾陆元整
   C. 人民币伍拾陆元捌角伍分整　　D. ¥508.00
8. 会计凭证在会计核算中的作用有（　　）。
   A. 记录经济业务，提供记账依据　　B. 明确经济责任，强化内部控制
   C. 监督经济活动，控制经济运行　　D. 预测经济前景，提高经济效益
9. 原始凭证的基本内容包括原始凭证的名称、（　　）、接受凭证单位名称、数量、单价和金额等。
   A. 经办人员的签名或盖章　　B. 填制凭证的日期
   C. 经济业务的内容　　D. 填制单位名称或填制人员姓名
10. 下列各项中，属于记账凭证的基本内容有（　　）。
    A. 填制凭证的日期和凭证编号
    B. 会计科目的名称和金额
    C. 所附原始凭证的张数
    D. 填制凭证人员、稽核人员、记账人员、会计机构负责人、会计主管人员的签名或盖章

三、判断题

1. 记账凭证是否附有原始凭证，及其所附原始凭证的张数是否相符，是审核记账凭证的一项重要内容。（　　）
2. 若一笔经济业务涉及的会计科目较多，需填制多张记账凭证的，可采用“分数编号法”。（　　）

3. 收、付款凭证的日期应按照货币收、付的日期填写，转账凭证的日期应按照原始凭证记录的日期填写。(　　)
4. 会计分录应编制在记账凭证上。(　　)
5. 对于真实、合法、合理但内容不够完整、填写有错误的原始凭证，会计机构和会计人员不予以接受。(　　)
6. 企业在与外单位发生的任何经济业务中，取得的各种书面证明都是原始凭证。(　　)
7. 会计凭证是记录经济业务事项发生或完成情况的书面证明，通过填制或取得会计凭证，可以明确经济责任。(　　)
8. 原始凭证用以记录、证明经济业务已经发生或完成，而记账凭证则依据会计科目对已经发生或完成的经济业务进行归类、整理编制。(　　)
9. 会计凭证的保管是指从会计凭证的取得或填制时起至归档保管过程中，在单位内部有关部门和人员之间的传送程序。(　　)
10. 审核原始凭证的正确性，就是要审核原始凭证所记录的经济业务是否符合企业生产经营活动的需要、是否符合有关的计划、预算和合同等规定。(　　)

项目实训

实训一　记账凭证的确认

（一）实训目的

掌握记账凭证的确认。

（二）实训资料及要求

某企业发生如下经济业务，请判断下列业务该使用收款、付款、转账中的哪种记账凭证。

1. 签发现金支票，从银行提取现金2 000元。
2. 用银行存款支付3 000元广告费。
3. 收到货款30 000元。
4. 支付现金300元用于购买办公用品。
5. 收到罚款200元。
6. 购买材料，但是尚未支付货款。

实训二　会计凭证的填制

（一）实训目的

掌握会计凭证的填制。

（二）实训资料及要求

向阳企业2022年12月份发生的部分经济业务如下，请练习填制各业务的原始凭证。（开户银行：中国工商银行青山支行；账号：62622005；纳税登记号：510622200111145）

1. 4日，向银行提取现金115 000元，用于发放职工工资。

2. 10日，收到美思百货（开户银行：中国工商银行青山支行，账号：62652312）支付贷款220 000元的“转账支票”1张，财务根据“转账支票”填制“进账单”一并送存银行。

（三）实训要求

1. 请填写上述现金支票、转账支票与银行进账单，并根据各业务的原始凭证编制记账凭证。

2. 根据原始凭证与记账凭证的审核要求，审核相应会计凭证。

凭6-1

中国工商银行
现金支票存根
62267835
22581702

附加信息 ______

签发日期

收款人：	
金　额：	
用　途：	
备　注：	

单位主管　　会计

中国工商银行 现金支票（浙）　62267835　22581702

出票日期（大写）　年　月　日　付款行名称：

收款人：　出票人账号：

人 民 币（大写）		亿	千	百	十	万	千	百	十	元	角	分

本支票付款期限十天

用途 ------

上列款项请从

我账户内支付

出票人签章　　复核　　记账

凭6-2

中国工商银行
现金支票存根
62267532
22581802

附加信息 ______

签发日期

收款人：	
金　额：	
用　途：	
备　注：	

单位主管　　会计

中国工商银行 现金支票（浙）　62267532　22581802

出票日期（大写）　年　月　日　付款行名称：

收款人：　出票人账号：

人 民 币（大写）		亿	千	百	十	万	千	百	十	元	角	分

本支票付款期限十天

用途 ------

上列款项请从

我账户内支付

出票人签章　　复核　　记账

凭6-3

中国工商银行进账单（收账通知）

年 月 日　　　　　　　　第 号

出票人	全称		收款人	全称	
	账号			账号	
	开户银行			开户银行	

人民币（大写）	千	百	十	万	千	百	十	元	角	分

票据种类		
票据张数		
单位主管　会计　复核　记账		收款人开户行盖章

中国工商银行青山支行 转账 转 讫

此联是持票人开户银行交给持票人的收账通知

凭6-4

记 账 凭 证

年 月 日　　　　＿＿＿＿字第＿＿＿＿号

摘要	总账科目	明细科目	借方金额										贷方金额									
			千	百	十	万	千	百	十	元	角	分	千	百	十	万	千	百	十	元	角	分
合计																						

附件 张

会计主管　　　记账　　　审核　　　复核　　　制单

凭6-5

记 账 凭 证

年 月 日　　　　＿＿＿＿字第＿＿＿＿号

摘要	总账科目	明细科目	借方金额										贷方金额									
			千	百	十	万	千	百	十	元	角	分	千	百	十	万	千	百	十	元	角	分
合计																						

附件 张

会计主管　　　记账　　　审核　　　复核　　　制单

项目七　会计账簿

项目习题

一、单项选择题

1. 下列关于总账和明细账的表述中，正确的是（　）。

A. 明细账根据明细分类科目设置

B. 总账的余额不一定等于其所属明细账的余额的合计数

C. 所有资产类总账的余额合计数应等于所有负债总账的余额合计数

D. 现金日记账实质上就是现金的总账

2. 会计账簿暂由本单位财务会计部门保管（　），期满之后，由财务会计部门编造清册移交本单位的档案部门保管。

A. 1年　　B. 3年　　C. 5年　　D. 10年

3. 下列账簿中，不需要每年进行更换的账簿是（　）。

A. 现金日记账　　B. 银行存款日记账

C. 总账　　D. 固定资产明细账

4. 下列各种方法中，（　）适用于记账后发现账簿错误是由于记账凭证中会计科目运用错误引起的情况。

A. 划线更正法　　B. 红字更正法　　C. 补充登记法　　D. 平行登记法

5. 收回货款1 500元存入银行，填制记账凭证时，会计科目无误，金额误填为15 000元，并已入账。正确的更正方法是（　）。

A. 采用划线更正法

B. 用蓝字借记“银行存款”，贷记“应收账款”

C. 用蓝字借记“应收账款”，贷记“银行存款”

D. 用红字借记“银行存款”，贷记“应收账款”

6. 更正错账时，划线更正法的适用范围是（　）。

A. 记账凭证上会计科目或记账方向错误，导致账簿记录错误

B. 记账凭证正确，在记账时发生错误，导致账簿记录错误

C. 记账凭证上会计科目或记账方向正确，所记金额大于应记金额，导致账簿记录错误

D. 记账凭证上会计科目或记账方向正确，所记金额小于应记金额，导致账簿记录错误

7.（　）就是核对账目，是指对账簿记录所进行的核对工作。

A. 对账　　B. 结账　　C. 错账更正　　D. 试算平衡

8. 银行存款日记账与银行对账单之间的核对属于（　）。

A. 账证核对　　B. 账账核对　　C. 账实核对　　D. 余额核对

9. 对账就是核对账目，其主要内容包括（　）。
A. 账实核对、账表核对、账账核对　　B. 账账核对、账证核对、账表核对
C. 账账核对、账证核对、表表核对　　D. 账证核对、账账核对、账实核对

10. 对总分类账格式和登记方法的错误要求是（　）。
A. 总分类账的账页格式有三栏式和多栏式两种
B. 总分类账一般不采用订本账
C. 总分类账应该按照总分类账户分类登记
D. 总分类账的登记方法取决于单位、企业采用的账务处理程序

11. 下面关于账页格式的选择，表述错误的是（　）。
A. 库存现金日记账的格式主要有三栏式和多栏式
B. 总分类账以及资本、债权、债务明细账一般采用三栏式
C. 收入、成本、费用明细账一般采用三栏式
D. 原材料、库存商品等存货明细账一般采用数量金额式

12. 对所发生的每项经济业务事项，都要以会计凭证为依据，一方面记入有关总分类账户，另一方面记入总账所属明细分类账户。下列选项中，正确表明该方法的是（　）。
A. 复式记账法　　B. 平行登记法　　C. 借贷记账法　　D. 同时登记法

13. 下列账簿形式中，（　）适用于原材料、库存商品等存货类明细账。
A. 三栏式　　B. 多栏式　　C. 数量金额式　　D. 横线登记式

14. 三栏式银行存款日记账属于（　）。
A. 序时账　　B. 明细账　　C. 总分类账　　D. 备查账

15. 下列关于库存现金日记账的表述中，正确的是（　）。
A. 库存现金日记账应当每月结出发生额和余额
B. 库存现金日记账应当每十五天结出发生额
C. 库存现金日记账应当每隔三至五天结出余额
D. 库存现金日记账应当每日结出发生额和余额

二、多项选择题

1. 账簿与账户的关系是（　）。
A. 账户存在于账簿之中，账簿中的每一账页就是账户的存在形式和载体
B. 没有账簿，账户就无法存在
C. 账簿序时、分类地记载经济业务，是在个别账户中完成的
D. 账簿只是一个外在形式，账户才是它的真实内容

2. 账簿记录发生错误，不准涂改、挖补、刮擦或者用药水消除字迹，不准重新抄写，而是应该按（　）方法更正。
A. 全冲全入法　　B. 补充登记法　　C. 红字更正法　　D. 划线更正法

3. 下列各项中，（　）属于错账更正方法。
A. 划线更正法　　B. 红字更正法　　C. 补充登记法　　D. 平行登记法

4. 关于明细分类账，正确的说法是（　）。

A. 明细分类账是根据二级账户或明细账户开设账页，分类、连续地登记经济业务以提供明细核算资料的账簿

B. 明细分类账所提供的资料也是编制会计报表的依据之一

C. 明细分类账一般采用订本式账簿

D. 有的明细分类账可以采用卡片式账簿

5. 下列各项中，（　）可以作为银行存款日记账的记账依据。

A. 库存现金收款凭证　　B. 库存现金付款凭证

C. 银行存款收款凭证　　D. 银行存款付款凭证

6. 常见的特种日记账主要是指（　）。

A. 现金日记账　　B. 银行存款日记账

C. 收入日记账　　D. 固定资产日记账

7. 下列各项中，属于登记会计账簿应当注意事项的有（　）。

A. 特殊记账使用红墨水

B. 各种账簿应按页次顺序连续登记，不得跳行、隔页

C. 如果发生跳行、隔页，应当将空行、空页划线注销，或者注明“此行空白”“此页空白”字样，并由记账人员签章

D. 每一账页登记完毕结转下页时，应当结出本页合计数及余额

8. 登记会计账簿时，下列说法正确的有（　）。

A. 要使用蓝黑墨水钢笔书写　　B. 月末结账划线可用红色墨水笔

C. 在某些特定条件下可使用铅笔　　D. 在规定范围内可以使用红色墨水

三、判断题

1. 账簿只是一个外在形式，账户才是它的真实内容。账簿与账户的关系，是形式和内容的关系。（　）

2. 在记账过程中，可能由于种种原因会使账簿记录发生错误。对于发生的账簿记录错误，应采用正确、规范的方法予以更正，不得涂改、挖补、刮擦或者用药水消除字迹，不得重新抄写。（　）

3. 总分类账和明细分类账平行登记要求做到方向相同、期间一致、金额相等。（　）

4. 各种账簿必须按照国家统一规定的保存年限妥善保管，保管期满后可以销毁。（　）

5. 所有的账簿每年都要更换新账。（　）

6. 如果在结账前发现账簿记录有文字或数字错误，而记账凭证没有错误，则可采用划线更正法，不可以采用红字更正法。（　）

7. 现金日记账和银行存款日记账期末余额应分别同有关总分类账户的期末余额核对，属于账账核对。（　）

8. 银行存款日记账的账面余额，应同开户银行寄送企业的银行对账单相核对，一般至少一年核对一次。（　）

9. 费用明细账一般均采用三栏式账簿。（　）

10. 明细账一般是逐笔登记，也可以定期汇总登记。（　）

项目实训

实训一　日记账的编制

（一）实训目的

练习登记银行存款日记账和库存现金日记账。

（二）实训资料及要求

掌握日记账的编制（三栏式）。

资料：某企业2022年8月31日银行存款日记账的余额为200 000元，库存现金日记账的余额为3 000元。

9月份发生涉及银行存款和库存现金的业务如下：

3日，从银行借入一年期借款30 000元存入银行（银收901号）。

4日，从银行提取库存现金5 000元（银付901号）。

7日，暂付职工差旅费1 000元（现付901号）。

8日，存入销货款50 000元（银收902号）。

12日，用银行存款支付销售费用10 000元（银付902号）。

18日，收取职工王某赔偿金库存现金700元（现收901号）。

25日，用银行存款支付水电费8 000元（银付903号）。

30日，用银行存款上缴税金2 000元（银付904号）。

表7-1

库存现金 日记账

年		凭证		对方科目	摘要	借方										贷方										余额									
月	日	类别	号数			千	百	十	万	千	百	十	元	角	分	千	百	十	万	千	百	十	元	角	分	千	百	十	万	千	百	十	元	角	分

表7-2

银行存款 日记账

年		凭证		对方科目	摘要	借方										贷方										余额									
月	日	类别	号数			千	百	十	万	千	百	十	元	角	分	千	百	十	万	千	百	十	元	角	分	千	百	十	万	千	百	十	元	角	分

实训二　平行登记

（一）实训目的

练习总分类账和明细分类账的平行登记。

（二）实训资料及要求

练习总分类账和明细分类账的平行登记。

飞云公司2022年2月的原材料账户的余额如下：

原材料甲5 000千克，单价100元，金额500 000元；原材料乙2 000千克，单价50元，金额100 000元；两者合计600 000元。

2月份原材料的购进和发出情况如下：

（1）2月5日购进材料一批，货款暂欠，材料验收入库，其中原材料甲2 000千克，单价100元，金额200 000元；原材料乙200千克，单价50元，金额10 000元；两者合计210 000元。为简化核算，假如材料购入直接记入“原材料”，不考虑税金因素。

（2）2月10日，向大洋公司购入丙材料一批共计400千克，单价100元，价款40 000元开出商业承兑汇票抵付，材料已经验收入库。

（3）2月12日，生产产品领用材料情况如下：

原材料甲2 500千克，单价100元，金额250 000元；原材料乙1 000千克，单价50元，金额50 000元；原材料丙200千克，单价100元，金额20 000元；三者合计320 000元。

根据上述原材料月初结存、本月购进与发出的有关情况，在表7–3、表7–4、表7–5、表7–6中相应的“原材料”总分类账户及其明细分类账户中进行平行登记（假设不考虑其他账户的平行登记）。

表7-3

总 分 类 账

会计科目名称或编号______________

年		凭证		摘要	借方											√	贷方											√	借或贷	余额											√
月	日	字	号		亿	千	百	十	万	千	百	十	元	角	分		亿	千	百	十	万	千	百	十	元	角	分			亿	千	百	十	万	千	百	十	元	角	分	

表7-4

原材料明细分类账

明细科目______________

年		凭证		摘要	借方												贷方												余额											
					数量	单价	金额										数量	单价	金额										数量	单价	金额									
月	日	字	号				千	百	十	万	千	百	十	元	角	分			千	百	十	万	千	百	十	元	角	分			千	百	十	万	千	百	十	元	角	分

表7-5

原材料明细分类账

明细科目________

年		凭证		摘要	借方												贷方												余额											
					数量	单价	金额										数量	单价	金额										数量	单价	金额									
月	日	字	号				千	百	十	万	千	百	十	元	角	分			千	百	十	万	千	百	十	元	角	分			千	百	十	万	千	百	十	元	角	分

表7-6

原材料明细分类账

明细科目________

年		凭证		摘要	借方												贷方												余额											
					数量	单价	金额										数量	单价	金额										数量	单价	金额									
月	日	字	号				千	百	十	万	千	百	十	元	角	分			千	百	十	万	千	百	十	元	角	分			千	百	十	万	千	百	十	元	角	分

实训三　错账更正方法

（一）实训目的

练习错账的更正方法。

（二）实训资料及要求

某企业在账证核对过程中，发现账簿出现下列错误：

1．车间计提折旧20 000元。记账凭证记录为：

借：制造费用　　　　20 000

　贷：累计折旧　　　　20 000

记账时，制造费用账簿记录为200 000。

2．生产领用材料10 000元。记账凭证记录为：

借：生产成本　　　　1 000

　贷：原材料　　　　1 000

并已登记入账。

3．收回其他单位欠款100 000元，记账凭证记录为：

借：应收账款　　　　100 000

　贷：银行存款　　　　100 000

并已登记入账。

4．企业管理部门领用维修用材料1 000元。记账凭证记录为：

借：制造费用　　　　1 000

　贷：原材料　　　　1 000

并已登记入账。

分别采用适当的错账更正方法予以更正。

项目八　财产清查

项目习题

一、单项选择题

1. 无法查明原因的现金盘盈应该记入（　）科目。

A. 管理费用　　B. 营业外收入

C. 销售费用　　D. 其他业务收入

2. 某企业仓库本期期末盘亏原材料，原因已经查明，属于自然损耗，经批准后，会计人员应编制的会计分录为（　）。

A. 借：待处理财产损溢
　　贷：原材料

B. 借：待处理财产损溢
　　贷：管理费用

C. 借：管理费用
　　贷：待处理财产损溢

D. 借：营业外支出
　　贷：待处理财产损溢

3. 企业的存货由于计量、收发错误导致的盘亏，由企业承担的部分应作为（　）处理。

A. 营业外支出　　B. 其他业务支出　　C. 坏账损失　　D. 管理费用

4. 盘亏的固定资产应该通过（　）科目核算。

A. 固定资产清理　　B. 待处理财产损溢

C. 以前年度损益调整　　D. 材料成本差异

5. 下列记录可以作为调整账面数字的原始凭证的是（　）。

A. 盘存单　　B. 实存账存对比表

C. 银行存款余额调节表　　D. 往来款项对账单

6. 对往来款项进行清查，应该采用的方法是（　）。

A. 技术推算法　　B. 与银行核对账目法

C. 实地盘存法　　D. 发函询证法

7. 技术推算法一般适用于（　）的清查。

A. 货币资金　　B. 往来款项

C. 机器设备　　D. 露天堆放的沙石

8. 企业开出支票一张，银行尚未入账，属于（　）情况的未达账项。

A. 银行已收，企业未收　　B. 银行已付，企业未付

C. 企业已收，银行未付　　D. 企业已付，银行未付

9. 银行存款常用的清查方法是（　）。

A. 实地盘点法　　B. 账单核对法　　C. 技术推算法　　D. 发函询证法

10. 库存现金的清查是通过（　）进行的。

A. 实地盘点法　　B. 账账核对法　　C. 技术分析法　　D. 征询法

11. 下列情况下，（　）企业不需对其财产进行全面清查。

A. 年终决算前　　B. 企业进行股份制改制前

C. 更换仓库保管员　　D. 企业破产

12. 按清查时间划分，单位发生贪污盗窃、营私舞弊等事件时所进行的清查属于（ ）。

A. 全面清查　　B. 局部清查

C. 定期清查　　D. 不定期清查

13. 一般来说，单位撤销、合并、改变隶属关系时，要进行（ ）。

A. 全面清查　　B. 局部清查

C. 实地盘点　　D. 技术推算

14. 企业在编制年度财务会计报告进行的财产清查，一般应进行（ ）。

A. 重点清查　　B. 全面清查

C. 局部清查　　D. 抽样清查

二、多项选择题

1. 库存现金盘亏的账务处理中可能涉及的科目有（ ）。

A. 库存现金　　B. 管理费用

C. 其他应收款　　D. 营业外支出

2. 对于盘亏、毁损的存货，经批准后进行账务处理时，可能涉及的借方账户是（ ）。

A. 其他应收款　　B. 营业外支出

C. 营业外收入　　D. 原材料

3. 下列各项应在“待处理财产损溢”科目贷方登记的是（ ）。

A. 财产物资盘亏、毁损的金额　　B. 财产物资盘盈的金额

C. 财产物资盘盈的转销额　　D. 财产物资盘亏的转销额

4. 下列各项中，按照清查的时间对财产清查进行分类，正确的有（ ）。

A. 全面清查　　B. 局部清查

C. 定期清查　　D. 不定期清查

5. 下列事项，需要进行局部清查的有（ ）。

A. 发生自然灾害　　B. 会计机构负责人调离时

C. 财产物资保管人员发生变动　　D. 单位撤销

三、判断题

1. 存货盘盈一般是由于收发计量或核算上的差错所造成的，冲减管理费用。（ ）
2. “待处理财产损溢”账户期末处理结转后应无余额。（ ）
3. 固定资产盘盈可计入营业外收入。（ ）
4. 在财产清查处理建议得到批准之前，财务部门不得进行任何账务处理。（ ）
5. 现金应该每月清查一次。（ ）
6. 库存现金的清查包括出纳人员每日的清点核对和清查小组定期和不定期的清查。（ ）
7. 按清查的执行系统分类，分为定期清查和不定期清查。（ ）
8. 财产清查既是会计核算的一种专门方法，又是财产物资管理的一项重要制度。（ ）
9. 通过财产清查，可以查明各项财产物资的保管情况。（ ）
10. 局部清查是只对部分财产物资进行的清查，一般适用于对流动性较弱的财产，如固定资产、无形资产等。（ ）

项目实训

实训一　财产清查的方法

（一）实训目的

掌握银行存款余额调节表的编制。

（二）实训资料

中意公司2022年1月份银行存款日记账余额为33 736元，开户银行对账单的余额为26 708元。经逐笔核对，发现有如下未达账项：

1．公司开出现金支票，金额为1 800元，用于支付仓库租金，持票人尚未提现。

2．公司因销售产品收到转账支票一张，金额9 700元，已交存开户银行，但开户银行尚未划回票款。

3．银行代收外地企业汇来货款2 192元，公司未收到收账通知。

4．银行代公司支付水电费1 320元，公司未收到付款通知。

（三）实训要求

根据以上资料，编制银行存款余额调节表。

银行存款余额调节表

项目	金额	项目	金额
银行存款日记账余额		银行对账单余额	
加：银行已收企业未收		加：企业已收银行未收	
减：银行已付企业未付		减：企业已付银行未付	
调整后余额		调整后余额	

实训二　财产清查结果的处理

（一）实训目的

掌握财产清查结果的处理。

（二）实训资料及要求

中意公司2022年12月31日进行财产清查，发现下列情况，请写出相应的会计分录。

业务	分录
1. 甲材料盘亏12千克，单价每千克30元。经查是材料定额内损耗，批准后转入管理费用	
2. 乙材料品毁损150千克，单价每千克20元。经查是暴风雨袭击仓库所致，批准后转入营业外支出	
3. 盘亏设备一台，账面原价65 000元，已提折旧为1 400元。经批准后将其净值转入营业外支出	
4. 丙材料盘盈25千克，单价每公斤10元。经查是材料收发过程中计量误差累计所致，批准后冲减管理费用	

项目九　财务报表

项目习题

一、单项选择题

1. 下列各项中，（　）不会影响营业利润金额增减。

A. 资产减值损失　B. 财务费用　C. 投资收益　D. 营业外收入

2. 下列各项中，不会引起利润总额增减变化的是（　）。

A. 销售费用　B. 管理费用　C. 所得税费用　D. 营业外支出

3. 利润表中的“本期金额”栏内各项数字一般应根据损益类科目的（　）填列。

A. 本期发生额　B. 累计发生额　C. 期初余额　D. 期末余额

4. 下列各项中，（　）反映企业在一定会计期间经营成果。

A. 资产负债表　B. 利润表

C. 现金流量表　D. 财务状况变动表

5. 为了具体反映利润的形成情况，我国现行的利润表的结构一般采用（　）报告结构。

A. 单步式　B. 多步式　C. 账户式　D. 报告式

6. 资产负债表分为左、右两方。下列各项目，属于左方项目的是（　）。

A. 所有者权益　B. 利润　C. 资产　D. 负债

7. 以“资产=负债+所有者权益”这一会计等式作为编制依据的财务报表是（　）。

A. 利润表　B. 所有者权益变动表

C. 资产负债表　D. 现金流量表

8. 下列各项中，属于企业对外提供的反映企业某一特定日期财务状况和某一会计期间经营成果、现金流量情况的书面文件是（　）。

A. 资产负债表　B. 利润表　C. 报表附注　D. 财务报表

二、多项选择题

1. 以下属于利润表中应当单独列示的项目的有（　）。

A. 营业收入　B. 投资收益　C. 主营业务成本　D. 税金及附加

2. 下列各项中，影响营业利润的账户有（　）。

A. 主营业务收入　B. 其他业务成本　C. 营业外支出　D. 税金及附加

3. 下列属于利润表基本要素项目的有（　）。

A. 资产　B. 收入　C. 费用　D. 留存收益

4. 在编制资产负债表时，应根据总账科目的期末贷方余额填列的项目有（　）。

A. 应交税费　B. 固定资产　C. 实收资本　D. 应付利息

5. 下列账户中，可能影响资产负债表中“预付款项”项目金额的有（　）。

A. 预收账款　B. 应收账款　C. 应付账款　D. 预付账款

6. 财务报表按其编报主体不同可以分为（　）。

A. 个别财务报表　B. 对内财务报表

C. 合并财务报表　D. 对外财务报表

三、判断题

1. 企业利润表中的利润总额由营业利润和营业外收支净额组成。(   )
2. 利润表是反映企业一定日期经营成果的财务报表。(   )
3. “应收账款”科目所属明细科目期末有贷方余额，应在资产负债表“预付款项”项目内填列。(   )
4. 资产负债表中的资产各项目的合计数等于负债和所有者权益各项目的合计数之和。(   )
5. 资产负债表中“固定资产”项目应根据“固定资产”账户余额直接填列。(   )
6. 资产负债表反映企业一定期间的财务状况。(   )
7. 资产负债表分左右两方，右方为负债及所有者权益项目。(   )
8. 按财务报表编报期间的不同，财务报表分为年度财务报表和中期财务报表。(   )

项目实训

(一) 实训目的

掌握资产负债表和利润表的编制。

(二) 实训资料

1. A公司2022年12月底各账户期末余额如下：

账户名称	借方余额	账户名称	贷方余额
库存现金	350	短期借款	41 000
银行存款	76 700	应付账款	4 050
应收账款	7 000	其他应付款	8 700
其他应收款	750	应付职工薪酬	7 000
原材料	349 800	应付票据	4 100
生产成本	36 000	应交税费	39 670
库存商品	50 400	累计折旧	230 500
长期股权投资	7 500	本年利润	158 765
固定资产	628 500	实收资本	721 000
利润分配	95 785	盈余公积	38 000
合计	1 252 785	合计	1 252 785

2. 有关明细资料如下：

各损益账户累计余额为：“主营业务收入”1 144 900元，“主营业务成本”944 280元，“税金及附加”64 320元，“销售费用”14 600元，“其他业务收入”35 000元，“其他业务成本”35 000元，“营业外收入”800元，“营业外支出”5 000元，“管理费用”20 800元，“财务费用”6 200元，“所得税费用”22 625元。

（三）实训要求

1. 填写A公司2022年12月31日资产负债表中部分项目。

货币资金=

应收账款=

存货=

短期借款=

应付职工薪酬=

2. 填写A公司2022年利润表中部分项目。

营业收入=

营业成本=

营业利润=

利润总额=

净利润=

项目十 账务处理程序

项目习题

一、单项选择题

1. （ ）不能反映各科目的对应关系，不便于分析和检查经济业务的来龙去脉，不便于查对账目。

   A．记账凭证账务处理程序　　B．汇总记账凭证账务处理程序

   C．日记账账务处理程序　　D．科目汇总表账务处理程序

2. 记账凭证账务处理程序是指对发生的经济业务事项，先根据原始凭证或汇总原始凭证填制记账凭证，再直接根据（ ）逐笔登记总分类账的一种账务处理程序。

   A．原始凭证　　B．原始凭证汇总表

   C．记账凭证　　D．会计凭证

3. 规模较小、业务量较少的单位适用（ ）。

   A．记账凭证账务处理程序　　B．汇总记账凭证账务处理程序

   C．多栏式日记账账务处理程序　　D．科目汇总表账务处理程序

4. 汇总记账凭证账务处理程序和科目汇总表账务处理程序的主要不同点是（ ）。

   A．登记日记账的依据不同　　B．编制记账凭证的依据不同

   C．登记总分类账的依据不同　　D．编制汇总记账凭证的依据不同

5. 在各种不同账务处理程序中，不能作为登记总账依据的是（ ）。

   A．记账凭证　　B．汇总记账凭证

   C．汇总原始凭证　　D．科目汇总表

6. 根据科目汇总表登记总分类账，在能够进行发生额试算平衡的同时也起到了（ ）的作用。

   A．简化报表的编制　　B．简化明细分类账工作

   C．清晰反映科目之间的对应关系　　D．简化登记总分类账工作

7. 科目汇总表是依据（ ）编制的。

   A．记账凭证　　B．原始凭证

   C．原始凭证汇总表　　D．各种总账

8. 在汇总记账凭证账务处理中，登记总账的直接依据是（ ）。

   A．付款凭证　　B．汇总记账凭证

   C．记账凭证　　D．收款凭证

二、多项选择题

1. 下列关于科目汇总表账务处理程序与汇总记账凭证账务处理程序共同之处的表述中，正确的有（ ）。

   A．都适用于规模较大、业务量较多的企业

   B．可以减少总分类账登记工作量

   C．可以保持会计科目之间对应关系

D．可以进行发生额试算平衡

2．根据总账的登记依据对账务处理程序进行分类，下列各项中正确的有（　　）。

A．记账凭证账务处理程序　　B．汇总记账凭证账务处理程序

C．科目汇总表账务处理程序　　D．一般账务处理程序

3．下列各项中，属于企业填制记账凭证依据的有（　　）。

A．汇总记账凭证　　B．科目汇总表

C．原始凭证　　D．汇总原始凭证

4．以下属于记账凭证账务处理程序优点的有（　　）。

A．简单明了、易于理解

B．总分类账可较详细地记录经济业务发生情况

C．便于进行会计科目的试算平衡

D．减轻了登记总分类账的工作量

5．下列说法中正确的有（　　）。

A．汇总记账凭证分为汇总收款凭证、汇总付款凭证和汇总转账凭证

B．汇总记账凭证是按每个科目设置，并按设置科目一方的对应科目进行汇总

C．汇总记账凭证账务处理程序是根据汇总记账凭证登记总分类账

D．汇总记账凭证账务处理程序适用于规模较大、经济业务较多的单位

6．下列有关科目汇总表账务处理程序的表述中，正确的有（　　）。

A．减少了登记总分类账的工作量

B．可做到试算平衡

C．不能反映账户之间的对应关系，不便于查核账目

D．是最简单的账务处理程序

7．科目汇总表账务处理程序下不需要编制（　　）。

A．科目汇总表　　B．汇总收款凭证

C．汇总付款凭证　　D．记账凭证

三、判断题

1．科目汇总表账务处理程序是会计核算中最基本的账务处理程序，其他账务处理程序都是在这种账务处理程序的基础上发展、演变形成的。（　　）

2．科目汇总表账务处理程序的优点之一是编制汇总记账凭证的程序比较简单。（　　）

3．记账凭证账务处理程序是最基本的账务处理程序，其他账务处理程序都是在此基础上发展形成的，其优点就是登记账簿的工作量小。（　　）

4．记账凭证账务处理程序的特点是直接根据记账凭证逐笔登记总分类账，是基本的账务处理程序。（　　）

5．科学、合理地选择适合本单位的账务处理程序有利于保证会计记录的完整性和正确性，增强会计信息的可靠性。（　　）

6．汇总记账凭证账务处理程序是直接根据记账凭证逐笔登记总分类账的一种账务处理程序。（　　）